한국어로 내려온
New Bible

새로운
성 경

제147권

10부 | 총10부

하얀마음

하나님 말씀 중에서

1. 사랑의 하나님

- 세상을 창조하신 하나님은 모두를 사랑하신다. 인간만 특별히 더 사랑하지 않고, 우주 만물을 다 똑같이 사랑하신다. 그러니 하나님이 창조하신 천지 만물과 화친하고, 미물까지도 소중히 대하라.

- 하나님은 특정 종파나 민족만을 더 사랑하지 않으신다. 자기 자신만 구원받겠다는 욕심을 버리고, 자기 종파만 구원받는다는 편협한 교리에서 벗어나야 한다. 종파를 초월해서, 모두를 사랑하라.

- 원수까지 사랑하라 했으니, 이 세상에 사랑하지 못할 자가 누가 있겠는가? 종파가 다르다고 해서 부모 형제와 원수처럼 지내는 자는 인간의 근본을 모르는 자다. 가장 가까운 가족부터 사랑할 때 남도 진심으로 사랑할 수 있다.

- 한 사람을 원수같이 생각하던 마음에서 사랑하는 마음으로 돌리면, 자기 자신의 마음이 가장 기쁘고 행복하다. 하나님께서는 인간의 마음속에 무거움이 없이 기쁘고 행복한 삶을 살기를 바라신다.

- 이웃을 "내 몸처럼" 사랑하라 했으니, 마지막 한 장 남은 천국의 티켓도 이웃에게 양보하라. 자기 중심적인 신앙에서 벗어나서 남을 위해 살아야 한다.

- 독초도, 약초도, 이단도 사탄도 천사도 다 필요하기에 존재한다. 독초일지라도 극소량을 사용해서 생명을 살릴 수 있고, 약초라 하더라도 남용하면 생명을 잃을 수 있다.

- 세상 모든 것을 명약으로 활용하는 것은 인간의 지혜에 달렸다. 어떤 것이든 어떤 사람이든 적재적소에 꼭 필요한 명약으로 승화시키라.

- 사탄도 이단도 천사도 모두 하나님의 주관하에 존재한다. 진정한 하나님의 백성은 사탄과 마귀까지도 감화시켜서 천사로 거듭나게 한다.

2. 기도

- 하나님은 인간의 생각까지 모두를 다 알고 계신다. 우리의 소원도 이미 알고 계시기에, 소원의 기도를 할 필요가 없다. 우리가 받을 자격이 되면 내려 주신다.

- 죄를 짓고 아무리 회개를 해도 용서받지 못한다. 도둑질한 자는 용서해 달라고 기도하고, 도둑맞은 자는 도둑을 잡게 해 달라고 기도하면, 공의의 하나님은 누구의 편에 서시겠는가?

- 자기가 잘못한 것은 그 사람에게 직접 갚고 용서를 구하라. 그가 용서하면 하나님도 용서하신다. 땅에서 매면 하늘에서도 매이고, 땅에서 풀리면 하늘에서도 풀리는 이치다.

- "회당에서 기도하지 말고 골방에서 기도하라" 했다. 눈에 보이는 골방이 아니라, 골방과 같이 고요한 마음이다. 잡념을 버리고 하나님을 향해 마음을 집중하며, 사랑하고 용서하는 아름다운 생각만 나오도록 하라.

- "두드리면 열릴 것이다." 하는 것은 육의 소원을 위해 두드리라는 것이 아니라, 진리의 깨달음을 얻기 위해 두드리라는 것이다.

- 기도하는 방법: 생활 속에서 수시로 기도하는 삶을 살아야 한다.

- "저의 죄를 용서하여 주옵소서." 하는 회개의 기도를 하라.
- 범사에 "하나님! 감사합니다." 하라. 현재 가진 것에 감사하며, 과욕하지 말라. 자기 노력 이상의 것을 더 갖고자 기도하는 것은 도둑놈심보다. 공의의 하나님은 각자 노력한 만큼 주신다.
- "하나님 뜻대로 살아가겠나이다." 하며 마음의 각오를 다지라.

- 기도는 하나님의 말씀을 받아서 "행하는 것"이다. 하나님이 계심을 굳건히 믿고, 하늘을 향하여 한 점 부끄럼 없이 사는 삶 자체가 가장 위대한 기도이며, 삶이 곧 예배다.

3. 지도자

- 똑같이 사랑한다는 말을 해도, 순수하게 하는 말은 천사의 말이지만, 사기 쳐서 재산을 가로채려고 하는 말은 사탄의 말이다.

- 종교 지도자가 아무리 훌륭한 설교를 해도, 신도의 재물을 거둬서 더 큰 교회를 짓고 자기의 부귀영화를 바라며 설교하면 사탄의 가르침이 된다.

- "저희 교회는 만원사례요, 믿음은 다 같으니 이웃의 개척 교회에 가서 예배를 드리시오." 하며, 이웃 교회의 부흥을 먼저 생각하여 제 신도를 보내는 종교 지도자가 있다면 그를 따르라. 그가 하나님의 사랑을 실천하는 자다.

- "부자가 천국에 들어가는 것은 낙타가 바늘구멍을 통과하는 것보다 더 힘들다" 하였거늘, 지금의 교회에서는 부자가 되기만을 기도하고 소원하니, 이는 곧 천국을 포기하고 지옥 행 열차의 티켓을 사는 것과 같다.

- 예수는 빈손이었다. 종교 지도자가 예수보다 더 호화롭고 편안하게 살아간다면 잘못된 것이다. 부귀영화와 명예를 바라는 자는 절대로 갈 수 없는 좁고 협착한 길이 종교 지도자의 길이다.

- 종교 지도자는 유리로 비춰 봐 한 점의 부끄러움이 없이 살아야 한다. 의식주도 직접 일해서 해결하고, 예수의 가르침과 행함을 그대로 따라야 한다.

- 종말은 없다. 지금의 잘못 가는 종교 집단에게만 종말이 있다. 보이지 않는 하나님은 보이는 육의 종말은 관여하지 않으신다. 환경 파괴로 인간이 스스로 멸망을 자초하는 것이다. 종파끼리 싸우기 전에, 무너진 인성을 바로잡고 지구의 몸살을 해결하는 데 뜻을 모으는 게 급선무다.

4. 성전이란

- 이 세상 자체가 하나님께서 만드신 성전이다. 자연보다 더 아름다운 성전이 있는가? 보이는 건물이 성전이 아니라, 성스러운 마음가짐이 성전이다.

- 반석 위에 교회를 지으라 했다. 지상의 단단한 돌은 인간이 쪼갤 수 있으나, 마음속의 굳은 결의는 세상 무엇으로도 쪼갤 수 없다. 바르고 굳건한 믿음으로 성경의 가르침을 실천하는 것이 마음의 반석 위에 교회를 짓는 것이다.

- 손으로 지은 건물의 교회에 모여서 복음을 전하는 것이 아니라, 교회를 개인과 가정에 심어 주어야 한다. 무너지고 부서지는 건물을 짓지 말고, 마음속에 영원히 불변하는 참진리의 교회를 지으라.

5. 십계명

- 십계명은 인간이 죽어서 반드시 통과해야만 하는 열 개의 관문이다.

- 부모를 공경하지 아니한 자는 "네 부모를 공경하라." 하는 제5계명의 관문이 열리지 않으니 구원받을 수 없다.
- 살인, 간음, 거짓, 우상 등의 나머지 계명도 마찬가지다.

- 십계명은 하나님의 친필이다. 모기소리만 한 하나님의 음성이라도 들어 보겠다고 여기저기 찾아 헤매지 말고, 십계명부터 암송하고 지키라.

- 십계명은 영혼을 구원하는 양식이며, 십계명을 지키는 것이 구원을 받는 길이다. 인간이기에 지키고자 노력하고 또 노력한다면 지킬 수 있다.

- 십계명을 지키고 천사처럼 아름답게 살아가는 그 마음 하나면 세상에 이루어지지 않는 것이 없다.

6. 보물

- 하나님은 재물이 아니라 우리의 마음을 받으신다. 사랑을 실천하며 천사처럼 변하는 마음이 하나님께 바치는 보물이다.

- 보이지 않는 하나님께 재물을 바치려 하지 말고, 너희를 길러 준 부모에게 용돈 드리고, 찾아뵙고, 효성을 다하라. 그것이 하나님께 효도하는 것이다.

- 하늘에는 선과 악의 창고가 있다. 자기 창고에 선이 많으면 천국으로 구원을 받고, 악이 많으면 심판받아 지옥으로 간다. 그것이 바로 "선한 일을 행한 자는 생명의 부활로, 악한 일을 행한 자는 심판의 부활로" 나오는 것이다.

- "선악과를 따먹지 말라"는 것은 양심을 지키라는 것이다. 선과 악을 구분할 수 있는 양심을 최초에 인간에게 주셨다. 선한 열매는 취하고, 악한 열매는 버리며, 양심에 비추어 부끄럼 없는 삶을 살아가라.

- 가장 작은 거짓말을 하지 않고, 가장 작은 죄를 짓지 않으며, 가장 작은 선행을 하고, 가장 작은 악행을 멀리하는 것이 율법의 일점 일획도 빠뜨리지 말고 다 지키는 삶을 사는 것이다.

7. 우상

- 박물관에 있는 불상은 하나의 예술품이다. 그 조각품에 대고 제 소원을 빌 때 우상숭배가 된다. 십자가라 하여도 그 앞에서 소원을 빈다면 우상숭배하는 것이며, 하나님께 소원을 빈다면 하나님을 우상으로 전락시키는 것이다.

- 지금 기복신앙에 젖어 있는 모든 사람이 우상 앞에 절을 하고 있다. 조각품을 우상이라며 파괴하지 말고, 네 마음속에 있는 욕심의 우상을 무너트리라.

- 생수를 약초가 먹으면 약을 만들고 독사가 먹으면 독을 만든다. 같은 성경을 봐도 선한 지도자는 신도를 천사로 만드는 데 활용한다. 그러나 욕심이 가득한 지도자는 재물을 거두어들여 제가 부귀영화를 누리는 데 악용한다. 그가 바로 성경을 우상숭배의 도구로 전락시키는 거짓 선지자다.

- 성경을 한 획도 빼거나 더하지 말라는 것은, 그 가르침을 빠트리지 말고 온전히 지키라는 것이다. 성경 속에서 자기에게 유리한 구절만 보는 것은, 자기에게 불리한 구절들을 빼 버리는 것이다. 믿음이 제일이요, 행함은 구원과는 관계없다는 것은 자신에게 유리한 쪽으로 성경을 악용하는 것이다.

- 진정한 종교 지도자는 종파에 관계없이 어떤 종파든 어떤 책이든 접하고 보고 깨우쳐 견문을 넓히도록 인도한다. 참진리를 모르고 자신이 없는 자가 남을 이단이라며 배척하고, 신도들의 눈과 귀를 가린다.

8. 예수

- 예수의 재림은 없다. 예수가 다시 온다 해도, 과연 누가 그를 예수라고 믿겠는가? 예수와 같은 삶의 행함이 곧 예수의 재림이다. 각자 모두가 "재림 예수"가 되는, 차원 높은 믿음으로 가야 한다.

- 예수는 "주여 주여 하지 말고, 아버지의 뜻대로 행하라"고 했다. 예수가 전한 하나님의 뜻이 곧 "길이요, 진리요, 생명"이며, 그 가르침이 예수의 보혈처럼 소중한 것이다. 예수를 믿는 것은, 예수의 가르침을 믿고 따르는 것이다.

- 예수는 낮은 자로서 만백성을 섬기고자 했다. 만나는 모든 사람을 다 하나님이라 생각하라. 돈을 벌수록 겸손하고, 높은 지위를 얻을수록 낮아지라.

▪ 예수는 종파를 만들지 않았다. 인간이 만든 종교와 인간의 교리를 따르지 말고, 예수를 통해 전한 하나님의 참진리를 연구하고 따르라.

▪ 예수가 2천 년 전에 만백성을 위해 죽었으니, 지금 이 땅에는 예수의 가르침대로 사는 천사만 존재해야 한다. 예수가 죽어 가면서 바란 것은 만백성이 천사가 되어 예수의 자리를 채워 주는 것이지, 지금과 같이 재물을 바치면서 중언부언 제 소원만을 비는 백성들을 바란 것이 아니다.

9. 구원

▪ 천사가 사는 천국에는 천사만 갈 수 있으니, 천사 같은 마음을 길러야 한다.

- "천국 열쇠를 네게 주리니 땅에서 무엇이든지 매면 하늘에서도 매일 것이라" 했다. 땅에서 천사같이 사는 자가 하늘에서도 천사가 되어 천국에 들어간다. 모든 사람에게 천사같다는 말을 듣는 삶을 살아야 한다.

▪ 천사의 곱고 아름다운 마음은 부모를 공경하고 어른을 어른으로 대접하는 데에서 출발한다. 효도하는 자는 형제와 화목하게 지내기에 가정이 화목해지고, 이웃과 화목해지고, 국가가 화목해지고, 온 인류가 화목해진다.

- 그러므로 지상의 아름다운 소왕국은 가정에서부터 이루어야 한다.

▪ 선택된 14만 명만 구원받는 것이 아니라, 천사처럼 변하고자 하는 14만 명을 기초로 온 인류가 천사처럼 거듭나는 영적인 개혁이 시작되는 것이다.

▪ 천 년에 걸쳐서 하늘에서 이루어진 것같이 이 세상을 낙원으로 만들어, 만백성이 지상의 천국에서 살다가 죽어서 그대로 하늘의 천국으로 들어가는, 영원한 지상 낙원을 건설하는 것이 하나님의 계획이다.

- **이것이 구약과 신약에 이어 "새로운 성경"으로 역사하시는 하나님의 창조의 완성이다.**

▪ 지금의 믿음으로 구원받을 수 있다면 그 길을 가라. 그러나 자신이 없다면 하나님께서 직접 내리신 160권의 "새로운 성경"을 읽고 구원의 길을 보라!

하나님 머리말씀

이 새로운 성경을 읽는 너희 모두는
이 율법에 따라 행하면 영원히 구원받을 것이니라.

너희 인간이 수년, 수십 년, 평생
성서를 공부하고 기도하는 것은
하늘나라 나의 곁으로 오고 싶은 소망일진대,

몇천 년 전의 너희 인성과 생각이
지금의 너희와는 판이하게 다르니,

꺾여 가고 병들어 가는 너희를 고칠 수 있는 길은,
오늘 내가 선지자에게 내리는 새로운 성경과 같이
너희가 변화되는 것뿐이니라.

나의 예수가 태어난 것처럼
내가 아들 선지자를 선택하여
나의 새로운 성경을 온 세계에 전하고자 하니,

묵은 것은 버리고 새로운 것은 취하여,
너희 모두는
'여호와 하나님! 저의 죄를 용서하여 주옵소서.'
하는 기도문으로 기도하고, 죄를 뉘우치라.

이 새로운 성경은
수천 년간 내려온 성서를 요약한 것이니,
너희는 이 책을 정독하여 쉽게 깨달음을 얻고,
이대로 실천하여 하늘에 오르라.

대역자 머리말

■ 하나님의 율법을 지키는 선지자로 선택을 받도다.

저는 남들처럼 그저 열심히 살아온 평범한 사람이었습니다. 그러나 50대 중반에 사업에 실패하여 많은 부채에 시달렸으며, 건강도 악화되어 눈이 잘 안 보이고, 걷기도 어렵고, 두통이 심해서 잠을 이룰 수 없는 고통의 나날을 보냈습니다. 그때 제가 선택할 수 있는 것은 육의 삶을 끝내는 길뿐이었습니다.

죽기 직전에 그동안에 죄를 지은 이들에게 용서를 빌고 인생을 끝내기로 작정하였습니다. 어려서부터 지은 죄를 빌고 빌다 보니 끝이 없었고, 죽음으로도 그 많은 죄를 용서받을 길이 없다는 생각에 하염없이 눈물이 흘렀습니다. 그 순간 '재래식 화장실의 구더기는 죄를 짓지 않는데, 나는 인간으로서 구더기만도 못한 삶을 살았구나.' 하는 생각이 들면서 괴로움에 몸부림칠 때, 갑자기 하나님의 음성이 들렸습니다.

"나는 여호와 하나님이니라. 너는 십계명을 암송하고 내가 내려 주는 메시지를 받아 책으로 만들어 만백성을 구하라." 하시며, 제 눈을 손으로 문지르게 하시고, 아픈 머리와 다리를 손으로 두드리게 하셨습니다. 그러고 나니 눈도 잘 보이고 걸을 수 있었으며 머리의 통증도 말끔히 낫게 되었습니다. 그때부터 십계명을 암송하고 나면 들려주시는 말씀을 기록하였고, 1999년 8월부터 2004년 7월까지 권당 288쪽, 총 160권을 받아서 "새로운 성경"이라는 책으로 펴내게 되었습니다.

그러한 저에게 죽기보다도 힘든 길이 시작되었습니다. 모든 교인들이 저에게 사탄이요, 이단이요, 악마요, 마지막 시대에 온 거짓 선지자라 하면서 공격하였고, 저를 짐승을 보듯이 대하는가 하면, 편협한 종교 지도자들의 선동으로 신도들이 이 책을 직접 읽어보고 평가할 기회마저 막아 버렸습니다. 그래서 하나님의 말씀을 세상에 내는 데 많은 어려움을 겪으며, 피를 토하는 심정으로 책을 전하고 있습니다.

그러나 아무리 인간의 힘으로 막으려 해도, 하나님의 뜻이 세상에 전해지는 위대한 역사는 계속될 것입니다. 책으로 전해지는 "하나님의 말씀"은 세상 끝날까지 항상 우리와 함께하실 것입니다. 사람은 죽어도, 책에 기록된 말씀은 영원히 남으니까요.

■ 따뜻한 실천

하나님께서는 어려운 사람들에게 삶의 터전을 마련해 주고, 미래를 열어 주는 것을 기뻐하십니다. 어려운 이웃이 스스로 자립할 수 있도록 이끌어 주는 것이 진정으로 이웃을 돕는 것이라고 말씀하셨습니다. 그래서 일자리가 없는 제자들에게 작은 사업장을 만들어 주는 "달란트 사업"을 하고 있습니다. 식당, 반찬 가게 등을 차려 주고, 기존의 어려운 사업장이 자립할 수 있도록 돕고 있습니다(커피숍, 미용실, 의상실 등).

하나님께서는 교회에 나와서 모든 시간과 재물을 쏟기를 원하지 않으시고, 그 시간과 재물을 교육에 투자하여 스스로 미래를 열어 가기를 원하십니다. 그래서 제때 공부하지 못한 제자들에게 학업을 이어 가도록 하였습니다. 중화요리 주방장을 하며 초등학교 검정고시부터 공부하여 2012년에 방통대를 졸업한 36세 남성, 만학도들의 2년제 중학교에 입학해서 2007년에 명지대학을 졸업한 38세 여성, 중학교 검정고시를 시작으로 숭의여자대학을 졸업한 47세 여성 등이 있습니다. 그밖에도 많은 제자들에게 나이를 초월하여 배우고 깨우쳐서 사회 속의 당당한 일원이 되도록 인도하고 있습니다.

학자금 대출로 힘겨워하는 젊은이들을 위해 "따뜻한 바람 장학회"를 발족하여(2016년 12월) 대출받은 학자금 전액을 매월 갚아 주고 있습니다. 또한, 다문화 가정을 위해 "다문화 가족 랜드"를 조성하여, 각종 시설을 무료로 활용하도록 하고 있습니다.

이러한 따뜻한 실천이 아직은 미약합니다. 그러나 책의 수입이 늘고, 저와 뜻을 같이하는 분들이 늘어나면 계속 확대할 것입니다. 지도자로서 신도의 재물을 헌금으로 거둬들여 착복하는 것이 아니라, 하나님께서 기뻐하시는 일에 사용하도록 중매 역할만 하며 살아가고자 합니다. 이런 제가 과연 사탄이고 이단인가요? 하나님께서 기뻐하시는 일이라면, 저에게 사탄이라 하든 거짓 선지자라 하든 굽히지 않고 실천해 나갈 것입니다.

끝으로, 일상의 삶 속에서 "지금 내가 하는 행동이 과연 하나님께서 기뻐하실까, 슬퍼하실까?" 생각하고, 매사에 하나님께서 기뻐하시는 길을 택하기 바랍니다. 교회에 모여서 집단적으로 예배 드리는 것이 아니라, 개인이나 가정 단위로 새로운 성경을 읽어 스스로 깨우치고 그대로 행하면 충분합니다. 그것이 마음속에 성전을 짓고, 신령과 진정으로 예배 드리는 길입니다. 그러면 천국의 문에 들어서게 됩니다.

2017. 2. 1.

하나님 말씀 대역자 김용철

차 례

십 계 명

이 책은 십계명을 암송하고 나면 내려 주시는 "하나님의 음성"을 듣고 그대로 받아쓴 기록입니다. 하나님께서 십계명을 모세에게 내려 주셨지만, 그것은 만백성에게 내려 주신 것입니다. 마찬가지로 이 책의 모든 말씀도 저에게 내려 주셨지만, 만백성 각자에게 들려주시는 말씀입니다. 여러분도 이 책을 접할 때마다 십계명을 암송하고 나서 정독해 주시기 바랍니다.

제일은, 너는 나 외에는 다른 신들을 네게 있게 말지니라.

제이는, 너를 위하여 새긴 우상을 만들지 말고, 또 위로 하늘에 있는 것이나, 아래로 땅에 있는 것이나, 땅 아래 물 속에 있는 것의 아무 형상이든지 만들지 말며, 그것들에게 절하지 말며, 그것들을 섬기지 말라.

제삼은, 너는 너의 하나님 여호와의 이름을 망령되이 일컫지 말라.

제사는, 안식일을 기억하여 거룩히 지키라.

제오는, 네 부모를 공경하라.

제육은, 살인하지 말지니라.

제칠은, 간음하지 말지니라.

제팔은, 도적질하지 말지니라.

제구는, 네 이웃에 대하여 거짓 증거하지 말지니라.

제십은, 네 이웃의 집을 탐내지 말지니라.

나 여호와가 존재함을 믿는 그 자체가 구원의 길에 들어서는 기본이요, 근본이며, 나의 새로운 성경을 가슴에 안고 정독하는 자, 반석 위에 서서 하늘에 오르는 찬란한 빛을 보게 되는 영광을 얻게 됨이니라. 진정 나를 따르고 믿는 자는 감히 사탄이나 마귀도 근접하지 못하느니라.

〈하나님 말씀〉

2004년 5월

11,051 번째 하나님 말씀

2004년 5월 13일 20시 51분

1 (녹음 오류로 앞부분이 잘렸습니다.)
2 ... 너희들이 육체의 행복을 충족시킬 수는 있느니라.
3 그러니 수천 년 동안 믿음의 길을 오는 종교 집단의 지도자 그들이 육의 집의 주인인 영혼을 위하여 영혼의 행복이요, 영혼의 기쁨을 위하여 너희들이 살아온 것이 아니라,
4 너희들은 그저 영혼의 집인 그 육의 부귀영화요, 육의 행복이요, 육의 기쁨을 충족시키는 그 모두를 위하여 온 것이 2천 년 동안 믿음이요, 오늘의 현실이 그리되었음이니 그리 알라.
5 그러니 너희들이 믿음이라는 것이 무엇이며, 너희들이 오늘의 신앙이 무엇인 줄 알겠느냐?
6 너희들은 영혼의 집인 육을 위해 사는 것이 아니요, 영혼을 위해서 너희들이 그 믿음이요 그 행복을 위하며 그 기쁨을 위하여 너희들이 살아와야 되는 것이거늘,
7 그를 잊어버리고 그를 지워 버리고 사는 것이 너희들이니라.
8 그러니 너희들이 어찌하여 그 믿음이 내 뜻에 의하여 역사했다 할 수 있겠느냐?
9 이제 사랑하는 나의 아들을 따르는 제자들이요, 나의 법전을 읽고 깨우친 만백성, 너희들은 들으라.
10 너희들의 육의 주인은 영혼이니라.
11 그러니 너희들이 영혼의 행복을 위하여, 영혼의 기쁨을 위하여, 진정한 행복의 길이 어떠한 길인가를 알아야 될 것이며, 그 길을 찾아 너희들이 위대한 삶을 살아야 될 것이며,
12 그리고 영혼을 위해 살아가는 삶과 육을 위한 삶 중에 어떠한 것이 위대한 길이며 진정한 길인가를 찾지 아니하면 아니 됨을 알라, 사랑하는 나의 아들딸들아!
13 너희들은 진정한 행복의 길을 찾으라.
14 정녕 너희들이 찾고 구해야 할 것이 무엇이더냐?
15 너희들이 육의 삶이요, 육의 기쁨이요, 육의 행복의 충족을 위하여 너희들이 찾고 구하는 것이 아님을 알라, 사랑하는 나의 아들딸들아!
16 너희들이 구하고 찾아야 할 것은 바로 너희들이 나 여호와에게 오를 수 있는 길이요, 그리고 너희들이 나를 볼 수 있는 그 길을 위하여 찾고 또 헤매야 됨을 알라, 사랑하는 나의 아들딸들아!
17 나 여호와는 진정으로 구하는 자에게 내리지 아니하는 것이 없으며, 찾는 자에게 내가 찾을 수 있는 기회를 주지 아니하는 백성이 없음이니라, 사랑하는 나의 아들딸들아!
18 다만, 너희들이 무엇을 찾으며 무엇을 구원하며 너희들이 무엇을 이루고자 한다면,
19 너희들 자신에게 성령이 임할 수 있는

네 마음, 문고리가 안으로 있는 네 마
음을 먼저 열어야 될 것이며,
20 마음의 문을 열지 아니하면 너희들이
아무리 구해도 나로부터 얻을 수 없으
며 아무리 찾는다 해도 찾을 수 없는
것이니라.
21 그러니 네 마음의 문을 먼저 열도록
그리하라.
22 너희들이 네 마음의 문을 열면 모두를
다 얻을 수 있는 것을, 나에게 너희들
이 두드리고 나에게 찾고 나에게 울부
짖는 그와 같은 행위를 하지 말며,
23 너희들 안으로 닫혀 있는 그 문고리의
마음을 열어 성령이 임하도록 그리하
라.
24 그리하면 모두를 너희들이 얻을 수 있
음이니라.
25 사랑하는 나의 아들딸들아!
26 이제 너희들은 재물과 부귀영화를 위
하여, 그 육체의 행복을 위하여, 그 육
체의 충족을 위하여 모두가 왔던 오늘
의 그 믿음의 길을, 이제는 너희들이
여기서 한 획을 그어, 모두를 다 불살
라 버리며 뽑아 유황불에 던지고자 하
는 내 뜻을 안다면,
27 너희들이 마음의 문을 열고, 너희들이
정녕 찾아야 할 것, 구원할 것을 위하
여 삶을 살도록 그리 전하라, 사랑하
는 나의 아들딸들아!

11,052 번째 하나님 말씀

2004년 5월 13일 20시 58분

1 사랑하는 나의 아들아!
2 **"네, 아버님! 말씀하옵소서."**
3 사랑하는 나의 아들딸들아!
4 너희들이 모든 것이 다 그냥 굴러들어
와 역사하는 것처럼 기다리지 말라.
5 모든 백성들이 거저 들어오기를 바라
며 거저 이루기를 바라나, 나의 아들
을 따르는 제자들이요, 나의 새로운
성경을 읽고 깨우친 백성, 너희들은
절대 모든 것이 그냥 굴러들어 오기를
바라지 말며,
6 절대적 그냥 굴러들어 오는 것이 없음
을 알라 그리 전하라.
7 그러니 그냥 굴러들어 오는 것이 없음
이니, 어찌하겠는가?
8 너희들이 찾아야 되느니라.
9 그러니 너희들이 찾으라.
10 하늘에 오르는 길을 찾으며, 나의 성
령의 문이 열리며 성령으로써 임하도
록 너희들이 온 힘을 다하여 구하고
그리 찾으라.
11 진정한 참진리의 길은 나 여호와의 뜻
을 구하고 찾는 것이 너희들이 나에게
오르는 길이요, 진정한 믿음의 길을
가는 것이라는 걸 절대 잊지 말라.
12 나 여호와의 뜻을 알기 위하여, 내가
역사하는 것을 알기 위하여, 너희들이
내가 내리는 성령이 임할 수 있도록
찾고 또 두드리고 구하라.
13 그것이 너희들이 참진리의 길에 임할
수 있는 것임을 알라.
14 다만, 너희가 마음을 모두 열고 구하
고 찾아야 하느니라.
15 너희들이 마음을 열지 않고 찾고 구한
다면 아무것도 얻을 수 없음이니, 그
것이 다 허송세월이니라.
16 너희들이 마음을 열고 모두를 찾는 것

은 너희들의 귀하고 소중한 그 생명
줄을 너희들이 귀하고 소중하게 쓰는
것이요,
17 너희들이 알지 못하며 너희들이 마음
을 닫아 놓고 찾고 구하는 것, 그것은
내 뜻이 아님이니,
18 너희들이 그 귀한 생명줄을 그저 잘
라 내는 그와 같은 어리석은 삶이니,
이것이 얼마나 너희들이 무서운 차이
가 있는지 알겠느냐?
19 사랑하는 나의 아들딸들아!
20 너희들이 육의 생존을 위한 것을 위하
여 싸우고 찾고 두드리고 그리하지 말
라.
21 그리고 너희들이 그와 같은 삶에 모두
를 바치지 말라.
22 어찌하여 너희들이 육의 생존을 위해
서는 싸우고 찾고 두드리고 그와 같
이 열성을 다하며 계획을 세우며, 장
기 계획을 세우며 너희들이 그 뜻을
맞춰 역사하나,
23 너희들이 거듭나는 것이요, 영원한 삶
을 위하여, 너희들이 그 길을 위하여
어찌하여 싸우고 찾고 두드리고 그와
같은 것을 게을리하는가?
24 너희들이 하늘에 오르는 길이 거저
굴러들어 오는 것이요, 거저 굴러들어
오니 너희들은 가만히 앉았다가 모두
를 역사하고 받으면 된다는 그와 같은
믿음이 오늘의 신앙이니, 그것이 얼마
나 잘못된 것인 줄 알겠느냐?
25 그리하여 죽은 믿음이요, 나에게 오를
수 없는 믿음이라는 것을 알라.
26 오죽하면 나의 아들이 이 세상의 너
희들이 다 죽은 무덤이라 그리 말하였
겠느냐?
27 그 무서운 뜻을 너희들이 깨닫는다면,
오늘의 삶에서 너희들이 산 자가 되
어야 할 것이며, 무덤에서 나온 자가
되어야 하지 않겠느냐?
28 하얀 칠을 해 놓은 그 속에 그 무덤이
다 죽은 자들이요, 썩은 자들이라 하
니,
29 너희들이 나의 아들 예수의 말 한마디
가 얼마나 귀하고 소중하며, 더하지도
빼지도 말며 너희들이 마음대로 색칠
해 쓰지도 말라 하면서,
30 나의 아들 예수가 이 세상이 다 죽은
무덤과 같다 했으니, 다 죽은 자가 아
니더냐?
31 그러니 거기서 살아나려고 너희들이
발버둥치고 노력하지 아니하고, 죽은
자 속에서 안주하는 그와 같은 믿음의
길을 가면서, 어찌하여 너희들이 나에
게 오를 수 있으며 나를 볼 수 있다 하
느냐, 이 어리석은 백성들아!
32 너희들이 성서의 뜻을 알면 지금 내가
나의 아들을 통하여 내리는 새로운
성경의 가르침이요, 그 진리의 위대함
이요, 나 여호와의 뜻의 위대한 것을
알 수 있거늘,
33 모두를 꿰맞추기에 선수요, 꿰맞추기
의 기도를 잘하는 자요, 중언부언을
잘하는 자들이 어찌하여 새로운 성경
을 신약과 구약과 잘 꿰맞추며 짜깁
기하는 것은 그리도 안 하려 하느냐?
34 짜깁기를 하지 아니하고 떨어지고 떨
어져 나간 구약과 신약의 그 자리를
너희들이 맞출 수가 있느냐?
35 내 새로운 성경으로써 너희들이 짜깁

기하여 그 옷의 모양을 찾을 수 있는
그와 같은 형국이거늘, 이를 버리고
너희들이 그 형상이 어떠한 줄 아느냐?
36 들판에 서 있는 허수아비 모습과 같은
것이 너희들의 오늘의 모양이니,
37 그게 바로 옷을 입고 바른 사람으로서
서기 위해서는 너희들이 새로운 성경
을 입고 거듭나지 아니하면 아니 되는
모습이니 그리 알라.

11,053 번째 하나님 말씀

2004년 5월 13일 21시 07분

1 사랑하는 나의 아들아!
2 "네, 아버님! 말씀하옵소서."
3 이 세상에 나로부터 생명을 받아 나간
미물이요, 그리고 동식물, 그 모두가
다 죽음이라는 것을 두려워하지 아니
하며 그 죽음 앞에서 피하지 아니하는
것이 없느니라.
4 모든 미물이요, 동식물, 그들도 다 죽
음을 두려워하며, 아무리 무서운 맹수
요, 힘을 가진 자라 하여도, 그들은 어
쨌든 죽음이라는 것을 두려워하며 죽
음 앞에서 모두가 회피하는 것이 미물
이요, 동식물이 지금 살아가는 그 형
국이 아니더냐?
5 말없이 서 있는 한 떨기의 꽃나무도
그가 잘려 나가는 것을 두려워하고
있음을 알아야 될 것이니라.
6 그러나 이 세상에 내가 만든 창조물
중에 오로지 죽음을 두려워하지 아니
하며 죽음을 명예롭게 생각하는 것이
누구더냐?
7 내가 만든 가장 높은 지혜를 가지고
있는 백성, 나의 피조물 만백성 너희
들이 아니더냐?
8 그러니 오로지 너희들만이 죽음을 명
예롭게 생각하는 그와 같은 창조물이
요, 그와 같은 용기 있는 백성 너희들
이 있지 않으냐?
9 이것이 너희들이 동식물과의 그 차이
점이니라.
10 그러기에 너희들은 나에게 오를 수 있
으며, 모두를 너희들이 다스려 나에게
역사할 수 있는 그와 같은 능력 있는
백성이라 함을 알라.
11 너희들이 감내하지 못하며 지키지 못
할 것을 내가 지키라 하지 아니하였으
니,
12 너희들이 감내하지 못할 것을 감내하
고 내가 오라 했다면, 창조주 나를 너
희들이 아버지라 부를 이유가 없으며,
나는 전지전능한 너희 창조주가 아니
며 너희들의 아버지가 아닐 것이니라.
13 그러니 자연 속에 사는 맹수요, 모든
사나운 짐승들도 죽음 앞에는 피하며
그 목숨을 명예롭게 던지는 짐승은 없
느니라.
14 그리고 대신 무엇인가를 위해 죽어 가
는 동물도 없으며, 그 집단을 위해 스
스로 제 목숨을 던지는 그와 같은 것
은 절대 없음이니라.
15 그러나 오로지 이 세상의 동식물 중에
나의 피조물 만백성 너희들만이 죽음
을 명예롭게 생각하며, 그 죽음 앞에
두려워하지 아니하며 목숨을 던질 수
있는 것은 오로지 나의 백성 너희들이
니라.
16 너희들이 전쟁터에서 영웅으로서 죽

어 감을 두려워하지 아니하며, 너희들이 충신의 길을 감에 있어서 두려워하지 아니하며,
17 너희들이 믿음의 길을 가는 것, 신앙의 길을 가면서 너희들 종파의 교리에 의해 목숨을 던지는 것을 두려워하지 아니하며 그를 명예롭게 생각하는 것이 나의 피조물 만백성들이니라.
18 더러는 너희들이 효성의 길을 위하여 모두를 바치며, 또한 그 시대가 요구하는 것을 위하여, 너희들이 그 시대의 변화를 위하여, 그리고 너희들이 그 시대가 정의롭지 못하며 부패하고 썩어져 가는 그와 같은 집단이요, 국가가 있을 때,
19 그 집단이요, 국가의 그 세상의 정의로움을 위하여 목숨을 던지며 명예롭게 그 죽음을 선택하는 것이요, 그 죽음을 두려워하지 않는 것이 오로지 선택된 나의 백성들이니,
20 너희들이 동물 중에 으뜸이라 함이 여기 있음이니라.
21 그와 같은 지혜와 능력을 가지고 있는 것이 너희들이 모두가 다 차별화되며 다른 백성이니라.
22 그것이 바로 내가 너희들에게 나에게 오를 수 있는 것이요, 너희들이 거듭나는 영광이요, 은혜를 또한 줌이니,
23 그와 같은 너희들의 특성을 가지고 있으며, 그와 같은 너희들이 삶을 살아가는 자들이니, 그게 바로 너희들이 무엇이더냐?
24 대를 위하여 소를 희생하며, 남을 위하여 사랑을 베풀며 '나' 자신을 던지는 그와 같은 아름다움을 가지고 있기 때문에 으뜸이요, 동물의 제왕이라 내가 했음을 알라.
25 그러니 그것이 너희들이 차별화된 백성이니라.
26 그와 같은 마음을 가지고 갈 수 있는 백성들이 진정한 길이요, 나 여호와의 뜻이요, 내가 이루고자 하는 것을 위하여 너희 목숨을 명예롭게 던질 수 있는 그와 같은 용기를 가진 것이 너희들이기에, 오늘의 너희들이 선택된 자들이라는 것을,
27 그리고 나의 백성 너희들이 가장 지혜 높은 창조물이요, 동물로서 세상에 나왔다는 것, 그와 같은 의미를 너희들이 깊이 깨달아 스스로 행하며 갈 길을 선택해 가도록 그리하라.

11,054 번째 하나님 말씀

2004년 5월 13일 21시 16분

1 사랑하는 나의 아들아!
2 "네, 아버님! 말씀하옵소서."
3 나의 사랑하는 백성 너희들은 무한한 변화 속에서 성장하며 변화되는 삶을 살게 되어 있음을 알아야 될 것이니라.
4 나의 사랑하는 백성 너희들의 삶 그 자체가 무한한 변화 속에서 변화되며, 너희들이 변화 속에서 성장하며 그리 살아가는 삶을 살아가는 것이 나의 백성 너희들이 가지고 있는 특성이요, 나로부터 받은, 다른 동물들과의 다른 그 은혜임을 알라.
5 너희들 또한 동물이라 칭하지 않느냐?
6 그러니 그와 같은 너희들만이 변화되는 것, 그리고 변화되는 삶을 이룰 수

있는 것, 변화 속에서 너희들이 성장
될 수 있는 것,
7 그것이 너희들이 나로부터 받은 큰 은
혜요, 은총이라는 것을 너희들은 과연
얼마나 생각하고 감사하며 사느냐?
8 너희들이 생활 속에서 변화되며 변화
속에서 성장하는 그와 같은 모든 은혜
를 받은 것, 그것만으로 너희들이 나
에게 감사함을 다하지 못할 것이니라.
9 그러니 사랑하는 나의 백성 너희들이
변화로써 기쁨과 행복을 얻고 사는 그
와 같은 백성으로서 내가 세상에 내려
보냈으니, 너희들이 이 또한 축복임을
알아야 될 것이거늘,
10 어찌하여 너희들이 그와 같은 감사함
을 모르며, 겸허한 자세로 세상을 살
아가지 아니하며,
11 나를 욕되게 하며 나를 능멸하는 그와
같은 행위를 함부로 한단 말이더냐?
12 내가 너희들에게 내려 준 것을 생각해
도 너희들이 그 은혜를 갚을 길이 없
거늘,
13 어찌하여 너희들이 그 재물을 거둬들
여서 그것으로써 나에게 보답하며 은
혜를 받는다 그리 생각하느냐?
14 그리고 나의 백성들을 너희들이 우롱
하며 그들로부터 내 이름을 팔며,
15 나의 아들 예수가 십자가의 형틀에 죽
어 간 그 고통을 겪은 것을, 너희들의
자식이 그리 죽어 갔다면 그 부모의
가슴이 얼마나 아프고 저려 오겠느냐?
16 나 여호와의 그 저리고 아픈 마음을
너희들이 아는 자들이라 말할 수 있겠
느냐?
17 인간 세상에서 너희들 자식이 그리 죽
어 갔다면, 부모가 가슴 아파서 그가
벗어 놓은 옷이요, 그가 만들어 놓은
재물이요, 그가 쓰다 남은 것, 그 아무
것도 함부로 쓰지 못하며, 그 가슴이
저려 와 손을 대지 못하는 것이 부모
의 마음일 것이니라.
18 그러나 나의 아들 예수가 그와 같이
처참히 죽어 갔으며, 그를 살릴 수 있
는 능력이 있는 내가 그를 살리지 않
은 내 가슴이 찢어지고 아픈 것을 너
희들은 알겠는가?
19 그와 같은 나의 아들의 죽음 앞에 재
물을 바치는 것으로써 구원을 받으며,
그와 같은 이름을 팔아 재물을 거둬들
이는 그와 같은 사악한 행위를 하고
있는 것이 너희들이니,
20 너희들은 변화되는 그 삶에서 변화의
성장 속에서 기쁨과 행복을 얻어 가는
그와 같은 백성이거늘,
21 어찌하여 너희들의 믿음이라는 것은
변화될 줄 모르며, 그 변화를 시킨다
는 것이 나 여호와의 가슴에 대못을
박는 그와 같은 사악한 행위만을 하고
있단 말이더냐?
22 그러니 너희들이 지금 변화되어도 잘
못 변화된 믿음이니라.
23 그러면서 너희들은 그 잘못된 믿음에
서 그 모두에 종지부를 찍어 거기서
더 변하지 아니하고 더 역사하지 아니
하는 것이니라.
24 차라리 너희들이 믿음을 변화시켰다
면, 나의 아들이 고통스럽게 죽어 간
그 아픔을 느끼는 나 여호와가 그것도
지나가고 흘러가는 그와 같은 믿음이
라면 내가 그 상처는 덜할 것이거늘,

25 너희들이 몇천 년 동안 그를 재탕하고
또 부르고 또 부르며 나의 아들 예수
의 죽음으로써 그 보혈로써 구원을 받
는다, 구원을 받았다, 그것만을 너희
들이 부르짖고 있음이니,
26 그것이 나에게 얼마나 고통이요, 내
아픔의 상처를 건드리는지 알겠느냐?
27 너희들이 아물려 하는 상처를 건드리
며 아물려 하는 상처를 아프게 하는
자들이라는 것을, 어찌하여 너희들이
그 간단한 이치 하나도 깨닫지 못한단
말이더냐?
28 그러니 너희들이 그 변화 속에서 지난
것을 지워 버리고 새로운 역사의 길을
간다면, 그것을 생각하지 아니한다면,
차라리 내 마음이 그리 아프지는 아니
할 것이니라.
29 그리고 너희들은 그 믿음이라는 것이
또 변화되어야 하며, 변화되지 아니하
면 아니 되며, 변화가 동반하지 아니
하면 아니 됨이니라.
30 그러니 이제 나의 아들 예수가 죽어서
너희들이 그 보혈로써 은혜를 받았으
며 너희들이 그것으로써 구원을 받았
다는 그 말,
31 그리고 나의 아들이 죽어 간 그 형틀
을 너희들이 하늘을 향하여 불을 켜
놓는 것,
32 그 모두가 내 가슴을 얼마나 갈기갈기
찢어 놓으며 너희들이 몇천 년 동안
나를 울렸는지 알겠느냐?
33 그러니 내가 그와 같은 변화 속에서,
이제 모두를 다 덮어 두고자 내가 새
로운 성경이요, 마지막 시대에 심판하
는 나의 법전이라 하여 새로운 성경을
내려보내니,
34 이것으로써 너희들이 공부하고 깨우
쳤을 때, 나를 고문하는 십자가를 이
제 거둬 내릴 것이며,
35 나의 아들 예수의 죽음으로써 구원을
받았다며 내가 잊을 만하면 너희들이
하늘을 향하여 부르짖고, 지우려 하는
내 가슴에 너희들이 상처를 주는 그
사악한 행위를 더 이상 하지 않게 될
것이니라
36 이제 나의 아들을 따르는 제자 너희들
은 알겠느냐?
37 너희들이 나의 새로운 성경을 만들어
세상을 다 덮어 모든 백성들이 나의
새로운 성경대로 살아갈 때, 그 변화
가 이루어질 때,
38 나 여호와의 아픈 가슴이요, 그 상처
는 이제 더 이상 건드리지 아니할 것
이며, 그를 너희들이 울리지는 아니할
것이니라.
39 이제 사랑하는 나의 아들을 따르는 제
자들이요, 나의 새로운 성경을 읽고
깨우친 백성 너희들은 내 마음을 알겠
느냐?
40 내 마음의 아픔을 치료해 주며 내 상
처를 치료해 주며, 내 묵은 고통을 덜
어 주는 것이 너희들이 나의 새로운
성경을 만들어 세상에 전함이니라.
41 너희들은 나의 아들이 흔들린다 하여
그가 나의 아들이 아니며, 나의 선택
된 아들이 아니라 생각하지 말라.
42 너희들이 지금 내가 나의 아들을 통하
여 내리는 새로운 성경을 사탄이요,
이단이요, 잘못된 것이라 그리 말하지
말라.

43 나의 아들이 죽어 간 그 십자가를 너
희들이 밤마다 불을 켜 나에게 상기
시키며 나에게 보라 하는 것이 얼마
나 큰 고문이고 나를 고통스럽게 하는
것이더냐?
44 그리고 나의 아들 예수의 죽음의 그
피의 보혈로써, 그 죽음의 상처로써
너희들 죄를 대대손손 표백시켰으며
너희들 죄를 다 씻었으며,
45 그리고 감히 그와 같은 죄를 갖다 남
용하는 자들이 하늘에 오른다 하고 있
음이니,
46 이것을 덮어 버리고 이것을 지우는 것
이 무엇이더냐?
47 차라리 너희들이 불을 내 세상을 태
운다면 내가 비를 내려 그를 덮겠으
나, 나의 아들의 죽음의 상처를 계속
나를 향하여 울부짖으니, 내가 잊을
만하면 나를 울리며, 지우려면 내 가
슴을 찢어 놓는 그와 같은 행위를 하
는 것을,
48 오늘의 새로운 성경이 내려와 세상에
눈이 덮듯이 모두를 다 덮었을 때, 그
가 지워진다면 내 상처를 치유하는
것이니,
49 너희들은 이와 같은 일을 역사하는
나의 아들을 잘못된 자라 하지 말며
거짓된 나의 아들이라 보지 말라.
50 나의 아들을 따르고 믿으라.
51 그리고 내 새로운 성경이 세상을 덮었
을 때, 나 여호와의 가슴 아픔은 지워
지지 않겠느냐?
52 십자가를 거둬 내리는 것이 나의 가슴
아픔을 지우는 것이요,
53 예수의 보혈로써, 예수의 죽음으로써
죄를 면했다는 것을 부르짖지 아니하
고 그것이 잘못됐다 깨닫는다면, 우선
내 상처를 건들지 아니하는 것이니,
54 이게 나의 아들이라는 증거요, 나의
새로운 성경이 만백성을 구하는 것이
며, 내 아픔을 내 스스로 치유하고자
함이니 그리 알라, 사랑하는 나의 아
들딸들아!
55 그러기에 내가 너희들을 사랑함이니
라.

11,055 번째 하나님 말씀

2004년 5월 13일 22시 07분

1 사랑하는 나의 아들아!
2 "네, 아버님! 말씀하옵소서."
3 내가 성서에 기록하여 나의 아들 예수
를 통하여 너희들에게 전하지 아니하
였더냐?
4 '마음이 청결한 자는 복이 있나니', 그
리고 너희들이 마음이 청결한 자는 나
를 볼 수 있다 하지 아니하였더냐?
5 그리고 또 내가 무어라 말하였느냐?
6 '화평케 하는 자는 복이 있나니, 저희
가 나 여호와의 아들딸이라 일컬었음
을 받을 수 있다.' 내가 그리하였느니
라.
7 '의를 위하여 핍박을 받는 자 천국이
너희 것이라' 하였느니라.
8 그러니 이와 같은 내용을 내가 나의
성경에 기록하여 전한 그 뜻을 너희들
은 알겠느냐?
9 우선 이 모든 뜻은 너희들이 행하지
아니하면 아무것도 이룰 수 없으며 얻
을 수 없다는 것임을 알아야 될 것이

니라.
10 그러니 이 모두는 너희들이 행함에서
이루어지며, 행하지 아니하면 하나도
너희들이 이룰 수 없으며 얻을 수 없
는 것이니, 행함이 얼마나 중하고 귀
한 것인가를 알아야 될 것이니라.
11 '너희들이 마음이 청결하지 아니한 자
나를 볼 수 없다.' 하였음이니, 너희들
이 죽음의 순간에 청결하지 못하다면,
결국 너희들이 나를 볼 수 없다 함은
그 무서운 뜻이 무엇이더냐?
12 그러니 너희들이 나의 나라에 오를 수
없는 자라는 것이 아니더냐?
13 그러니 너희들이 죽음의 순간에 얼마
나 청결해야만 되는 것이며, 청결하지
못한 백성은 나 여호와를 볼 수 없으
며 나의 나라에 올 수가 없다 함이니
라.
14 그러니 너희가 죽을 때 얼마나 청결해
야 하는가를 알겠느냐?
15 그렇지 못한다면 나를 보지 못함이니,
결국 나를 보지 못한다는 것은 무엇을
의미하는 것이냐?
16 너희들이 구원을 받을 수 없다는 것이
니라.
17 그러나 너희들은 어찌하느냐?
18 나의 아들 예수의 보혈로써 그가 죽음
으로써 너희들의 죄를 대속했으며, 너
희들의 죄가 사해졌으니, 너희들은 무
조건 나의 아들 예수의 보혈로써 구원
을 받았다 그리 말함이니라.
19 그러니 바로 이것은 무엇이더냐?
20 내가 너희들에게 청결치 아니한 자 나
를 볼 수 없다 함은 나의 나라에 올 수
없다 함이니, 이는 곧 너희들이 청결
치 아니한 자는 구원을 받을 수 없다
함이라는 것을 내가 너희들에게 기록
하여 전했음이니,
21 나의 아들 예수의 보혈로써 구원을 받
을 수 없으며 너희들이 구원을 받은
것이 아니라는 그 의미를 여기서 깨우
쳐야 될 것이니라.
22 나의 아들 예수의 죽음이요, 그 보혈
로써 너희들의 죄를 사하며 너희들이
구원을 받는 것이 아니라,
23 너희들이 죽어 나에게 오를 때 마음이
청결한 자만이 구원을 받을 수 있다는
이 가르침을 너희들이 다시 받아들이
며 다시 깨우치며, 다시 공부하며, 성
서를 연구하지 아니하면 아니 됨을 알
라.
24 청결치 아니한 자 나에게 올 수 없으
며 나를 볼 수 없다는 이 엄연한 사실
을 너희들은 명심하고 또 그리 명심해
야 될 것이니라.
25 그리고 내가 너희들에게 무어라 하였
느냐?
26 '화평케 하는 자 나의 아들딸이라' 했
으며, 화평케 하지 않는 자 나의 아들
딸이 아니라 하였음이니,
27 이 또한 예수의 죽음의 보혈로써 너희
들이 나의 아들딸로 거듭나는 것이 아
니요, 만백성을 화평케 하는 것, 너희
들이 화평하게 그와 같은 삶을 사는
것, 남들과 시시비비하지 아니하며 사
랑하며 너희들이 화평하고 평화롭게
사는 것, 그것이 바로 나의 아들딸이
된다 하였음이니,
28 또 나의 아들 예수의 죽음이요, 그 고
통으로써, 그 보혈로써 너희들이 구원

을 받는 것이 아님을 알아야 될 것이
며, 이 깨우침을 알고 너희들은 터득
하는 그와 같은 백성으로서 거듭나라.
29 그러니 성서의 비밀이요, 성서를 너희
들이 하나하나 깨우치고 볼 때, 내가
원하고 내가 역사하는 그 뜻을 알 수
있음이니,
30 그를 알지 못하는 자 너희들이 오류를
범하며, 그를 모르는 자가 가르치기에
세상에 너희들이 험악하게 되었음을
알아야 될 것이니라.
31 내가 또한 성서에 기록하여 너희들에
게 '핍박을 받는 자 천국이 너희들 것
이라' 그리하였느니라.
32 그러니 과연 어떠하던가?
33 너희들이 이랬든 저랬든 간에, 어쨌든
핍박을 하는 자는 천국에 들어갈 수
없는 자라 하였느니라.
34 너희들이 사탄이요, 이단이요, 무어라
하든 핍박을 받는 자 결국 나에게 오
름이니, 이것은 무엇이더냐?
35 참진리요, 진정한 진리가 세상에 내려
오며 그를 전하고자 했을 때, 너희들
이 핍박을 받는 자는 천국이 너희들
것이라 하였음이니라.
36 그러니 너희들이 어쨌든 누구를 핍박
하는 종교 집단이요, 지도자요, 남을
핍박하는 그와 같은 행위는 바로 무엇
이더냐?
37 나에게 올 수 없으며 천국이 너희들
의 것이 아니라는 것을 먼저 깨우치라.
38 그러니 함부로 핍박하는 행위를 하지
말라.
39 너희들이 과연 어떠한 종교 집단이요,
누가 나에게 오르는 길이요, 참진리
요, 나로부터 선택된 목자가 이끄는
그와 같은 집단이요, 가르침인지를 모
르면서,
40 어쨌든 이유를 불문하고 남의 종파요,
나의 집단을 핍박하는 자는 결코 구원
을 받을 수 없는 자이니라.
41 핍박받는 자만이 천국이 그들의 것이
라 했으니, 핍박을 받는 자는 천국에
올 수 있는 백성이요, 핍박을 하는 백
성은 이유를 불문하고 천국에 오를 수
없으며 내 뜻에 역사할 수 없으며 나
를 볼 수 없는 백성이라는 그 무서운
사실을 너희들이 깊이 깨우치라.
42 이리 내가 성서를 풀어 너희들에게 그
숨겨진 비밀을 가르쳐 줘도, 이를 믿
지 아니하며 고개 흔들며,
43 이것은 사탄이요, 그리고 성서를 공부
한 자가 모두를 다 무너뜨리며 세상을
미혹게 하는 행위라며 지금도 나의
법전을 태우고 찢어 버리며 나의 아들
가슴에 비수를 꽂으려 하는 자,
44 그는 예수를 죽인 자보다도 더 사악한
자들이요, 그와 같은 행위를 하는 오
류를 범한다는 것을 잊지 말라.

11,056 번째 하나님 말씀

2004년 5월 13일 22시 11분

1 사랑하는 나의 아들아!
2 "네, 아버님! 말씀하옵소서."
3 나 여호와가 공의의 하나님이라 그리
말하느니라.
4 그리고 나는 진리요, 내가 모두를 역
사한다 하였음이니라.
5 그러니 내가 너희들에게 어떠한 편법

이요, 어떠한 형태로써 누구를 선택하
고 누구를 버리며, 누구를 구원하고
구원하지 않는 그와 같은 역사를 나
여호와가 행하지 아니한다는 것을 내
가 일찍이 나의 성경에 기록한 그 뜻
을 알지 않는가?
6 그러니 내가 다시 한 번 너희들에게
전하느니라.
7 나 여호와는 너희들의 영혼이 나의 나
라에 올 수 있도록, 그리고 너희들의
육은 죽어 가며 너희들의 영혼이 사
니, 그 영혼이 하늘에 오를 수 있는 빛
이 되어 너희들의 그 빛이 나에게 오
를 수 있도록 그 길을 밝혀 주며 그 길
을 알려 주는 것,
8 그것으로써 나 여호와가 너희들을 위
하여 하는 것이며 나 여호와가 존재함
이라는 것을 알라.
9 나 여호와가 너희들을 구원하고 구원
하지 않는 그 역사를 하는 것이 아니
요, 너희들이 나에게 오를 수 있는 길
의 방법을 밝혀 주는 것이며, 그를 알
려 주며 그를 너희들에게 깨우쳐 주는
것이 나 여호와가 역사하며 존재함임
을 알라.
10 그러니 너희들이 스스로 천사가 되어
나에게 오르는 백성이 된다면 너희들
이 나에게 구원을 받을 것이며, 너희
들이 천사가 되지 못하는 백성이라면
나를 영원히 볼 수 없는 그와 같은 백
성이 된다는 것을 알라.
11 다만 너희들이 천사가 되고 못 되고
나에게 오르고 못 오르는 그 길을 내
가 너희들에게 밝혀 주고 그 길을 보
여 줌이니,
12 그 길을 오고 못 오는 것은 너희들의
소관임을 알라.
13 이 모두가 너희가 지금 죽음의 직전까
지 이루어 놓지 않으면 아니 되는 것
이 바로 너희들의 운명이라 함을 알라.
14 내가 너희들이 하늘에 오르는 길을 밝
혀 주었으며 그 길을 인도해 주고 알
려 주었으니, 너희들이 어찌 행하여
육은 죽으며 영혼이 거듭나는 그와 같
은 축복을 얻어 나에게 오르느냐 하는
것은 너희들에게 달렸음을 알라, 사랑
하는 나의 아들딸들아!
15 너희들이 죽는 그 순간에 모든 권한
의 행동이 회수되고 중단되기 때문에,
너희들의 육이 살아 있으며 이 세상에
살아 있어 모두를 행하고 이루어야 하
며, 거기서 너희들이 모두를 결정지어
야 하는 것이니라.
16 죽어 와서는 너희들이 아무것도 이룰
수 없음이니라.
17 너희들이 죽음의 그 순간에 할 수 있
는 행동이요, 활동이 모두가 중단되며,
18 너희들이 나로부터 생명을 받아 나가
나를 아버지라 부르며 너희들이 변화
될 수 있고 깨우칠 수 있는 은혜를 받
는 권한이요, 특권이요, 그 모두가 다
회수되며 그때부터 몰수되기 때문이
니, 너희들이 그때는 아무것도 이룰
수 없음이니라.
19 그러니 너희들이 죽음 직전까지 모두
를 이루고 행해야 되는 것이 너희들의
운명이요, 너희들의 역사함이니,
20 너희들이 살아서 천사가 되는 그와 같
은 삶을 살든, 내가 밝혀 준 그 길을
따라오든 말든 그것은 너희들에게 달

렸느니라.
21 지금 내가 나의 아들을 통하여 160권
의 새로운 성경을 내려보내 너희들을
깨우치고자 하니,
22 이것을 읽는 자만이 너희들이 하늘에
오르는 길이요, 내가 길을 밝혀 주는
것을 보고 따라올 수 있다 했음이니,
23 스스로 읽고 안 읽는 것은 너희들에게
달렸음이니 그리 알라.
24 다만, 너희들이 이를 보지 아니하며
읽지 아니하며 이를 접하지 아니하고
는 결국 나에게 오를 수 없다는 것을
알라, 사랑하는 나의 아들딸들아!

11,057 번째 하나님 말씀

2004년 5월 13일 22시 15분

1 사랑하는 나의 아들아!
2 "네, 아버님! 말씀하옵소서."
3 너희가 어떻게 노력하여 완성된 백성
으로서 나에게 와야 하는 것이며, 너
희들이 어떠한 백성으로서 나에게 오
를 수 있는지, 그 모두를 너희들이 모
르고 있는 것이 아니더냐?
4 그리고 너희들은 그를 알려 하지 않
으며 너희들이 그를 알 수도 없는 것
이니라.
5 그러니 너희들은 지금 어찌 말하는가?
6 나에게 오르고자 하는 백성들이요, 그
리고 나로부터 선택을 받아 세상에 나
간 백성, 너희들이 뭐라 하느냐?
7 인간은 인간으로서 완전할 수 없으며,
완전한 상태로써 너희들이 나에게 오
를 수 없으며, 나로부터 너희들이 구
원을 받을 수 없는 것이 인간이라 너
희들이 그리 말하느니라.
8 그러니 너희들이 나 여호와가 재량이
있으며 내가 너희들에게 베푸는 그와
같은 은혜가 있을 것이라,
9 그리하여 나 여호와가 너희들에게 재
량을 베풀며 내가 너희들을 인도해 주
고 구원을 베푸니, 그리하여 너희들이
구원을 받을 수 있을 것이라는 그와
같은 생각을 하지 말라.
10 나 여호와의 재량으로써 너희들이 구
원될 것이며, 그러니 너희들이 이 세
상에 살면서 남들보다 악한 죄를 짓지
아니하며, 더 많은 죄를 짓지 아니하
며, 남에게 뒤지지 않는 그와 같은 삶
을 살며, 나의 아들 예수를 믿으며 나
를 믿으며 울고불고 찾는 믿음이요,
신앙의 길을 간다면,
11 너희들은 인간이기에 아무리 완벽하
려 해도 완벽하지 못하고 완성된 사
람으로서 거듭날 수 없기에, 나 여호
와의 재량이요, 내가 베푸는 것으로써
구원을 받으며, 그와 같은 역사가 죽
어 왔을 때 있을 것이라는 생각을 너
희들이 하고 있음이니라.
12 그러니 너희들이 지금 이 순간부터 그
와 같은 생각을 버리라.
13 그 생각이야말로 너희들이 나에게 오
르는 길을 막는 것이요, 너희들이 지
옥의 타락의 길로 떨어지는 그와 같은
삶을 사는 것이요, 그 길을 인도하는
자들이 함부로 하는 이야기라는 것을
너희들은 알라.
14 너희들이 어찌 살아왔든 간에, 너희들
이 완성품이 되어 완전한 삶을 살든
못살든 너희들이 육의 세상에 살다 숨

을 거두며 종착역을 맞이함이니,
15 그때부터 너희들은 그것이 너희들의
뜻이 아니요, 너희들이 주관하는 것이
아니라 나 여호와의 섭리요, 나 여호
와가 알아서 주관하며 역사하는 것이
거늘,
16 그 세계를 가지고 너희들이 시시비비
하며 그것이 어떻다 저렇다 생각하며,
거기에 여유가 있으며, 너희들의 눈물
이 통하며 하소연이 통하며 애걸복걸
하는 것이 통하는 것이라 그리 생각하
지 말라.
17 너희들이 그리 생각하고 살기 때문에
하늘의 이치를 모르며, 너희들이 육의
세상에서 얼마나 정의롭고 사랑을 베
풀며 아름답게 살아가야 하는지 그 모
두를 망각하는 어리석은 백성이 되어
버렸음이니 그리 알라.

11,058 번째 하나님 말씀

2004년 5월 13일 22시 19분

1 사랑하는 나의 아들아!
2 "네, 아버님! 말씀하옵소서."
3 나의 사랑하는 백성 너희들이 이 세상
의 삶을 살다 죽어 나에게 오니,
4 나에게 오는 도중에 너희들이 그 죽은
세상에서 중간 과정에서 너희들이 지
은 죄를 사할 수 있는 과정이 있으며
정화될 수 있는 과정이 있다 그리 말
하며 그리 가르치는 종교 집단의 지도
자들이 있음이니라.
5 너희들이 인간 세상에서도 죄를 지은
자, 그 형을 살게 해 너희들이 그를 또
한 정화시키고 깨달음을 얻어 세상으
로 내보내는 것처럼
6 너희들이 죽어 나에게 오는 도중에도
심판을 받아 지옥으로 가기 전에 정화
되어 그 죄를 면죄받을 수 있으며, 그
리고 거기서 너희들이 구원을 받을 수
있는 그와 같은 중간의 정화 과정이
있다는 것을 너희들이 그리 말하며 그
리 가르치느니라.
7 그러나 너희들은 그것을 그와 같이 가
르치는 것이 근거가 어디 있으며 무엇
을 보고 그리 말하는가?
8 절대 그와 같은 과정이요, 그와 같은
것이 없음을 너희들은 알아야 될 것이
니라.
9 너희들이 그와 같은 것을 알려고 하는
자체가 나의 권한에 도전하는 것이요,
너희들이 그를 알려 한다는 그 자체가
또한 나를 능멸하는 것이요, 나의 고
유의 권한에 도전하는 것이요, 나를
욕되게 함이라는 걸 알라.
10 너희들이 죄의 굴레만 더 쓰는 것이
며, 그로 인하여 더 많은 죄를 지으며,
너희들이 중간 과정을 거쳐 구원받을
수 있는 기회가 있다는 그와 같은 잘
못 가르치는 종교 집단 지도자에게서
너희들이 나약한 죄요, 미약한 죄는
용서받는 것이라 그리 생각하며,
11 너희들이 지고 있는 죄가 험악한 죄
요, 살인한 죄요, 성령을 훼방한 죄요,
큰 죄를 지은 것이 없다 너희 스스로
너를 심판하여, 그러니 그 중간의 정
화 과정에서 너희들은 정화가 되어 구
원의 길에 오를 수 있는 그와 같은 백
성이라 그리 말하느니라.
12 정녕 그와 같은 은혜요, 영광의 과정

이 있다면 너희들은 얼마나 좋겠는가?
13 그러나 그것은 모두가 너희들에게 관
계없는 것이며, 너희들이 알아서도 아
니 되며, 알려고도 할 필요 없으며, 그
것은 오로지 나 여호와의 권한에 의한
것이니라.
14 그와 같은 과정이 너희들에게 결코 없
음을 알라.
15 그 모두는 나의 주관이니 나의 성지이
니라.
16 그리고 내 뜻에 의하여 이루어지는 과
정을 인간 세상에 너희가 시시비비하
려 하지 말라.
17 사후의 세계에서 너희들이 속죄받는
기회는 너희들이 살아 있는 그 영혼의
과정이니라.
18 그러니 나의 사랑하는 백성 너희들이
죽어 나에게 와 사후의 세상에서 정화
과정이요, 너희들이 구원을 받는 그와
같은 과정이 있다는 것,
19 너희들은 바로 육의 세상에서 그 과정
을 겪고 지금 그 과정에 너희들이 행
하고 있음을 알라.
20 그러니 너희들이 지금 죽어 구원을 받
고 못 받는 것, 그것은 너희들이 오늘
의 삶의 이 세상에서 너희들이 정화의
과정을 거치며 너희들에게 기회를 주
며, 너희들을 다스려, 거듭날 자와 거
듭 못 날 자 여기서 구분되는 것이지,
21 너희들이 죽어 나에게 와 심판을 받는
그 순간에 너희들의 모든 활동이요,
모든 행동이요, 너희들에게 내려진 모
든 권한이요, 너희들의 특혜가 다 회
수된다 하지 않았느냐?
22 모두가 다 회수되고 중단됨이니, 거기
에서 너희들이 다시 정화 과정이요,
변화되는 과정이요, 그와 같은 것을
거칠 수가 없으며 거칠 기회가 없다는
것을 알라.
23 그때 정화 과정을 거칠 기회가 있다면
너희들이 바로 서지 못할 백성이 어디
있겠는가?

11,059 번째 하나님 말씀

2004년 5월 13일 22시 30분

1 사랑하는 나의 아들아!
2 "네, 아버님! 말씀하옵소서."
3 지금의 나의 사랑하는 백성들이요, 그
리고 믿음의 길을 가는 각 종교 집단
의 지도자요, 그리고 그 신도들, 그중
에서는 너희들이 하늘의 뜻을 지키고
자 노력하는 자들이 있으며, 그리고
그들이 무엇인가를 아름다운 삶을 살
고자 몸부림치는 많은 백성들이 있느
니라.
4 그러나 그들이 전체의 몸통을 보지 못
하고 있으며, 그리하여 그들이 바로
성경의 뜻을 아는 자가 없어 제대로
가르치는 선생이 없었기에, 그들이 작
은 부분만을 가지고 지금 몸부림치고
있는 그와 같은 형국이 되느니라.
5 그래도 너희들이 작은 부분이라도 가
지고 너희들이 바로 서고자, 바로 가
고자 하는 그와 같은 백성들이 있으
며, 하늘의 뜻을 따라 행하고자 노력
하는 백성들이 있음이니라.
6 나 여호와는 그와 같은 백성들이 이
세상에 존재함을 알고 있느니라.
7 그러니 그 백성들이 나의 새로운 성경

을 보고 접했을 때, 바른길을 알며 눈
을 뜨며 귀가 열리는 그와 같은 은혜
를 얻게 될 그 백성들,
8 작은 부분이라도 그들이 바로 가고자,
바로 역사하고자 몸부림치는 그 백성
들이 있기에 나 여호와가 그들을 보고
있음이니라.
9 많은 백성들이 지금 저희들이 모르고
구원의 길이요, 나에게 오르는 길이라
그리 가고 있으나, 이제는 그들이 언
젠가는 깨닫는 그와 같은 영광을 얻게
될 것이니라.
10 바로 그들이 무엇이더냐?
11 작은 부분이라도 지키고 그리 가고자
하는 백성들이 저희들이 말하는 기도
원이라는 곳에 가서 기도하며 금식 기
도 하며 철야 기도요, 울고불고하는
그와 같은 믿음으로 가는 백성들, 그
리 가도 그들이 무엇이더냐?
12 작은 믿음이요, 일부분이라도 저희들
이 무엇인가를 알아 깨우치고자, 그
일부분이라도 알고자 노력하는 백성
들이니라.
13 그러나 그 모두가 진정한 핵심이요,
그 몸체를 모르고 작은 것에 가지에만
매달리고 있는 그와 같은 형국이 되어
있느니라.
14 그러니 바로 그 핵심이요, 그 몸통을
모르고 가지에만 매달려 가지에서만
행하는 그와 같은 믿음으로 가고 있기
때문에 너희들이 오늘에 이와 같이 잘
못 가고 있다 함이니라.
15 너희들이 믿음이요, 나 여호와의 본체
가 무엇이더냐?
16 사랑이 아니더냐?
17 그러니 너희들이 사랑을 가르치는 백
성이 없으며, 그 사랑의 기본이요, 근
본을 제대로 깨우쳐 주는 백성이 없음
이니라.
18 그리하여 그 모두는 저희들이 뒷전으
로 하고 그 몸통은 버려 버리고 그래
도 저희들이 무엇인가를 깨우치고자
작은 것에 연연하고 매달려 보는 그와
같은 백성이 있기에,
19 나의 새로운 성경이 하얀 눈이 세상을
덮듯이 덮을 것이며, 그래서 그와 같
은 백성들을 깨우쳐 주며 그들을 인도
하는 그와 같은 역사를 너희들이 해야
됨을 잊지 말라.
20 이제 너희들이 그 백성들을 인도하고
역사하는 그와 같은 길에 모든 정성을
다 기울이도록 그리하라.
21 사랑의 몸체를 모르고 가는 백성, 그
래도 가지의 그 작은 것이라도 깨우치
고 알고자 몸부림치는 그 백성들에게
나의 새로운 성경을 전하여, 그들이
이 모두를 전하는 그 역사를 할 수 있
도록 그와 같이 하라, 사랑하는 나의
아들아!

11,060 번째 하나님 말씀

2004년 5월 13일 22시 33분

1 사랑하는 나의 아들아!
2 **"네, 아버님! 말씀하옵소서."**
3 나 여호와의 뜻을 모르며 몸체의 길을
모르는 그 백성, 너희가 지금 오늘의
수천 년 동안 믿음을 흘러왔음이니,
너희들의 그 믿음이 참진리요, 나 여
호와의 뜻을 행하는 것이 아니요,

4 너희들은 그저 손으로 짓는 초대형 교
회라는 건물을 지으며, 성막이요, 성
당이라는 그 교회를 짓기 위하여 모두
를 다 바쳤으며,
5 그리고 믿음의 신앙이라는 것이 신도
의 머릿수를 가지고 너희들이 참진리
요, 위대한 진리라 하느니라.
6 너희들이 하나의 종파의 교리가 생김
이니, 처음에는 사탄이요, 이단이라
말하나,
7 그들이 너희들보다 수가 더 많아지며
방대해질 때, 너희들은 그 밑에 꼬리
를 내리며 그가 참진리라 하여 그와
같은 것을 따르는 것이 오늘의 너희들
이 가는 형국이 아니더냐?
8 그러니 초대형의 큰 건물과 신도들의
머릿수가 많으면, 너희들이 거둬들이
는 재물의 수입이 많으면 그것은 무조
건 참진리요, 위대한 길이요, 나 여호
와의 뜻이라 하는 것이 오늘의 너희들
의 믿음이 아니더냐?
9 그러니 너희들이 신도들의 머릿수를
긁어모으며 그를 모집하는 데, 그리하
여 그 재물을 거둬들이는 데 모두가
빠져 있는 자들이니라.
10 그러니 너희들이 오늘의 교회요, 성당
이요, 신앙의 가는 길, 그리고 믿음이
라는 너희들의 그 단체가 겉은 화려한
것 같으나, 너희들의 그 속은 무덤 속
과 같다는 것이 오늘의 너희들이 지금
가고 있는 종교 집단의 본 모습임을
알라.
11 내부적으로 부패할 대로 부패해졌으
며, 그리고 너희들이 지금 마지막 시
대에 심판의 때가 되어 있음을 스스로
알고 있느니라.
12 그러니 이와 같은 형국이 되다 보니,
너희들이 불법을 행하고 참진리의 길
은 멀어져 있으며, 너희들이 나 여호
와의 기본인 사랑의 행함이요, 사랑이
라는 것은 찾아볼 수가 없으며, 사랑
은 얼음장처럼 식어져 버렸으며,
13 아무리 너희들이 찾고 쓰려고 해도
찾을 수 없는 것, 그리고 식어지고 식
어져 너희들이 그 근본을 찾을 수 없
는 그와 같은 오늘의 형국이 되어 있
는 것이 오늘의 종교 집단의 지도자
너희들의 믿음이라는 것을 알라.

11,061 번째 하나님 말씀

2004년 5월 14일 06시 30분

1 사랑하는 나의 아들아!
2 "네, 아버님! 말씀하옵소서."
3 이제는 너를 따르는 제자들이요, 나의
법전을 읽고 깨우친 백성, 그들이 인
간 세상의 흥망성쇠를 떠나서, 오로지
나의 새로운 성경을 믿으며 나 여호와
가 존재함을 믿으며 그와 같이 순수한
믿음의 길을 가는 백성으로서 거듭나
야 될 것이니라.
4 그렇지 아니하는 백성은 영원히 나에
게 오를 수 없으며, 나의 법전이 세상
을 덮어 만백성을 구하는 그와 같은
역사의 그 기간을 기다리고 인내할 수
가 없음이니라.
5 너를 따르는 제자들은 나의 새로운 성
경을 가지고 공부하며 깨우친다 하여
너희들이 육의 세상에 부귀영화를 얻
는 것, 생활의 편안함이요, 생활의 안

락함을 바라지 말라.
6 그것이 너희들이 바라는 것이요, 그와
같은 생각으로써 너희들이 믿음의 길
을 간다면,
7 그는 순수하고 아름다운 믿음이 아니
요, 계산적인 믿음이 아니더냐?
8 그러니 그 모두가 무너지는 것이며,
너희들이 역사할 수 없으며 얻을 수가
없는 것이니라.
9 이것이 바로 너희들이 나에게 오르는
백성이요, 나에게 오를 수 있는 백성
들의 마음 자세이니라.
10 모든 백성들이 기도하고 구원하고 소
원하는 것이 무엇이더냐?
11 무엇을 이루고자 얻고자 그들이 그 믿
음이요, 신앙의 길을 가니, 그것이 진
정한 믿음이 아니요, 신앙의 길이 아
니라 하였음이니라.
12 그리고 그것은 진정한 믿음의 길이 아
니며 진정한 나를 경배하고 숭배하는
그와 같은 마음이 아니니라.
13 아무런 이해관계 없이 너희들이 사랑
하는 마음이 사랑이요, 주고받는 것이
있으며 너희들이 더 가깝고 가깝지 않
은 자, 밉고 고운 자, 이를 구분하여
사랑을 한다면 그것이 진정한 사랑이
더냐?
14 모두를 다 사랑하는 것이 진정한 사랑
이니라.
15 그러니 너희들이 그와 같은 이해관계
요, 그와 같은 생각으로 지금 믿음의
길을 가고 있고, 나의 아들을 따라 내
가 나의 아들에게 내리는 강론을 듣고
간다면,
16 이는 곧 너희들이 계산을 두는 자요,
너희들이 무엇을 얻고 이루고자 기도
하는 자들과 똑같은 자이니,
17 그것으로써 너희들이 끝까지 나의 아
들을 따라갈 수 없으며, 내가 바라고
원하는 그 길을 갈 수 없으며 역사할
수 없는 것이니,
18 너희들은 나의 새로운 성경을 믿고 나
의 아들을 믿으며, 너희들이 믿음의
길을 가는 길은 그것으로써 족하며 감
사하는 마음으로 가라.
19 그럼으로써 너희들이 육의 세상에 무
엇인가를 얻고 이루고자 한다면, 이는
결코 있을 수 없음이니 그리 알라.

11,062 번째 하나님 말씀

2004년 5월 14일 06시 35분

1 사랑하는 나의 아들아!
2 "네, 아버님! 말씀하옵소서."
3 나의 아들을 따르는 제자들이요, 그리
고 선택된 나의 백성, 그리고 나의 새
로운 성경을 읽고 깨우친 백성, 너희
들의 살아감은 어찌해야 된다 하였느
냐?
4 세상 모든 백성들이 남들이 너희들을
필요로 할 때, 너희들을 원할 때, 너희
들이 그 필요로 하는 데 항상 같이하
는 백성이 되어야 한다 하지 아니하였
더냐?
5 그러니 그들이 필요로 하고 원하는
장소에 너희들이 항상 그들이 필요로
하고 원하는 데 쓰이는, 그리고 그들
을 도우며 갈 수 있는 그와 같은 삶을
사는 것이 나로부터 선택된 백성 너희
들의 삶의 길이라 하였음이니라.

6 그러니 지금 몇천 년 동안 흘러오는
그 구원을 받았다 하는 불쌍한 백성,
그들이 그 어둠의 믿음에서, 어둠의
신앙에서 빠져나오지 못하며 헤어나
지 못하고 몸부림치는 그 불쌍한 백
성, 그들에게 가장 중요한 것이 무엇
이더냐, 사랑하는 나의 아들딸들아!
7 어둠 속에서 헤어나지 못하며 암흑
속에서 헤매는 그 백성들을 너희들은
그곳에서 깨워 광명의 빛이요, 광명
천지에 나올 수 있도록 그 빛을 비춰
주는 것, 그리고 그 어둠을 걷어 주는
그와 같은 새로운 빛이 필요하다 하지
않더냐?
8 그러니 너희들이 그들을 구원하는 빛
이 되어 주어야 함을 알아야 될 것이
니라.
9 지금 그들이 평생 믿음의 길을 오면
서 저희들의 마음이 어떠하던가?
10 그들은 불안하며 공허하고 허전한 마
음을 버리지 못하고 있음이니, 그것이
바로 무엇이더냐?
11 그들이 지금까지 온 믿음의 결과가
그 허무함이요, 슬픔이 아니더냐?
12 너희들이 정녕 지금까지 말로써는 구
원을 받았다 함이요, 나에게 오르는
백성이요, 나에게 오를 수 있는 자격
을 받은 백성이라 하나,
13 저희들이 스스로 생각할 때 공허하고
허전함이요, 불안한 마음은 저희들이
지금까지 살아온 그 모든 삶이 헛된
삶이며 슬픈 삶이라는 것이 아니더냐?
14 그러니 그 백성들에게 또한 기쁨과
위로를, 그리고 희망을 심어 주는 그
와 같은 너희들이 되어야 함을 알아
야 될 것이니라, 사랑하는 나의 아들
딸들아!
15 너희들은 남으로부터 무엇을 받으며
무엇을 거둬들이며 위로를 받는 그와
같은 백성이 아니요, 모든 백성들을
위로하고 베푸는 그와 같은 삶을 살아
야 하는 것이 나의 아들을 따르는 제
자들이요, 그리고 나의 법전을 읽고
깨우친 백성, 너희들이니라.
16 그러니 어둠 속에서 헤매는 그들에게
그를 걷어 주는 빛이 되어 주는 것, 그
빛이 되는 것이 너희들이요, 그리고
슬픔과 고통 속에서 공허하고 허전함
에 허덕이는 그 백성들에게 희망과 기
쁨과 미래의 삶을 보여 주는 그와 같
은 삶을 사는 것이 너희들이 가야 할
길이며 행해야 되는 삶이라는 것을 잊
지 말라.
17 알았으면 너희들이 그리 행하도록 하
라, 사랑하는 나의 아들딸들아!

11,063 번째 하나님 말씀

2004년 5월 14일 06시 45분

1 사랑하는 나의 아들아!
2 "네, 아버님! 말씀하옵소서."
3 나의 사랑하는 백성 너희들이 그 지혜
요, 생각의 판단으로써 옳은 길이 무
엇이며 잘못된 길이 무엇이며, 정의로
움이 어떤 것인지 그 모두를 알고 있
음이니라.
4 그러면서 너희들이 정작 행동으로 옮
기지 못하고 있으며, 행동으로써 너희
들이 그와 같은 삶을 살지 못하느니라.
5 너희들은 정의로움을 알며 정의로움

이 무엇인가를 다 안다 하지 아니하였
더냐?
6 그러면서도 실천하지 못하기 때문에
너희들이 좌절하고 포기하며, 무너지
는 그와 같은 삶을 살게 되는 백성이
니라.
7 그러니 너희들이 정의로움을 알며 바
른길을 안다면, 너희들이 실천하고 행
하는 그와 같은 훈련이 필요하며,
8 그와 같이 행하고 실천할 때 너희들은
넘어지지 아니함을 알아야 될 것이니
라.
9 그러니 너희들이 그 모두를 알면서도
스스로 다스리지 못하는 것은 저 자신
이요, '나'를 버리지 못하고 있으며 제
가 우선이요, '나'를 먼저 생각하는 방
향으로 모두를 생각하기 때문에 너희
들이 실천할 수 없으며 그 길을 갈 수
없음이니라.
10 그러니 결국 너희들은 욕심이라는 것
을 버리라 함이니라.
11 '나'를 버리지 못하며 '나'를 놓지 못하
는 것은, '나'를 위주로 생각하는 것은
너희들이 그 욕심이라는 것을 아직 버
리지 못하기 때문이니라.
12 그러니 너희들이 그와 같은 마음을 버
리려 노력하고 또 노력해도 인간이기
때문에 잘되지 아니하며, 그를 실천하
지 못하며, 실천이 되지 아니하기 때
문에 스스로 좌절하며 또한 포기하며
너희들은 나를 원망하느니라.
13 그러나 너희들은 들으라.
14 내가 너희들과 항상 같이하고 있다고
생각하며, 그리고 너희들이 남들과 대
화를 하든 무슨 일을 하든, 나 여호와
요, '아버지께서는 어찌 생각하실까?'
하는 것을 항상 생각하며 일을 하고
생각하고 말을 하고 행동한다면 너희
들이 바른길을 갈 수 있다, 내가 나의
성경에 기록하여 너희들에게 전하였
거늘,
15 과연 너희들이 그를 얼마나 실천하고
행하고 사느냐?
16 너희들이 하루의 삶을 나 여호와를 생
각하고 사는 삶은 바른 삶이요,
17 나를 생각하지 아니하는 삶은 무너지
는 삶이며 잘못된 삶이요, 그리고 내
가 너희들에게 내려 준 그 귀하고 소
중한 생명줄을 그저 잘라 내는 그와
같은 삶이라 하지 않았더냐?
18 그러니 하루를 살면서 너희들이 나를
얼마나 생각하는가를 내가 들여다보
라 하였느니라.
19 과연 너희들이 하루를 살면서 나를 얼
마나 생각하며 나와 대화하며 나를 의
식하고 사는가?
20 그렇지 아니하는 시간은 너희들이 귀
하고 소중한 내가 내려 준 생명의 줄
을 잘라 내는 것이요, 잘못 사는 삶이
라 하였음이니,
21 너희들이 하루에 잘못 사는 것이 얼마
나 많으며, 나를 생각하며 정의로운
판단을 하며 살아갈 수 있는 지혜를
얻는 삶은 과연 얼마나 사는가?
22 나를 생각하고 내가 같이 있다고 생각
하는 시간을 한번 너희들이 알아보도
록 그리하라.
23 그 시간이 너희들이 항상 변하지 아니
하고 떠나지 아니하고 같이한다면, 너
희들은 아는 대로 실천할 것이며 정의

로운 대로 행할 수 있으며,
24 너희들이 좌절하지 아니하며, 변하지 못하는 너희들 자신 때문에 포기하는 그와 같은 삶이 절대 있을 수 없음이니라.
25 '나'를 지워 버리며, 너희가 알면서 실천하지 아니하는 백성이 되지는 아니할 것이니라.
26 '나'를 지워 버리는 자는 반드시 모두를 다 행할 수 있으며 실천할 수 있음이니라.
27 사랑하는 나의 아들딸들아!
28 너희들이 좋은 열매의 결실을 거두려면 좋은 씨앗을 뿌려야 하지 않더냐?
29 그러니 좋은 씨를 뿌려 너희들이 잘 가꾸었을 때 좋은 열매를 맺듯이, 너희 스스로 그와 같이 변화되는 씨앗을 뿌리며 변화되는 씨앗을 심는 자,
30 너희들이 잘 가꾸고 잘 길러 좋은 결과를 거둘 수 있는 것이니, 이는 바로 무엇이더냐?
31 너희들은 나 여호와가 항상 같이하고 있으며 내가 너희들과 같이하고 있다는 것을 생각하고, 나를 지우고 잊지 않는 그와 같은 삶을 살며,
32 너희들이 어떠한 행동을 하고자 할 때마다 나에게 물으라.
33 '정녕 아버님께서는 어찌하실 것이며, 아버님의 뜻은 무엇이옵나이까?' 그리 생각하면 너희들이 실수가 없을 것이며, 실천하지 못할 것이 없을 것이니라, 사랑하는 나의 아들딸들아!

11,064 번째 하나님 말씀

2004년 5월 14일 06시 49분

1 사랑하는 나의 아들아!
2 "네, 아버님! 말씀하옵소서."
3 나의 사랑하는 백성 너희들은 지혜가 있으며 생각이 있으며 판단력이 있으므로, 너희들은 무엇을 이루는 데 서로가 도우며 서로가 조화를 잘 이루어 그 속에서 변화되고 변화되며, 발전되는 삶을 살아갈 수 있는 것이요, 너희들이 동물의 왕이라 함이 거기에 있느니라.
4 모든 동물들은 그와 같은 역사를 할 수 없으나, 오로지 너희들만이 그를 할 수 있다 하지 않았느냐?
5 그리고 모든 동물들은 죽음을 명예롭게 선택할 수 있는 그와 같은 지혜요, 그와 같은 생각이 없는 것이요,
6 동물의 왕이라는 인간 너희들만이 그와 같은 죽음을 명예롭게 생각하며 그를 선택할 수 있는 용기 있는 백성이라 하지 아니하였더냐?
7 전쟁의 승리요, 너희들이 어떠한 명분을 위하여 너희 자신을 던져 죽음으로써 그 일을 다스리고 역사할 때, 너희들은 명예롭게 목숨을 던지는 판단을 할 수 있는 것은 오로지 사랑하는 백성 너희들만이 할 수 있는 그와 같은 길이라 하지 않았더냐?
8 그러니 그와 같은 은혜를 받은 너희들이야말로 서로가 협조하고 조화를 이루어 발전을 시키며 변화되는 그와 같은 삶을 살 수 있도록 내가 너희들에게 내려 준 크나큰 은혜요, 영광이니

라.
9 그리하여 너희들이 서로 사랑하고 협
조하며 힘이 하나로 되었을 때, 너희
들은 어떠한 것도 이루지 못하는 것이
없으며, 아무리 어렵고 힘든 그와 같
은 것이라도 이루며, 역사의 변화를
이룰 수 있는 그 지혜가 있는 것이 너
희들이요, 그것이 나로부터 받은 특혜
요, 사랑이라 하지 않았더냐?
10 그러니 못 이루는 것이 없는 것이거
늘, 변화와 협조와 그리고 사랑의 그
모두를 행하고 지키고 살아가는 것이
너희들이라 하거늘,
11 나의 백성들에게 그를 갈기갈기 찢어
놓았으며 그와 같이 살지 못하도록 한
것이 바로 누군 줄 알겠느냐?
12 지금까지 하늘에 오르는 길이요, 너희
들이 나에게 인도한다는 종교 집단의
지도자들이 이기주의요, 욕심에 차 있
는 자, 그리고 저희들이 저 자신을 위
하여 살아가는 그와 같은 백성으로서
만들었기 때문이니라.
13 너희들은 수천 년 동안 흘러오면서 믿
음이요, 하늘에 오르는 길이라는 그
신앙이 다 내가 원하는 협조요, 사랑
의 그 모두를 말살시키는 그와 같은
짓만을 했음을 알아야 될 것이니라.
14 왜 너희들이 그와 같은 종교 집단의
지도자의 백성으로서 무너졌는가?
15 구원을 받는다는 구원파의 믿음이요,
그리고 제왕적인 대우를 받고자 하는
종교 지도자들이요, 그들이 그와 같은
아성을 쌓는 데 모두를 다 이루고 바
치며, 나의 사랑하는 백성들을 그리
이끌어 왔으며 노예처럼 부리는 그와
같은 형국이 되어 버렸기 때문이니라.
16 진정한 믿음이요, 참진리를 찾아 스스
로 나 여호와에게 오르는 영광을 얻는
그와 같은 백성들이 길을 안내하며 무
상으로써 그들을 깨우치고 다스리는
것이 아닌, 그와 같은 행위로써 너희
들이 왔기 때문에,
17 오늘의 이와 같은 험악한 세상이 되었
으며, 나와 관계없는 백성으로서, 구
원받은 자가 하나도 없다 하는 그와
같은 말을 내가 전하게 되었음이니,
18 너희들은 이 무서운 현실을 안다면 나
의 아들을 따르는 제자들이요, 나의
새로운 성경을 읽고 깨우친 백성, 너
희들은 그와 같은 삶을 되풀이하지 말
라.
19 서로가 사랑하며 협조하며 조화를 잘
이루는 삶을 살도록 했을 때, 너희들
이 발전과 변화가 있으며 영광이 같이
한다는 것을 잊지 말라 그리 전하라.

11,065 번째 하나님 말씀

2004년 5월 14일 12시 12분

1 사랑하는 나의 아들아!
2 "네, 아버님! 말씀하옵소서."
3 너희들이 성서를 가지고 내 뜻이라 하
여 가르치고 또 그를 가지고 너희들이
선생이요, 선생이 아니라 그리 구분하
느니라.
4 그리고 그것을 읽고 깨우친 자가 바로
무엇이더냐?
5 너희들이 나로부터 명받은 자라 말하
며, 주의 종으로서 기름 부음을 받은
자라 함이니,

6 너희들이 그 기름 부음을 받은 종교
지도자라 하는 자, 그리고 나로부터
선택된 백성이라 하는 자, 너희들이
무엇을 가지고 공부하느냐?
7 나의 구약과 신약을 가지고 너희들이
공부하는 것이 아니더냐?
8 그러니 너희들이 구약과 신약을 가지
고 공부하는 것만이 너희들이 기름 부
음을 받으며 목자라 함이니,
9 나의 구약과 신약의 그 성서를 너희들
이 열 번, 백 번, 천 번 정독한 사람이
야말로 선생이요,
10 너희들이 한두 번이요, 그저 배우는
것으로써 종교 지도자라 할 수 없으며
기름 부음을 받은 자라 할 수 없을 것
이니,
11 너희들이 지금 나의 뜻을 공부하며 종
교 집단의 지도자라 하여 기름 부은
자라는 백성들이 무엇을 배우며 누구
한테 무얼 배우느냐?
12 구약과 신약이라는 것을 가지고 너희
들이 배우는 것이 아니더냐?
13 그러면서 너희들이 인간 세속의 장삿
속이요, 장사하는 법까지, 너희들이
조직을 관리하는 것까지 그와 같이 배
우니, 그것은 인간 사업의 교육이요,
14 정녕 너희들이 성서를 가지고 지도자
로서 기름 부음을 받은 자라 하면, 성
경을 얼마나 읽고 읽었느냐, 몇 회를
정독했느냐 하는 것이 더 선생이요,
더 높은 자일 것이니라.
15 그와 같은 이치를 가지고 너희들이 한
번 생각해 보라.
16 그렇다면 과연 누가 너희들이 종교 지
도자요, 선생이라 말할 수 있는가?
17 성서를 많이 읽고 정독한 자를 너희들
이 선생이라 그리 말할 것이니라.
18 이제 나의 아들을 따르는 제자들이요,
그리고 나의 새로운 성경을 읽고 공부
한 백성, 너희들은 그 종교 집단의 지
도자들이 그와 같이 성경 공부를 한
사람, 성서를 가지고 공부하면서 인간
교리요, 인간의 장삿속이요, 인간 사
업의 조직을 운영하는 것을 공부하고
배운 자가 기름을 부은 자요, 종교 지
도자라 그리 말하며,
19 너희들이야말로 아무것도 아닌 무슨
명분이 없는 자요, 그리하여 사탄이
요, 이단이라 그리 말하니,
20 이제 너희들에게 무슨 학교를 다녔으
며 무엇을 배웠으며 어느 종파의 지도
자냐 그리 묻거든, 너희들은 그리 말
하라.
21 '하나님의 학교에서 우리는 공부를 한
사람이요, 하나님의 뜻을 배운 사람이
요, 하나님이 내려 주신 책으로써 우
리는 하나님의 뜻을 공부한 백성이라'
그리 말하라.
22 그리고 하나님의 뜻에 의하여 모두를
역사하는 그와 같은 지도자라 그리 말
하라.
23 어느 종파요, 어느 종파의 목사요, 지
도자라 말하는 자들이 있거든, 너희들
이 이제는 당당하게 그리 말하라.
24 '우리는 하나님의 학교에서 하나님이
내린 160권이라는 하나님의 책을 가
지고 공부했으며, 그를 가지고 직접
배운 자들이라, 그리고 지상에서 배우
는 것이 아니요, 하늘의 하나님의 가
르침을 직접 받은 자라' 너희들이 그

리 말하며, 그리 공부한 백성이라 그
리 말하라.
25 그리고 누가 너희들이 가지고 있는 직
함이 무어냐 하거든, 창조주 아버지께
서 하늘나라의 선생으로서 명을 받은
자요, 나로부터 명받은 자라 너희들이
그리 말하도록 하라.
26 그러니 하늘의 뜻을, 나의 성령을 160
권이라는 그 역사를 배우고 배운 지도
자 너희들이야말로 진정한 지도자라
말할 수 있지 않은가?
27 한 권의 책을 가지고 배우면서, 너희
들이 거기에 사람을 이끄는 것, 사람
을 다스리는 것, 조직을 관리하는 것,
재물을 긁어모으는 것,
28 백성을 한 번을 떠나지 못하도록 하는
이와 같은 인간 너희들의 조직의 활성
화요,
29 더 큰 교회요, 더 큰 성당을 짓기 위하
여 너희들이 공부하고 배운 것이, 그
게 하늘의 공부요, 하늘의 뜻을 공부
한 것인가?
30 그건 차라리 너희들이 나의 구약이요,
신약을 몇 회 더 정독했느냐, 그 정독
을 많이 한 사람보다도 못한 자라는
것을 너희들은 알라.
31 그러니 하늘의 뜻을 직접 듣고 배워
160권의 창조주의 책이요, 창조주의
강론을 들었음이니, 너희들은 하늘의
지도자요, 하늘의 선생이라 그리 말하
라.
32 나 여호와를 대신하는 하늘에서 명한
선생이요, 하늘에서 명한 지도자라 너
희들이 그리 말하라.
33 그리 당당한 모습으로써 너희들이 지
도자임을 명심하도록 그리하며, 그들
에게 너희들이 무어라 말할 때 말 못
하는 그와 같은 백성이 되지 말라.
34 인간이 겨우 장삿속으로 가르친 것을
가지고 저희들이 선생이요, 지도자요,
기름 부음을 받은 자라 하는 것과,
35 나 여호와가 직접 내린 나의 성령,
160권을 가지고 그 긴 세월 동안 어렵
고 힘들게 공부하고 깨우친 너희들과,
과연 누가 더 선생이고 누가 더 위대
한 것인가?
36 내가 너의 제자 모두를 서로가 선생이
라 부르라 함은, 이 세상 그 누구도 너
희들을 따를 수 없으며, 너희들이 가
지고 있는 하늘의 이치의 뜻을 모르기
에,
37 만백성의 스승이라 하여 내가 너희들
을 스승이라 서로 선생이라 존칭하며
부르라 함이 거기 있음이니라.
38 160권의 하늘의 뜻이요, 나 여호와가
직접 내린 내 성령을 공부하고 배운
자가 어디 있는가 물어보라.
39 너희들은 그 멀고도 힘들고 어려운 길
을 온 자들이니, 그게 바로 그보다 더
위대한 하늘의 스승이 없으며, 기름
부음의 역사를 얻은 자가 어디 있는가?
40 이와 같은 이치를 그들에게 깨우쳐 주
라.
41 그들이 알아듣든 못 듣든 그러나 그중
에서 알아듣는 자 있으며 깨닫는 자가
있을 것이니,
42 다만 그들을 깨우치는 것보다도 너희
들 자신이 나로부터 배워 내가 내린
교과서요, 160권을 가지고 하늘의 뜻
을 공부했음이니,

43 하늘에서 내린 선생이라는 것을 잊지
말며, 당당한 모습으로 너희들이 가도
록 그리하라.

11,066 번째 하나님 말씀

2004년 5월 14일 12시 23분

1 사랑하는 나의 아들아!
2 "네, 아버님! 말씀하옵소서."
3 사랑하는 백성 너희들은 구원을 받고
못 받고 하늘에 오르고 못 오르는 것
을 계산을 두기 전에, 그와 같은 너희
들이 부름을 위하며 그를 원하고 따지
고 소원하기 전에,
4 너희들은 나로부터 높은 은혜요, 높은
지혜를 받아 세상에 나간 그 감사함을
가지고 살아가는 백성이 먼저 되어야
할 것이니라.
5 온갖 은혜와 지혜를 가지고 세상에 태
어난 것이 너희들이니, 너희는 구원보
다도 인간으로서, 사람으로서 해야 할
도리가 먼저 있다는 것을 알아야 할
것이니라.
6 나로부터 모두를 받아 나간 너희들이,
인간으로서 태어난 그 은혜요, 사람으
로서 행해야 할 그 도리를 먼저 하지
아니하며, 인간 세상에 생명이 있는
이 세상에서 인간의 도리를 다하지 못
한 자가 구원을 운운하는 것이 얼마나
어리석은 자인 줄 알겠느냐?
7 그러니 너희들은 인간으로서 사람으
로서 행해야 할 도리가 먼저 있으며,
그와 같은 도리에 따라서 사는 것이
기본이라는 것을 알아야 될 것이니라.
8 그것이 얼마나 중요한 것인가, 그 삶
을 소홀히 하는 자, 그 단계를 넘지 못
하는 자는 결코 다음의 단계를 바랄
수 없는 것이 너희들이 아니더냐?
9 너희들은 애벌레로서는 날 수가 없으
며 애벌레로서는 그 생명을 유지할 수
없지 않더냐?
10 나비가 되어 자연을 보고 날듯이, 너
희들이 인간의 도리요, 인간의 기본을
다하고 사는 백성이 애벌레에서 나비
가 되는 것처럼, 너희들이 구원이요,
거듭남이요, 그와 같은 영광의 은혜를
위하여 기도하고 울고불고할 수 있는
그 자격이 있다는 것을 여기서 만백성
에게 가르쳐 주라.
11 나로부터 받은 은혜요, 축복이요, 영
광의 그 모두를 다 가지고 태어난 너
희들은 인간으로서 그를 갚아야 할 도
리가 있으며, 그와 같은 은혜에 보답
하는 도리의 삶이 있다는 것을,
12 인간의 기본의 도리를 제대로 하지 못
하고 사는 자는 너희들이 애벌레로서
나비가 되지 아니한 백성이니,
13 구원이요, 거듭나는 그와 같은 길이
요, 그와 같은 것을 바랄 수 없는 것이
너희들의 한계요, 하늘의 뜻이요, 운
명이라는 것을 그들에게 가르쳐 주라.
14 이를 모르는 자, 하늘의 뜻을 모르기
때문에 지금 너희들의 믿음이 잘못된
것이며, 성서의 뜻이요, 내가 원하는
뜻을 모르기 때문에 너희들이 캄캄한
밤에 허덕이는 불쌍한 백성들이니라.
15 인간으로서 도리를 다하며 인간의 기
본자세를 다해야만 그 후에 너희들이
모두를 바랄 수 있는 것이요, 나의 아
들 예수의 보혈로써 구원을 받을 수

있으며, 나의 아들 예수의 죽음으로써
속죄받을 수 있는 그와 같은 단계에
들어서는 백성만이 그 은혜를 모두 입
을 수 있는 것이지,
16 인간의 기본자세를 잘못한 너희들의
추하고 더러운 것까지 다 씻어 주고
표백해 주는 그와 같은 법도는 세상에
없음이니 그리 알라 전하라.
17 인간의 삶을 제대로 사는 자가 다음에
구원이요, 거듭나고자 바랄 수 있는
것이며, 그를 갖출 수 있는 것이 너희
들이라는 것을 알라.
18 내가 너희들에게 그리하여 어찌 세상
에 태어나도록 했는가?
19 내가 너희들에게 높은 지혜요, 살아갈
수 있는 생활의 방법이요, 모든 것을
다 내려 주면서 너희들에게는 무한대
한 자유를 주었음이니라.
20 그러니 내가 너희들에게 무한대한 그
자유를 준 만큼 인간으로서 너희들은
그 책임이 있는 것이며, 책임을 지는
행위를 하고 살아야 하는 것이지,
21 자유만을 부르짖으며 자유라 하여 너
희들이 망령된 행위를 하며 책임지는
행위를 하지 못한다면 이것은 잘못된
것이 아니더냐?
22 내가 너희에게 무한한 자유를 준 것
만큼 너희들이 하는 행동에 반드시 책
임을 지는 그와 같은 책임 있는 행동
을 해야 되는 것이 인간의 도리요, 너
희들의 삶이니라.
23 무한대한 자유만 누리며, 너희들이 잘
못된 길을 가면서도 자유라 하여 책
임을 지지 못하며 책임 있는 행동을
하지 못하면, 너희들은 나와 관계없는
자들임을 알아야 될 것이니라.
24 나의 사랑하는 백성 너희들은 버리고
선택하는 그것도 자유가 있음이니라.
25 그러니 너희들이 선택하고 쓰고 버리
는 그와 같은 자유가 있듯이, 너희들
은 그러기에 결단을 내려야 하는 의지
를 또한 가지고 있는 것이며, 의지가
필요한 백성들이니라.
26 선하고 악한 그 모두를 너희들이 선택
할 수 있는 자유가 있는 만큼, 그 모두
를 결단해서 다스리고 또 다스리는 그
와 같은 삶을 사는 것이 나로부터 생
명이요, 모두를 얻어 나간 백성이 할
도리라는 것을 알라.
27 너희들이 인간 세상에 살면서 인간의
도리를 다하지 못하며 바로 서지 못한
자는 바로 다음의 세상을 볼 수 없는
것이거늘,
28 제 도리를 다하지 못하며 행함을 소홀
히 하며 너희들이 구원이요, 나에게
오를 수 있다며 울고불고하며 천국에
오르겠다 함이니,
29 애벌레가 나비가 되어 나는 그와 같은
짓을 한다 함이니,
30 애벌레의 과정을 거치지 아니하면 나
비가 될 수 없는 이 원칙을 알도록 그
리하라.
31 이것이 하늘의 법도요, 이것이 당연한
길이 아니더냐?
32 너희들이 나로부터 인간으로서 태어
났으니, 인간의 도리요, 인간의 길을
먼저 가야 함을 알라.
33 그리고 누가 무어라 하든 나의 아들을
따르는 제자들이요, 나의 법전이요,
새로운 성경을 읽고 깨우친 백성, 너

희들은 인간으로서 태어난 그 감사함
을 알며,
34 인간으로서 태어났기에 인간의 길이
있으며 인간의 도리가 있으니, 먼저
그 도리와 길을 지키고 가야만 다음의
세상을 볼 수 있다는 걸 깨달아, 너희
들은 그와 같은 삶을 살도록 하라.
35 모든 종교 집단이요, 저희들이 무어라
중언부언하든 짜깁기해서 기도하든
울고불고하든 그것에 관심 갖지 말라.
36 그들이 나의 새로운 성경을 읽고 깨우
치고 깨우치지 못하는 것은 그들의 복
이니라.
37 인간으로서 인간의 도리를 다하지 못
한다면 우선은 구원의 길을 바라볼 자
격이 없음을 알라 그리 전하라.
38 그리고 너희들이 그 자격에 미달하는
자는 아무것도 역사할 수 없느니라.
39 그러니 너희들이 그 구원을 받을 수
있는 인간의 도리를 다하는 자격을 갖
지 못하며 자격을 갖추지 못한 자는
어떠한 것도 논할 수 없으며,
40 거듭남이요, 구원이요, 나의 이름을
찾으며 예수의 보혈로써 어쩌고저쩌
고 저희들이 중언부언하는 그와 같은
행위로써는 하늘의 이치를 알 수 없다
함을 그들에게 전하라.
41 그러니 나의 아들을 따르는 백성 너희
들은 꾸준한 노력으로써 인간으로서
옳은 길을 가야 하며, 그렇지 아니하
면 너희들이 죽음의 길로 간다는 것만
을 생각하며,
42 우선 인간으로서 인간의 도리요, 한
점의 부끄러움이 없는 삶을 살라.
43 그리하여 너희에게 가장 소중한 것이
며 지금의 세대에 지켜야 할 '하늘을
향하여 한 점의 부끄러움이 없는 삶을
살라, 사랑하는 나의 아들딸들아!' 그
리하지 아니하였느냐?
44 그 길만이 너희들이 거듭나는 길이니
라.
45 그렇지 않은 자는 거듭나는 길이 없음
이니라.
46 너희들이 완성된 인간만이 차후의 일
을 논할 자격이 있다는 이 무서운 사
실을 알라.
47 너희들이 인간으로서 도리를 갖추고
그 인간으로서의 길을 가는 것, 인간
으로서 하늘을 향하여 한 점의 부끄러
움이 없는 삶을 살기 위하여 모두를
다 바치고 그리 살아가는 백성만이 구
원이요, 다음의 세상을 논할 자격이
있는 것이요,
48 그와 같은 자격이 없는 자는 그와 같
이 논할 자격이 못 된다 하였으니, 아
무리 너희들이 구원이라 몸부림치고
아우성을 치고 울고불고해도 다 그것
이 허상인 것이요, 너희들이 오늘에
거쳐야 할 단계를 거치지 아니하고 옴
이니,
49 애벌레가 나비가 되어 날 수 있다고
장담하는 자, 그리고 날게 해 준다는
그와 같은 자들에 현혹되어 너희들이
애벌레로서 성숙되어 그 허물을 벗고
나오기 전에 그를 쪼갠다면 그는 무엇
이더냐?
50 모두에게 먹이가 되며 너는 썩어질 것
이며, 땅에 떨어져 네 생명을 네가 스
스로 버리는 것처럼, 오늘의 종교 집
단의 지도자들이요, 구원을 받았다 울

고불고하는 그 백성들, 가련한 그 백
성들이 지금 하고 있는 짓이 그와 같
은 행위라는 것을 잊지 말라, 사랑하
는 나의 아들딸들아!
51 너희들은 고개 숙여 겸허히 받아들이
라, 그리고 겸손한 자세로 살라.
52 높은 은혜요, 높은 지혜를 나로부터
받은 너희들이 인간으로서 내가 세상
에 내보냈으니, 인간으로서 그 삶을
바르게 정의롭게 인간의 길을 바르게
가라.
53 그와 같은 삶을 먼저 다스려 나가며
그와 같은 삶을 사는 데 최선을 다하
며 모두를 다 바치고 가라.
54 그다음에 너희들이 날 수 있으며 하늘
에 오를 수 있는 것을 바라보는 것이
도리요, 그것이 법도요, 하늘의 법이
니,
55 하늘의 법은 변화되지 않는다는 그 무
서운 뜻을 전하고 알도록 그리하라.

11,067 번째 하나님 말씀

2004년 5월 14일 12시 31분

1 사랑하는 나의 아들아!
2 "네, 아버님! 말씀하옵소서."
3 나 여호와가 너희들에게 무어라 말하
였느냐?
4 누가 무어라 하든 나의 아들을 따르는
제자들이요, 나의 새로운 성경을 읽고
깨우친 너희들은 살아서 움직이는 백
성이 되라 그리하였느니라.
5 그러니 살아서 움직이는 것은 무엇인
줄 알겠느냐?
6 지금 살아서 움직이는 그와 같은 길을
가고 있는 것이 나의 아들을 따르는
제자 너희들이니라.
7 너희들이 천 가지 만 가지 그 마음을
다 다스리며, 참진리요, 하늘의 뜻을
위하여 너희들이 모든 마음을 하나로
묶어 사랑으로 실천하는 길을 가고자
하는 것이 너희들이 살아서 움직이는
백성의 길이니라.
8 그러나 지금의 종교 집단과 지도자 그
들이 어찌하는가?
9 그들이 가고 있는 오늘의 믿음이요,
신앙의 길은 그 백성들 모두가 죽어
있는 그와 같은 형국이요, 지금 마음
이 다 죽어 있느니라.
10 그러나 저희들은 죽어 있는 것이 아니
요, 저희들이야말로 살아 있으며, 만
백성에게 복음을 전하며 만백성을 구
하는 그와 같은 역사를 하는 유일무이
한 하나의 종교 집단이요, 그와 같은
위대한 종교요,
11 그리하여 그 종교 집단에서 저희들의
교리를 가지고 만백성을 구하는 길을
역사하는 것이니,
12 그를 잘못된 것이요, 그게 죽은 믿음
이라 하면, 지금의 말하는 나의 아들
이요, 나의 새로운 성경을 사탄이요,
마귀라 너희들이 그리 말할 것이며,
말세에 오는 마귀라 너희들이 그리할
것이니라.
13 그러나 너희들은 일찍이 나의 아들 예
수가 너희들에게 전한 말을, 그리고
너희들에게 깨우친 말을 모르느냐?
14 '회칠한 무덤'과 같은 것이 그들의 믿
음이요, 그들이 존재하는 삶이라 하지
아니하였느냐?

15 화려한 무덤이나 그 무덤 속에는 사람
이 죽어 있는 것처럼, 외형은 화려하
나 속은 다 죽어 있는 자라 하였으니,
16 그러니 마음이 너희들이 다 죽어 있기
때문에, 나의 아들 예수가 일찍이 너
희들의 형태를 그리 가르치고 전했으
며 거기에서 헤어나라 한 가르침이 아
니더냐?
17 그러니 마음가짐에 따라, 너희들이 행
함에 따라 너희들은 천사가 되기도 하
며 사탄이 되기도 한다 내가 하지 아
니하였더냐?
18 그러니 너희들이 맑고 밝은 마음으로
써, 신뢰하는 믿음으로써, 그리고 진
실된 마음으로써 사랑하는 마음, 이
모두가 살아서 움직이는 것이며,
19 이 움직이는 모든 마음이 사랑이라는
그 큰 틀 아래 하나로써 역사하여 움
직인다면, 그 움직이는 마음이야말로
살아 있는 마음이라는 것을 너희들은
알아야 될 것이니라.
20 그러니 살아 있는 믿음의 길을 가라
함이니라.
21 그와 같이 살아 있는 믿음의 길을 가
는 것,
22 그리하여 지금 나의 아들을 따라가는
제자들이요, 나의 새로운 성경을 읽고
깨우친 백성, 너희들이 신뢰하는 마음
이요, 곱고 아름다운 마음으로 사랑을
실천하는 것으로써 하나의 마음이 되
어 가고자 몸부림침이니, 바로 너희들
이 살아서 움직이는 백성이니라.
23 그러나 너희들이 그와 같이 더 힘차게
행하고 역사할 수 있도록 하나의 사랑
의 마음으로 모든 너희들이 천 가지
만 가지의 마음이 하나가 뭉쳐 살아서
움직일 때, 그 위대한 힘이란 감당키
어려울 것이니, 그리하여 움직이는 백
성이 되라 함이니라.
24 그러나 지금의 가는 종교 집단의 지도
자요, 수천 년 동안 나의 백성들을 하
늘에 이끌어 오는 유일무이한 집단이
라는 저희들이, 나 여호와의 뜻을 행
하며 나로부터 기름 부음을 받은 종
교 집단의 지도자라는 자들이, 구원이
라는 구원파의 종교로써 모두가 타락
되었음이니라.
25 그러니 구원파라는 것, 구원을 받는다
는 것, 그 욕심 앞에 너희들이 믿음의
길을 가는 것이니, 구원의 욕심 때문
에 너희들의 마음이 사악한 마음으로
자리 잡고 있으니 모든 마음이 죽어
있음이니라.
26 너희들이 사랑하는 마음으로써 모두
를 이끌어 갈 때, 너희들이 생각하는
모든 마음이 살아서 움직임이니, 밝고
명랑하며 신뢰하는 마음이요, 사랑하
는 마음이요, 시기하지 아니하며 질투
하지 않는 마음,
27 그와 같은 마음이 모두가 살아서 사랑
의 마음 하나에 뭉쳐 너희들이 방대한
역사를 이루어야 되는 것이나, 너희들
은 사랑의 마음이 침체되어 있으며 이
미 죽어 있어 너희들이 죽은 무덤 속
과 같다 하였음이니,
28 거기에 너희들이 천 가지 만 가지 모
든 생각들이요, 그 모두가 다 죽어 있
으며,
29 오로지 사탄과 사탄의 욕심에 의하여,
사탄의 가르침에 의하여 구원을 받는

다는 마음 하나만 너희들이 가지고 있으니,
30 너희들의 마음이 천 갈래 만 갈래로 갈라져 있음이니, 그 사랑의 불씨는 꺼져 있으며, 그 사랑의 불씨는 너희들로부터 찾을 수가 없으며, 너희들이 하나가 되지 못하고 지금 살아가는 것이니,
31 타협할 줄 모르며 용납할 줄 모르며 용서하지 못하는 마음이요, 용서할 줄 모르는 너희들로서 지금 변화되어 있기에,
32 너희들 것만 위대하며 너희들 것만이 소중하고 귀한 것이라 울고불고하고 있는 것이 오늘의 어리석은 백성들이니라.
33 그러니 그들이 다 죽어 있기에 너희들의 모든 마음이 움직이지 못하는 것이며, 움직이는 마음이 사랑을 바쳐 사랑의 하나로써 너희들이 연결되어 큰 뜻을 이루는 그 살아 있는 위대한 마음의 역사를 갖지 못하는 것이기에,
34 다 죽은 자의 믿음이요, 회칠한 무덤과 같다고 나의 아들 예수가 전했음이니라.
35 지금 나의 아들이 보는 너희들의 마음은 어떠한 줄 아느냐?
36 나의 아들이 너희들을 감히 쳐다보기도 추하며 쳐다볼 수도 없는 형국이 오늘의 믿음의 길을 가는 너희들의 그 속이라는 것을,
37 그러니 회칠한 무덤은 아름답게 표현한 것이요, 나의 아들이 표현하는 것은 내가 나의 아들에게 물으니, 네가 뭐라 말하고 싶은지 그 말을 기록하여 너희들에게 전하고자 하니, 나의 아들이 무어라 말하는 줄 아느냐?
38 죄짓지 않고 사는 구더기만도 못한 것이 모여 있는 너희들의 오늘의 종교집단이요, 지도자이니, 그를 쓸어버리지 아니하며 그를 소독하지 아니하면 영원히 그와 같은 형국이 세상을 덮으니,
39 그것이 두렵고 무서워 나의 아들이 오늘 또한 나의 새로운 성경을 받아 160권의 책으로 만들어 세상을 덮는 데 모두를 다 바치고 있는 그 마음이라는 것을 너희들은 알라.

11,068 번째 하나님 말씀

2004년 5월 14일 12시 37분

1 사랑하는 나의 아들아!
2 살아서 움직이는 마음이요, 살아서 움직이는 마음이 사랑하는 마음으로 이루어지는 것, 그것이 너희가 무어라 말하였느냐?
3 "네, 아버님!
4 그 마음이 못 이루는 것이 없으며, 역사하지 못하는 것이 없으며, 그와 같은 마음으로 하나가 되었을 때 이루지 못하는 것이 세상에 없는 것이 그 마음이라 생각되옵나이다."
5 그러하니라, 사랑하는 나의 아들아!
6 그와 같이 너희들의 모든 마음이 살아서 움직이며, 그 마음이 사랑하는 마음 하나로 귀결되었을 때 역사하지 못할 것이 없음을 알라.
7 너희들이 그와 같은 백성으로서 거듭날 때 너희들이 아래로는 모든 백성들

을 용서할 수 있으며, 어떠한 것이든
용서할 수 있으며, 원수 아니라 그보
다 더한 것도 다 용서할 수 있으며,
8 위로는 창조주 나 여호와로부터 너희
들이 사랑을 받는 은혜요, 영광을 얻
게 된다는 것,
9 그것이 움직이는 마음이요, 살아 있는
마음이요, 그 살아 있는 마음이 진실
되게 너희들이 하나가 되어 사랑하는
마음으로써 모두가 귀결되어 역사하
는 그와 같은 백성이 누릴 수 있는 것
이며, 행하는 길이라는 것을 너희들은
알아야 될 것이며 그리할 수 있음이니
라.
10 그리고 그리 얻을 수 있는 것이라는
것을 알라.
11 사랑이라는 것은 무엇이더냐, 참진리
가 아니더냐?
12 사랑이라는 것은 무엇이더냐, 사랑하
는 나의 아들아!
13 "네, 아버님!
14 사랑이라는 것은 정직한 마음이옵나
이다.
15 그리고 사랑하는 마음은 진실된 마음
이기 때문이옵나이다.
16 그리하여 모두가 움직이는 마음이요,
살아 있는 마음으로써 사랑의 마음으
로 하나가 이루어졌을 때, 그 힘이 위
대한 것이라 그리 말씀드리고 싶사옵
나이다, 아버님!"
17 그러니라, 사랑하는 나의 아들아!
18 너희들이 사랑은 정직한 마음이요, 진
실된 마음이요, 신뢰하는 마음이라 하
였음이니,
19 그러니 너희들이 거짓이라면 사랑이
라는 마음이 아니요, 너희들이 사랑
그 자체를 위장하는 것이 거짓된 자
가 사랑이요, 사랑이라 말로는 부르짖
는 것이 아니더냐?
20 지금의 모든 믿음의 길을 가는 그 백
성들이 어찌하느냐?
21 거짓된 사랑을 부르짖고 있음이니라.
22 그리고 거짓된 사랑을 하고 있음이니,
거기에는 정직함이 없으며 진실됨이
없으며 신뢰하는 마음이 없으며 참진
리의 마음이 없느니라, 사랑하는 나의
아들아!
23 지금의 모든 백성이 참사랑을 모른다
함이니, 너희들은 이를 알겠느냐?
24 정녕 이를 모르는 백성들이니라.
25 참사랑이 무엇인 줄 모르기에 저희들
이 행할 줄을 모르며,
26 행하지 아니하기 때문에 행해서 저희
들이 참사랑으로써 얻는 기쁨 그 자체
를 모르는 백성들이니, 얼마나 가련하
고 불쌍하더냐?
27 너희들이 참사랑을 행함으로써 참사
랑을 행하는 것이 기쁨이 무엇이며 얼
마나 소중하고 위대한 것인가를 느끼
고 알게 된다면, 너희들은 그보다 더
큰 영광이요, 기쁨이 없는 것이니라.
28 그러니 지금 나의 아들을 따르는 제자
너희들은 진실된 사랑이요, 거짓되지
아니한 사랑이요, 정직한 사랑을 하고
자 피나는 노력을 하고 있음이니,
29 그것이 지금의 믿음의 길을 가는 백성
과 너희들은 하늘과 땅보다도 더 거
리가 멀어져 있으며 차이가 있는 것이
라 함이니라.
30 너희들은 오늘에 힘들고 어렵다 해도

진실된 사랑이요, 정의로운 사랑이요,
정직한 사랑을 하기에 너희들이 스스
로 오늘의 육은 고달프나 너희들의 마
음이 편안함이요,
31 하늘을 향하여 한 점의 부끄러움이 없
는 삶을 산다는 것이 얼마나 행복하고
위대한지 그 기쁨을 너희들은 얻고
가는 백성들이니라.
32 그러기에 내가 너희들을 사랑하는 것
이니라.
33 사랑하는 나의 아들딸들아!
34 너희는 사랑을 한다면서 미워하는 마
음을 가지고 있으면 그것이 사랑이더
냐?
35 그것은 아래로는 모든 백성들을 용서
하지 아니하며 용서하는 마음이 아니
라, 모든 아래 있는 백성들을 기만하
는 것이요,
36 하늘에 있는 나를 욕되게 하는 것이
며, 나로부터 너희들이 받을 상이 없
으며, 나로부터 받을 사랑이 없으며,
37 나로부터 너희들에게 내리는 그 무서
운 체벌만이 기다리고 있는 것이 거짓
된 사랑을 하고 있는 백성들이니라.
38 그러니 미워하는 마음을 가지고 있는
자가 진실된 사랑이더냐?
39 그리고 시기하고 질투하는 마음을 가
지고 있는 백성들이 진정한 사랑을 하
는 백성이더냐?
40 이 모두를 다 버리지 못하고 있다 하
면, 너희들은 사랑한다고 하면서도 모
두를 거짓된 짓이요, 위장된 것이요,
진실된 사랑이 아니니라.
41 진정한 참사랑이라면 참진리의 길을
가는 것이요, 정직한 마음이요, 진실
된 마음이요, 너희들이 시기하지 않는
마음이요, 질투하지 않는 마음, 그와
같은 마음이 진실된 사랑이라는 것,
42 그리하여 너희들이 움직이는 모든 생
각이 다 진실된 사랑으로써 역사하여
이루어질 때, 그 힘이 위대한 것이며,
못 이루는 것이 없으며, 못 역사하는
것이 없으며, 못 얻을 것이 없으며, 구
하지 못할 것이 없다 함이니라, 사랑
하는 나의 아들딸들아!

11,069 번째 하나님 말씀

2004년 5월 14일 12시 42분

1 사랑하는 나의 아들아!
2 **"네, 아버님! 말씀하옵소서."**
3 인간 너희들이 살아갈 때, 행복하고
즐거울 때 하는 말이 무엇이더냐?
4 '정녕 이것이 꿈이라면 깨어나지 말
며, 꿈이라면 잠에서 깨지 말라.' 그리
말하지 않느냐?
5 지금 나의 아들을 따르는 제자들이요,
그리고 나의 새로운 성경을 읽고 깨우
친 백성, 너희들이 지금 새로운 성경
을 읽고 깨우치며 하늘의 지혜를 얻음
이요, 나 여호와의 뜻을 알며 내가 역
사하는 것을 알며,
6 아래로는 진실된 사랑이요, 정직한 사
랑이요, 그리고 참진리의 길을 가고자
몸부림치는 너희들이 이것보다 더 위
대하고 소중한 것을 얻은 것이 없음이
니,
7 너희들은 정말로 '이게 꿈이 아닌가,
꿈이라면 깨지 말라.' 하며 바라는 것
이 오늘의 나의 새로운 성경을 접하며

나의 아들을 통하여 내리는 강론을 듣
는 백성 너희들이 해야 될 것이니라.
8 네 살을 꼬집어 보라.
9 너희들이 정녕 꿈이 아닌가, 이것이
생시인가 하는 이와 같이 너 자신을
시험해 볼 때가 지금 바로 나의 새로
운 성경을 접한 백성들이요, 그 강론
을 듣는 백성들이요,
10 더욱이 이를 만드는 백성, 너희들이야
말로 지금 이것이 꿈이라면 정녕 깨지
말기를 바라는 그 소원하는 마음이 바
로 이보다 더 위대한 것이 없으니, 너
희들이 지금의 기도하는 마음이 그와
같은 마음이어야 될 것이니라.
11 너희들보다 더 위대한 역사를 이루는
것이 없으며, 너희들보다 더 크고 위
대한 축복이요, 영광을 얻은 백성이
없으니,
12 과연 나의 법전을 만들어 만백성을 구
하는 길에 들어선 너희들이 한번 네
살을 꼬집어 보며 과연 이것이 꿈이
아닌가 생각해 보라.
13 꿈이면 깨지 말기를 바라는 그 소원하
는 마음보다 더 귀중한 마음으로 오늘
의 너희들이 바라는 마음이요, 생각하
는 마음을 가져야 될 것이니,
14 꿈이요, 정말 꿈이라면 깨지 말라 소
원하는 그 위대하고 아름다움이요, 더
얻을 수 없으며 더 귀한 것이 없는 것
이 너희들 손에 쥐고 있는 것이라 함
을 너희들은 알라.
15 오죽하면 내가 나의 아들을 통하여 너
희들이 새로운 성경을 접한 은혜가,
쏟아지는 소낙비 속에서 황금의 물방
울을 하나 내려보내 그것이 이 넓은
세상에 어디 떨어질지 모르는 그 황
금 물방울이 네 손에 떨어지는 영광이
요, 축복을 얻은 것보다 더하다 했음
이니,
16 너희들은 정녕 이것이 꿈이면 깨지 말
아 달라 나에게 기도하는 심정으로써
오늘의 너희들이 모두를 만들며 모두
를 역사하며,
17 이를 가지고 만백성을 구하는 데 모두
를 다 바쳐도 너희들이 부족함이 없으
며 아쉬움이 없으며 잃는 것이 없을
것이니라, 사랑하는 나의 아들딸들아!
18 꿈이라면 정녕 깨지 말라 하는 그 애
절한 기도하는 마음으로써 너희들이
오늘의 기쁨이요, 영광이요, 축복이라
는 것을 알라.
19 엄연한 사실이며 엄연한 현실에 너희
들이 이루고 있음이니, 너희들이 나의
아들의 강론을 들을 때마다 하늘을
향하여 한 발짝 날아오는 자들이요,
20 너희들이 나의 법전 한 권을 더 읽고
거기서 한 가지를 깨우칠 때, 너희들
이 한 계단을 날아오는 그와 같은 영
광을 얻음이니,
21 '꿈이여, 정말 깨어나지 말라.' 너희들
이 기도하는 마음으로 모두를 역사해
도 부족함이 없으며, 너희들이 손해
가는 것이 없으며 잃는 것이 없을 것
이니,
22 너희들은 나의 법전을 다시 한 번 보
며 나의 아들과 더불어 살아감을 귀
한 줄 알라, 사랑하는 나의 아들딸들
아!
23 나의 아들이 너희들과 더불어 가지 아
니하면 이를 너희들이 어찌 들으며,

나의 새로운 성경을 어찌 만들며, 하
늘의 뜻의 그 주옥같은 귀하고 소중한
내 뜻을 너희들이 직접 귀로 듣고 손
으로 쓸 수 있는 영광을 얻는단 말이
더냐?
24 너희들이 메모지 하나하나 기록하는
것이 천 년, 2천 년 흐른 다음에 그것
이 얼마나 귀한 역사요, 모든 백성들
이 그를 보고 깨우쳐 가는 너희들의
복음서의 역사가 되는 줄 알겠느냐?
25 그 귀하고 소중한 것을 너희들이 허구
한 날 매일같이 듣고 기록하니, 너희
들이 그 보석이요, 진주를 보면서도
닦을 줄을 모르고 보호할 줄을 모르는
것임을 알라.
26 너희들이 한 자를 기록하는 것, 한 구
절을 기록하여 네가 소중히 간직하는
것, 그것이 이다음에 너희들이 만백성
을 구하는 위대한 복음서의 증거하는
것이 되는 것이니,
27 그것을 마음대로 쓰고 자유자재로 기
록하고 그저 관리하고 보관하는 자,
너희들이 얼마나 소중한 것인 줄 알겠
느냐?
28 너희들이 이 세상에 가장 귀한 진주
요, 보배를 가졌다 해도, 그보다 더 소
중한 마음으로 갈고 닦는 그와 같은
마음을 갖고 살아가도록 그리하라, 사
랑하는 나의 아들딸들아!
29 너희들이 나의 아들을 통하여 내리는
강론의 이 음성을 담아 이것을 가지
고 있는 것, 그것 하나로써 네 목숨을
다 바쳐도 너희들이 내 은혜를 갚을
길이 없으며 보답할 길이 없는 것이니,
30 너희들이 어찌하여 그와 같은 것을 모
른단 말이더냐, 사랑하는 나의 아들딸
들아!

11,070 번째 하나님 말씀

2004년 5월 14일 12시 46분

1 사랑하는 나의 아들아!
2 "네, 아버님! 말씀하옵소서."
3 하늘에 오르는 길이요, 그 참진리의
길이요, 너희들이 나로부터 사랑을 받
으며 내가 너희들을 기억하는 것은 모
든 너희들의 생활 속에서 이루어짐이
니라.
4 이제 사랑하는 나의 아들딸 너희들은
계산해 보라.
5 너희들이 하루에 살아가면서 나에게
수십 번씩 기도를 하면서 수십, 수백
가지 너희들이 스치는 그 생활 속에
서 과연 나에게 어떠한 마음을 가지
고 사는가?
6 그리고 너희들이 몇십 번씩 짧고 긴
기도를 하루에도 수없이 한다고 해
보자.
7 그러나 너희들이 하는 그 기도가 얼마
나 정성 들여서 하며, 피보다 진한 땀
방울이 쏟아지는 그와 같은 마음으로
써 기도를 하는가?
8 너희들이 수십 가지, 수만 가지 거칠
때마다 너희들은 짧고 긴 기도를 할
때 형식적인 것은 아니며 그냥 지나가
는 것으로써 어쩔 수 없이 하는 기도
는 아닌가, 나 여호와가 바라보기에
나에게 죄가 되는 것 같아 너희들이
그저 드리는 기도는 기도의 의미가 없
으며,

9 너희들이 마시면서 드리는 그 기도가
얼마나 정성된 기도요, 얼마나 너희들
이 바른 자세로 기도를 드리느냐 하는
것, 그것으로써 나 여호와의 기쁨이
거기에 있음이니,
10 너희들이 하루에 수십 번씩 기도를
한다 해도, 그 기도가 정녕 바르고 곧
은 자세요, 편안한 마음으로써 정성을
다해서 하는 기도인가,
11 그저 나 여호와가 보고 있기에 나 여
호와에게 벌을 받을까 봐 이를 하지
아니하면 두려워서 너희들이 그저 짧
고 긴 기도를 순간적으로 그저 어쩔
수 없이 형식적으로 그를 모면하기
위해 하는 기도는 아닌가?
12 너희들이 지금까지 살아오는 삶이 그
와 같은 기도 속에서 살아왔다면 그것
이 다 무엇이더냐?
13 다 부질없이 너희들의 귀한 생명줄을
자르는 그와 같은 삶을 산 것이라 함
이니라.
14 이제 나의 아들을 따르는 제자들이요,
나의 새로운 성경을 읽고 가는 백성,
너희들은 들으라.
15 너희들이 짧고 긴 기도를 하루에 수십
번씩을 한다 해도, 온갖 정성을 들여
서 한 번 하는 기도만 못 함이니, 그와
같은 마음 자세로 기도하도록 그리하
라.
16 누가 무어라 하든 너희들은 그리 가
라, 사랑하는 나의 아들딸들아!
17 그리고 그리 기도하도록 그리하라.

11,071 번째 하나님 말씀

2004년 5월 14일 12시 52분

1 사랑하는 나의 아들아!
2 "네, 아버님! 말씀하옵소서."
3 내가 새로운 성경이요, 나의 뜻을 세
상에 내려보내면서 네 가슴에 가장 깊
이 심어 준 것이 무엇이더냐, 사랑하
는 나의 아들아!
4 "네, 아버님! 그렇사옵나이다.
5 아버님께서 제 가슴에 심어 주신 것
은, '너는 어떠한 작은 거짓말이든 농
담의 거짓말도 하지 말라.' 하는 그 귀
하고 소중한 뜻을 저는 받아들였으며
그를 그리 알고 있사옵나이다."
6 너에게 그 말을 내가 전함이니, 네가
인간 세상에 살아가면서 잘못 살아오
는 네 마음을 다스리고자 내가 내린
것이라 그리 생각하나,
7 네 살아온 과거에 대한 것은 내가 모
두를 다 책임지며 내가 알고 있음이니,
8 네가 지나온 삶을 후회하고 반성하라
하여 내가 그리 내린 것이 아니라,
9 네가 작은 거짓말도 하지 말라 하는
것은 다른 뜻이 있음을 알아야 될 것
이니, 너는 그 뜻을 알고 있느냐, 나의
아들아!
10 "네, 아버님!
11 저는 잘 알지는 못하며, 아버님의 뜻
을 감히 제가 어찌 헤아리겠사옵나이
까?
12 그러나 아버님께서 깨우쳐 주시고 전
해 주신 그 성령의 말씀을 들으면서
저는 지금 다음과 같이 깨닫고 느끼
고 있사옵나이다, 아버님!

13 아버님! 거짓말처럼 죄가 깊은 것이
없으며, 거짓말처럼 수십 가지 죄를
만들어 내는 것이 없사오며, 거짓 한
마디를 말하면서 그가 죄의 수십 가
지로 번지며 만들어진다는 것을 저는
깨닫고 있사오며,
14 그리하여 아버님께서 거짓말을 하지
말라 엄히 내리신 뜻이라 그리 생각하
옵나이다."
15 사랑하는 나의 아들아! 그러하니라.
16 거짓에 대한 것, 너희들은 한 가지를
거짓 하는 그것으로써 죄를 짓는 것이
라 생각하나,
17 그 거짓말 한마디를 말하여 수십 가
지 죄를 너희들이 짓게 되며, 연쇄적
으로 벌어지는 그 거짓된 것이요, 나
의 뜻을 거역하며 하늘을 향하여 부끄
럽게 사는 삶이 역사하기 때문에 내가
너에게 그리하라 하였음이니,
18 네가 지금 그 뜻을 알고 있음이니, 나
여호와의 기쁨이 이루 말할 수 없음이
니라, 사랑하는 나의 아들아!
19 그러니 거짓말처럼 또한 어리석은 행
동이 없음을 너는 알라.
20 거짓말을 하는 자처럼 어리석고 가련
하고 불쌍한 자가 없음이니라.
21 가련하고 불쌍하기 전에 너희들이 거
짓말처럼 비열한 행동을 하는 자가 없
기 때문임을 알라, 사랑하는 나의 아
들아!
22 "네, 아버님! 그리하겠사옵나이다.
23 그리고 그와 같은 길로써 살아가도록
그리하겠사옵나이다."
24 사랑하는 나의 아들아!
25 너의 제자들과 그리고 나의 새로운
성경을 읽고 깨우친 백성 그들에게 전
하라.
26 거짓말이라는 것은 너희들이 아무리
단단하게 그를 묻어 버리며, 아무리
완벽하게 포장을 해서 감추고 눌러
놓는다 해도,
27 그 거짓말은 세월이 흐르면 언젠가는
너희들이 그걸 알게 되어 있으며, 그
리하여 그 진위를 가리게 되어 있는
것이 거짓말이기 때문이니, 절대 이는
숨겨지지 않으며 거두어질 수 없는
것이니라.
28 육의 세상에서 너희들이 그것이 이루
어지지 않으며 진위가 밝혀지지 아니
한다면, 너희들이 용서받을 수 없으며
돌이킬 수 없는 심판대에 서서도 그
는 반드시 가려지며 밝혀진다 한 그
무서운 뜻을 알겠느냐, 사랑하는 나의
아들아!
29 그러기에 내가 너희들에게 작은 거짓
말도 하지 말라 함이 거기에 있음을
네가 알았음이니,
30 그와 같은 의미를 너의 제자들이요,
그리고 나의 법전을 읽고 깨우치는 백
성들, 그리고 모든 이방인이라는 백성
들, 사랑하는 나의 아들딸에게 전해
주라.
31 하나의 거짓말을 하면 하나로써 끝나
는 것이 아니요, 그것으로 인해서 얼
마나 깊은 뿌리를 내린 거짓말이 생기
며, 얼마나 수많은 거짓말들이 연쇄적
으로 이루어지는가?
32 그리하여 거짓말을 하지 말라 하였음
이니, 그리 알았으면 네가 그리 전하
도록 하라, 사랑하는 나의 아들아!

33 거짓말하는 것처럼 어리석고 비열한
백성이 없다 함을 너의 제자들에게 특
히 심어 주도록 그리하라.
34 그리고 아무리 감추려 해도 감추지 못
하는 것이 거짓이요, 하늘에 와 모두
를 받으니, 하나의 거짓말로 수천 가
지 죄를 짓는 것을 너희들은 모르나,
35 하늘에 왔을 때는 네가 거짓말 한마디
로 얼마나 많은 수천 가지의 죄를 지
으며 수만 가지의 죄를 짓는 그와 같
은 행위를 했는가를 그때 아니,
36 그 죄를 너희 가슴으로 감당하고 넘고
가기가 어렵고 힘들며 받아들이기가
너무나 가슴이 아프니,
37 그 불쌍하고 가련한 백성들이 지옥문
에서 울고불고하며 '제가 한마디 거짓
말을 했거늘, 제가 언제 이와 같이 수
천수만 가지 거짓말하여 이 무게의 죄
를 지었으며, 쇠사슬의 죄를 가지고
제가 짊어지고 있으며 저를 어찌 이리
묶어 지옥으로 던지시나이까?'
38 울고불고해도 나는 들어주지 아니하
며 나는 할 수 없으며, 그 집행하는 자
들이 명하여 그리 집행한다는 무서운
사실을 알라.
39 너희들이 지금은 모르나, 한 가지 죄
를 짓고 나에게 와 심판을 받을 때, 그
한마디의 죄가 수천수만 가지의 뿌리
의 죄를 짊어지고 있다는 무서운 사실
을 안다면, 어찌 살아가야 할 것인가
너의 제자들은 깨우쳐 가도록 그리하
라.
40 내가 너희들을 사랑하기 때문에 하늘
의 비밀이요, 하늘의 이치를 깨우쳐
줌이니라.

11,072 번째 하나님 말씀

2004년 5월 14일 12시 55분

1 사랑하는 나의 아들아!
2 "네, 아버님! 말씀하옵소서."
3 나의 법전을 읽고 깨우친 너를 따르는
제자들이요, 그를 읽고 깨우친 선택된
백성들이 그리할 것이니라.
4 너희들이 이 시대에 나의 아들과 더불
어 숨을 쉬고 살며 나의 아들을 바라
보며 같이 대화하며, 그리고 나의 새
로운 성경을 만들어 가는 것이 얼마나
너희들이 축복이요, 위대한 것인지 알
라 말하니, 너희들은 그리 말할 것이
니라.
5 자기 아들을 높이 띄우며 자기 자신을
높이 띄우기 위하여 나의 아들이 꾸며
대는 이야기요, 그와 같은 말이라 너
희들이 할 것이니라.
6 그러나 내가 너희들에게 묻노라.
7 나의 아들이 세상에 존재하지 아니하
며 너희들과 같이하지 아니한다면, 하
늘의 내 모두를 태워 내리는 나의 성
령이 세상에 내려가며 내 뜻이 내려가
겠느냐?
8 그리고 나의 아들이 아니면 너희들이
이를 들을 수 있으며, 너희들이 받아
기록하며 이리 간직하여, 너희들의 지
금 비뚤어진 마음이요, 너희들이 지옥
으로 떨어지는 마음이요, 낭떠러지요,
벼랑으로 가는 너희들의 마음을 멈추
고 너희들이 여기서 새로 태어나는 것
이요, 거듭나는 영광의 축복의 길을
볼 수 있으며 갈 수 있더냐?
9 그러니 내가 나의 아들을 칭찬하는 것

도 아니요, 나의 아들이 너희들에게
더 대우를 받고자, 더 높은 자가 되고
자 하는 말도 아니요,
10 사실이요, 진실이 나의 아들이 아니면
나의 새로운 성경이 세상에 내려가지
아니함이니, 이를 너희들이 접할 수
있고 기록할 수 있겠느냐?
11 그것 한가지로써 너희들이 네 마음의
변함을 얻는 것으로써 감사하며, 나의
아들과 더불어 가며 한 시대를 같이
살아가며 그와 너희들이 대화하며 살
아갈 수 있는 것이 이 세상에 '꿈이요,
꿈이라면 깨지 말라.' 해도 너희들이
못다 할 행복함이요, 축복이요, 영광
이 아니더냐?
12 나의 아들을 통하지 아니하면 듣지 못
하며 너희들이 알지 못하며 하늘의 이
치를 알지 못하는 그 모두를 나의 아
들을 통하여 강론으로 깨우쳐 주며 새
로운 성경으로 전해 줌이니, 너희들이
나의 아들을 보기를 어찌 봐야 되겠는
가?
13 내가 내 아들을 사랑함이 아니요, 그
가 소중하기 때문이 아니요, 그가 저
자신이 높아지고자 하여 나의 새로운
성경에 기록하는 것도 아니요,
14 내가 너희들에게 말한다면, '진실로,
진실로' 말함이니, 이 모두가 나의 아
들이 너희들 주변에 존재하기 때문이
아니더냐?
15 그러니 그것 하나 너희들이 감사하는
마음으로, 겸허한 마음으로 받아들이
라 하는 것이 그 뜻이지,
16 존경하고 따르며 받들며 너희들의 종
교 지도자처럼 좋은 것, 맛있는 것, 그
리고 화려한 것을 갖다 바치라는 뜻은
아님이니 그리 알라.
17 내 진심이니라.

11,073 번째 하나님 말씀

2004년 5월 14일 13시 15분

1 사랑하는 나의 아들아!
2 "네, 아버님! 말씀하옵소서."
3 나의 백성 너희들이 살아가면서 남의
과오요, 잘못은 보며 그를 탓하나, 그
를 바로 다스리도록 깨우쳐 주는 것,
그리고 너희들이 알려 주는 것, 그와
같은 것에는 너희들이 너무나도 인색
한 그와 같은 삶을 살아가고 있는 것
이 나의 백성들이니라.
4 그러니 거기에 사랑이 어디 있느냐?
5 남의 과오요, 잘못을 탓하는 것은 누
구나 다 할 수 있으나, 그를 바로잡아
주며 바로 깨우쳐 주는 그와 같은 아
름다운 마음이요, 그것이 곧 사랑이라
는 것이 아니더냐?
6 그러니 진정한 믿음이요, 진리의 길을
알지 못하고 가는 그 어리석은 백성
들, 너희들은 그 백성들을 탓하고 나
무라기 전에,
7 그들에게 참진리요, 하늘에 오르는 길
이 무엇인가를 깨우쳐 주는 것, 그것
이 너희들이 가야 할 길이며 너희들이
해야 할 일이며, 너희들의 대명이라는
것을 잊지 말도록 그리하라, 사랑하는
나의 아들딸들아!
8 이 세상의 모든 백성들이요, 잘못된
믿음의 길을 가는 자, 그리고 저희들
이 지금 잘못 가면서도 모르는 그와

같은 백성들이 잘못 가는 것을 너희들
이 탓하고 나무라기 전에, 그들에게
그 지혜를 심어 주며 그들에게 깨우침
을 주며, 잘못 가고 있는 것을 깨달을
수 있도록 너희들이 모든 정성을 다
들이는 것,
9 그리하여 그 어리석고 불쌍한 백성들
이 하늘에 오르는 길이요, 참진리의
길이 무엇인가를 알 수 있도록 인도해
주는 것, 그것이 너희들이 소중함이니
라.
10 남의 잘못이요, 그들이 잘못하는 것을
탓하고 나무라는 것보다는 너희들이
가르쳐 주고 깨우쳐 주는 것이 너희들
의 할 일이라는 것을 잊지 말도록 그
리하라, 사랑하는 나의 아들딸들아!

11,074 번째 하나님 말씀

2004년 5월 14일 13시 19분

1 사랑하는 나의 아들아!
2 **"네, 아버님! 말씀하옵소서."**
3 이제 두서없는, 질서 없는 믿음이요,
그와 같은 삶을 살다 나의 새로운 성
경을 접하며 나의 아들을 통하여 내리
는 그 강론을 듣고 가는 그 백성들, 그
들이 선함이 무엇이며 행함이 무엇인
가를 깨달음이니,
4 그들이 지금 너에게 물으며 당황하고
있음이니, 저희들이 용서함은 어디까
지 용서를 하는 것이며, 저희들이 희
생하는 것이요, 봉사하는 것은 과연
어디까지 가야 봉사요, 희생인가, 그
기준을 저희들이 알지 못하며 그 기
준을 몰라 너에게 묻는 자가 있으며
당황하는 그와 같은 백성들이 있느니
라.
5 너희들이 어디까지 행해야 되는 것인
지, 그리고 너희들이 가야 할 것인지
그를 알 수 없어 지금 당황하는 백성
들이요, 그 제자들이 수없이 있음이니
라.
6 그러니 너는 그들에게 깨우쳐 주도록
그리하라, 사랑하는 나의 아들아!
7 또한, 너에게 묻는 자 이것으로써 그
대답을 대신하도록 그리하라.
8 너희들이 절약을 하라, 절약을 하라
함이니, 너희들이 그 절약하는 길이
남들이 봐서 인색하며 인색한 사람이
라는 소리를 듣는 것은 너희들이 절약
이 아니니라.
9 그러니 너희들이 욕되는 말을 듣는 그
와 같은 인색함으로 변화되어서는 너
희들이 절약의 참뜻이 아님을 알라 그
리 전하라.
10 너희들이 사랑하고 베풀라 하니 그것
이 무엇이더냐?
11 그러니 사랑하고 베푸는 것도 기준이
없이 줏대가 없이 그저 사랑이라 하여
무조건 베풀고 가는 그와 같은 사람의
삶은 아니 된다는 것, 그것이 너희들
이 진정한 사랑이 아니라는 그 의미를
깨우치도록 그리하라.
12 용감한 자가 되라, 용감하라 했다 해
서 너희들이 그저 만용을 부리는 것처
럼 어리석은 백성이 없으며,
13 그것은 용감해서 하는 것이 아니요,
지혜 없는 백성이 하는 짓이 아니더냐?
14 그러니 너희들이 스스로 모두를 판단
해서 역사하도록 그리하라.

15 너희들의 모두를 무너뜨려 가면서, 너
희 자신이 무너져 가면서 역사하는 것
이 나의 뜻이 아니요, 사랑이 아님이
니라.
16 확고한 너희들이 줏대가 있으며, 너희
들이 절약하고 베푸는 것도 너희들이
인색한 자라 주변에서 욕을 먹는 용서
받지 못하는 그와 같은 명분 없는 행
동을 하는 것이 그 절약의 자세가 아
니니라.
17 그러니 너희들이 모든 역사하는 것은
확고한 신념이요, 확고한 마음 자세에
서 당당한 모습으로써 행하는 그와 같
은 자세여야 될 것이며,
18 우유부단함이요, 그저 너희들이 줏대
없이 흔들리는 것, 그것이 사랑이요,
만백성을 구하는 것은 결코 아님이니,
19 그와 같은 기준을 너희들이 나의 법전
을 정독하고 읽고 깨우쳐 공부한다면,
그 의미를 알 것이니, 이제는 내가 너
희들에게 우선 대답할 수 있는 것, 너
희들이 깨달을 것을 간단히 내려보냄
이니,
20 이를 기준으로 너희들이 판단하여 모
두를 역사하는 지혜를 얻도록 그리하
라, 사랑하는 나의 아들딸들아!

11,075 번째 하나님 말씀

2004년 5월 14일 13시 24분

1 사랑하는 나의 아들아!
2 "네, 아버님! 말씀하옵소서."
3 지금의 믿음의 길을 오는 종교 집단의
지도자요, 그 신도요, 너희들이 겉으
로는 화려한 것을 이루기 위하여, 겉
으로 화려한 것을 쌓기 위하여 모두를
다 역사하며 그와 같은 믿음으로 왔음
이니,
4 인간의 욕망이요, 눈으로 보는 것을
역사하는 그와 같은 믿음으로 온 것이
지, 너희들이 물 흐르듯이 진정한 진
리요, 참진리요, 내 뜻을 역사하는 것
은 하나도 이룬 것이 없음이니라.
5 그러니 너희들이 지금까지 모든 믿음
이라는 것은 화려한 것으로써, 겉으로
남들에게 뒤지지 않는 그 등치를 이루
는 것으로써 모두를 행사하고, 그를
이루기 위해 너희들이 온 것이 아니더
냐?
6 그러면서 너희들이 사랑을 실천하는
것처럼, 그리고 너희들이 천사가 된
백성인 것처럼, 그리고 천사가 된 믿
음의 길을 가는 자요, 천사가 된 지도
자처럼 착각하고 살아가는 것이 지금
의 종교 집단의 지도자 너희들이 아니
더냐?
7 그러니 이방인이라는 그 백성들이 너
희들을 상대하기 싫어하며, 너희들과
거래하기 싫어하며,
8 너희들이 믿지 않는 자보다 더 사악한
자라는 그들의 비난의 소리를 들으며,
그들이 너희들을 냉혹하게 심판하고
있는 그 심판의 소리를 듣고 있는 것
이 너희들이니라.
9 너희들은 너희 기준으로써, 너희 잣대
로써 너 자신을 심판하고 네가 그 잣
대로 잼이니, 불리한 것은 빼 버리고
유리한 것만 너희들이 취하는 그와 같
은 어리석은 자들이니라.
10 그러니 밖에 이방인이라는 백성들이

너희들을 평가하는 그 냉혹함을 너희
들은 들어야 될 것이며, 그를 듣지 아
니하면 너희들이 지금 거듭날 수 있는
기회가 없음이니라.
11 그러나 너희들이 천사처럼, 그리고 너
희들이 사랑을 실천하고 사는 것, 오
로지 너희들의 종교 집단만이 모두를
구원을 받는 곳이라는 것, 유일한 곳
이라 생각하는 그 착각 속에서 다시
태어나지 아니하면 너희들은 살아날
수가 없음이니라.
12 나 여호와가 보는 너희들의 그 행위는
어떠한 것이더냐?
13 이 세상에 냉혹함이 끝이 없는 백성들
이 지금 종교 집단의 지도자요, 사랑
을 실천한다는 자요, 천사가 됐다 착
각하며 하늘에 오를 수 있다는 그 백
성들이니라.
14 너희들보다 더 냉혹하고 찬 백성들이
세상에 없음을 알라.
15 저 자신에게만 관대하며, 저희들이 같
은 계열에만 관대하며, 비타협적이고
비협조적인 것이 바로 너희들임을 알
라.
16 그러니 너희들이 그 종교 집단이요,
그 속에서도 어떤 짓을 하느냐?
17 저희들의 그 몇 명 안 되는 신도 중에
서 계보를 만들며 계열을 만들어, 저
를 따르는 자 사랑하며, 그렇지 않은
자 등 돌리는 추하고 더러운 힘겨루기
를 하니,
18 너희들의 그 싸움은 보이지 않으나,
너희들이 불꽃 튀는 것 같은 싸움은
계속되고 있으며, 그 싸움이 천 갈래
만 갈래 갈라지지 아니한 종교 집단이
없음이니,
19 바로 너희들이 무엇하는 자들이냐?
20 사랑을 실천하는 자들이더냐?
21 그리고 겸손함과 인자한 마음이요, 그
와 같은 자세로 살아가는가?
22 너희들에게 사랑의 씨앗은 찾아볼 수
도 없음이니, 너희들은 사랑의 씨앗을
심지도 않은 자들이니라.
23 그러니 사랑의 씨앗을 너희들이 마음
속에 심지도 아니한 자들이니, 사랑의
새싹이 너희들의 가슴에 나올 수가 없
으니,
24 우선 씨앗부터 뿌려 그 새싹을 틔워야
하거늘, 너희들이 씨앗을 뿌리지 않았
으니 사랑의 새싹이 나올 수 없으며,
그가 성장할 수 없으며,
25 그러니 그들을 가꾸고 다스릴 그 과정
도 없음이니, 더욱이 열매를 맺지 못
하는 것은 당연한 것이니라.
26 그와 같은 행위를 하면서 너희들이 나
에게 오를 수 있는 백성이요, 나의 은
혜를 받은 백성이요, 그리고 너희들이
하늘에 와 상 받을 일만 남았다는 그
환각 상태에서 깨어나지 아니하면 아
니 되느니라.
27 그러니 너희들이 지금의 모든 죽음의
중병에 걸려 있는 자들이 죽음의 중병
에 걸려 있는 것을 모르고 지금 허덕
이는 어리석고 불쌍한 백성, 그들에게
너희들이 탓하지 말며 그를 나무라지
말며,
28 그들이 깨어날 수 있는 그 극약 처방
이요, 그 약을 내리며 그 길을 가르쳐
주고 인도하는 것이 너희들이 해야 할
길이라는 것을 잊지 말라, 사랑하는

나의 아들딸들아!

11,076 번째 하나님 말씀

2004년 5월 14일 13시 29분

1 사랑하는 나의 아들아!
2 "네, 아버님! 말씀하옵소서."
3 너희가 하늘에 오르는 길을 알려 주는
것이 나 여호와가 할 수 있는 길이며
내가 존재하는 의미라 내가 말하지 아
니하였느냐?
4 나 여호와도 너희들에게 하늘에 오르
는 길이요, 그 방법을 너희들이 행할
수 있도록 일러 주는 것이요, 가르쳐
줌이라 하지 아니하였더냐?
5 나 여호와도 너희들을 구해 주고 구하
지 아니하는 것, 하늘나라에 오르고
못 오르는 것을 내 마음대로 하지 아
니한다 하였으며,
6 오로지 너희들이 노력하여 스스로 찾
도록 하늘에 오르는 길을 안내해 주며
그 방법을 가르쳐 주는 것이 창조주
나 여호와의 권한이며, 내가 지금 지
상에 살아 있는 너희들에게 할 수 있
는 길이라 하였거늘,
7 어찌하여 너희들은 나의 아들 예수를
그리 너희들을 구원해 주는 자요, 구
세주요, 너희들이 하늘에 오르고 못
오르는 것을 다 나의 아들 예수의 뜻
대로 하는 것처럼 그와 같은 오늘의
믿음이요, 신앙 속에 젖어 있는가?
8 나의 아들 예수도 너희들에게 전하고
가르치고자 했던 것은 너희들이 사랑
의 실천이요, 죄 속에 살고 있는 너희
들이 죄 속에 살고 있는 것을 알지 못
하기에,
9 너희들이 지금 사는 삶이 죄 속에 살
아가는 자들이요, 사랑을 베풀고 살아
야 되는 백성이 사랑을 행하지 아니하
고 살고 있기 때문에,
10 너희들이 죄 속에 살고 있음을 깨우쳐
주며, 사랑을 너희들이 등지고 살아가
는 것을 깨우쳐 주기 위하여, 그리하
여 너희들의 영혼을 구하고자 하여 나
의 아들은 그 길을 보도록 하고자 하
였을 뿐이며,
11 그가 죽음으로써 모든 고통의 길을 가
는 것도 너희들이 그 길을 볼 수 있도
록 하여 깨우쳐 주기 위한 것이니라.
12 그러니 너희들에게 천국의 문에 들어
설 수 있는 자격을 가르쳐 주며 그 방
법을 알려 주기 위하여 그와 같은 어
렵고 힘든 길을 간 것이지,
13 나의 아들 예수가 너희들을 하늘에 오
르고 못 오르는, 그와 같은 찾기만 하
면 너희들이 구원을 받으며 천국에 온
다는 말도 되지 않는 것을 행하고자
너희들에게 전하지 아니하였음이니
라.
14 창조주 나 여호와도 너희들에게 하늘
에 오르는 길이요, 방법을 안내해 주
고 가르쳐 주는 것이 내가 할 수 있는
일이라 하였거늘,
15 그 아들이 어찌하여 내 뜻을 거역하여
나를 넘어 너희들을 구원해 줄 수 있
는 자격을 가지고 있으며,
16 구원하고 안 하는 것을 그를 믿고 안
믿는 것, 그것만으로써 너희들이 구원
을 받고 못 받는다 너희들이 그리 가
르치며, 나의 백성들을 현혹하고 있는

가?
17 이것이 얼마나 너희들이 잘못된 것이
며, 내 뜻과 동떨어지며, 또한 너희들
이 하늘의 법도에 어긋나는 짓을 하고
있는 것인가를 알라 그리 전하라.
18 그곳에 갈 수 있는 백성을, 그리고 나
에게 오를 수 있는 백성을 인도하는
것이 나의 아들 예수가 역사했던 한계
요, 그 이상은 나의 아들이 할 수 없는
것이니라.
19 하늘에 오르는 길을 모르는 너희들에
게 그 죽음의 피로써 너희들이 하늘에
오르는 길을 보여 주었고 보도록 하고
자 한 것이 나의 아들 예수의 최대의
역사요, 그를 할 수 있는 것이었음을
알라.
20 이제 나에게 오르고자 하는 너희들은
스스로 나에게 오를 수 있는 자격증을
확보한 백성이 아니면 나에게 오를 수
없음이니라.
21 그리하여 나의 아들 예수는 죽음의 고
통으로써 너희들이 하늘에 오를 수 있
는 그 자격증을 획득하는 방법을 가르
쳐 주고 제시하여 준 것임을 알라.
22 지금 나의 아들을 통하여 내리는 160
권의 새로운 성경 또한 무엇이더냐?
23 그를 너희들이 정독하고 읽고 깨우치
는 것도 너희들이 그대로 들림을 받
으며 너희들이 죽어 영혼이 무조건 하
늘에 오르는 그와 같은 것을 역사하도
록 가르치고 내려보내는 것이 아니라
내가 명하여 전했음이니,
24 다만 너희들이 하늘에 올 수 있는 자
격증을 획득하는 방법을 또한 상세하
게 명하여 누구라도 읽고 깨우쳐 알
수 있도록 내가 내려보내는 것이 160
권의 새로운 성경이 세상에 내려가는
의미라는 그 무서운 뜻을 알라.
25 나 여호와 창조주도 너희들이 하늘에
오르는 길을 인도해 주며 그 길을 가
르쳐 주는 것뿐이거늘,
26 나의 아들 예수가 구원해 준다는 그와
같은 환상이요, 착각 속에서 벗어나지
아니하며 거듭나지 아니하면, 결국 너
희들은 그저 영원히 나와 관계없는 그
와 같은 백성으로 전락됨이니,
27 그것이 너희들이 어디로 가는 것인가
스스로 알도록 그리하라.

11,077 번째 하나님 말씀

2004년 5월 14일 13시 44분

1 사랑하는 나의 아들아!
2 "네, 아버님! 말씀하옵소서."
3 인간 세상에 너희들이 살아가면서 귀
하고 소중한 진주요, 보배를 하나 얻
었음이니, 너희들이 그를 가꾸고 다루
는 것이요, 그를 보관함이 얼마나 정
성을 다하여 다스리고 보호하느냐?
4 이제 나의 아들을 따르는 제자 너희들
은 들으라.
5 이 세상에 너희들처럼 귀하고 귀한 보
배요, 진주요, 그 모두를 가진 자가 없
음을 너희들은 알라.
6 이제 너희들이 내가 나의 아들을 통하
여 내리는 새로운 성경을 가지고 무엇
을 더 얻으려 하며 무엇을 더 역사하
려 하느냐?
7 이 세상에 가장 귀하고 소중한 것은
다 너희들이 가지고 있음이니, 너희들

보다 더 귀하고 소중한 백성이 또한
없음이니라.
8 나 여호와 창조주가 내리는 그 귀하고
소중한 것을 받아 그를 관리하고 다스
리는 너희들이니, 너희들이 인간으로
말하면 더 이상 귀중하고 선택된 백성
이 없으며, 은혜 받은 백성이 없으며,
9 너희들이 관리하고 보관하는 것이 이
세상에 그 어떠한 보배요, 보물과도
바꿀 수 없을 만큼 소중한 것이니,
10 이를 너희들이 그와 같은 진주요, 보
배를 관리하고 다스리듯이 그와 같은
마음으로 다스리고 그리 역사하라.
11 그러면 너희들이 거기에 위대함을 알
것이며 거기에 귀함을 알 것이며 소중
함을 알게 될 것이니라.
12 인간 세상에 너희들이 살아가면서 스
스로 제가 귀하다 생각하면 그가 귀한
자요, 천하고 천한 자라 생각하여 너
희 자신이 내려가기 시작하면 끝도 한
도 없으니,
13 너 자신이 귀하고 소중한 사람이라 생
각하면 귀하고 소중하게 쓰이는 것이
요, 너 자신이 초라하고 천한 사람이
라 말하면 그 누가 너희들을 보살피고
다스려 주겠느냐?
14 이 세상에 더 이상 귀하고 소중한 것
이 없는 가장 귀하고 소중한 것을 가
지고 있는 너희들이 이를 닦고 관리하
여 소중함을 알아야 될 것이며, 소중
히 간직하고 볼 때, 남들이 그를 볼 때
소중하고 귀하게 보지 않겠느냐?
15 나의 새로운 성경이요, '하늘에 오르
는 길'이요, '하나님! 말씀하옵소서.'
이 책을 너희들이 이보다 더 귀한 것
이 없으니, 보배의 진주보다도 더 귀
하고 소중하게 다루라 그리 가르치라.
16 그것이 너희들이 해야 할 일이니라.
17 너희들이 그리 귀하고 소중하게 다룰
때 모든 백성들이 다 귀함과 소중함을
알지 않겠느냐?
18 너희들보다 더 위대한 것을 받은 백성
이 없음이니 그리 알라.
19 그 마음을 갖도록 하며 너의 제자들에
게 그 뜻을 먼저 깨우쳐 주도록 하라,
너희들이 가장 귀한 백성이요, 귀한
것을 가지고 있는 백성이라는 것을.
20 그리하여 귀한 것을 귀하고 소중하게
다룰 때, 모두가 그를 보고 그리 귀하
고 소중하게 함이니라.
21 제 자식을 천박하게 다스리며, 제 자
식을 천하게 다스리며 제 자식을 면박
하는 자, 그가 나가서 귀하고 소중한
자식으로서 대우를 받지 못하는 것이
니,
22 스스로 너희들이 무너지는 그와 같은
행위를 하지 말며, 스스로 귀하고 소
중함을 그대로 너희들이 비추고 보이
도록 그리 살아가라 함이니 그 뜻을
알라.

11,078 번째 하나님 말씀

2004년 5월 14일 14시 16분

1 사랑하는 나의 아들아!
2 "네, 아버님! 말씀하옵소서."
3 지금의 나의 아들을 따르는 선택된 너
희들은 무엇인가를 남들보다 더 얻고
자, 더 편하고자, 더 안일한 길을 가고
자 하는 그러한 믿음으로 가서는 아니

되며, 그와 같은 생각으로써 나의 성
전을 찾으며 나의 아들을 찾아서는 아
니 됨을 알아야 될 것이니라.
4 너희들이 나로부터 선택된 자요, 나에
게 부름을 받아 나 여호와 창조주의
대명을 역사함은 무엇이더냐?
5 수천 년 동안 흘러오면서 변질되고 썩
을 대로 썩어져 있는 그 오늘의 종교
집단과 그 지도자, 그리고 그 불쌍한
백성들, 인간이 만든 교리로써 끌고
가는 그들을 바로 세우고 바로잡고자
하는 것이 바로 내가 역사하는 것이며
너희들을 불러 썼음이니,
6 그 싸움의 선봉장에는 누가 있느냐?
7 그 싸움의 선봉장에는 내가 나의 뜻의
모두를 태워 내린 나의 새로운 성경이
그 선봉장이며,
8 그러니 그 선봉장을 받들어서 이끌고
가는 것은 누구더냐?
9 바로 나의 아들이 이 세상에 존재함이
니라.
10 그러니 나의 아들만이 너희들에게 이
책을 전하며 역사하는 것이며, 나의
아들만이 이 책을 가지고 만드는 것,
그리고 모두를 역사하는 나의 아들만
이 구속자가 되어 있는 것이 아님을
너희들은 알아야 될 것이니라.
11 지금 나로부터 선택된 백성이요, 나로
부터 부름을 받은 너희들이 바로 무엇
이더냐?
12 지금 선택된 나의 아들딸 너희들이 나
의 아들과 똑같이 구속자의 길을 가야
되는 것이며, 너희들이 구속자의 운명
이요, 그 길을 가지 아니하면 아니 되
는 것이 너희들이니라.
13 나의 아들 또한 나의 법전을 만들어
만백성에게 전하는 그 길의 구속자요,
또한 너희들도 똑같이 같은 운명의 구
속자라는 것을 잊지 말라.
14 내가 너희들을 불렀으며 내가 너희들
을 그 불러 쓰고자 함이 바로 그와 같
은 것이 아니더냐?
15 그러니 너희들은 들어야 될 것이니라.
16 지금 나의 아들의 고통과 시련의 길을
같이 가며 너희들이 그 길을 같이 역
사하지 아니하면, 너희들이 그 뒤를
따라가지 아니한다면, 너희들은 바로
설 수 없으며 지도자가 될 수 없음을
알아야 될 것이니라.
17 그러니 그 길을 가고자 한다면, 과연
너희들은 어떠한 백성으로서 살아가
야 되더냐?
18 너희들은 나의 아들처럼 모두를 다 끊
어 버리며, 모두를 지워 버리며, 자신
을 버리고 가지 아니하면 아니 됨을
알아야 될 것이니라.
19 나의 아들 예수를 따랐던 그 제자들이
과연 누구였던가?
20 그들도 나의 아들처럼 똑같은 구속자
요, 그 길을 가야 하는 것이 제자들의
자세요, 그들이 가야 할 길이었으나,
21 나의 아들과 더불어 같이 가는 자, 그
들이 나의 아들이 어렵고 힘들 때 그
를 팔았으며 그에게서 등을 돌렸음이
니,
22 같이 갈 구속자가 하나도 없었으며 그
들 모두가 다 버렸음이니라.
23 그러나 이제는 지금 내가 마지막 시대
요, 마지막 역사함이요, 내가 직접 부
른 자요, 내가 너희들을 찾았음이니,

너희들은 나의 아들과 똑같이 구속자
의 길이요, 그 길을 가지 아니하면 아
니 되며 똑같은 운명이라는 걸 잊지
말라.
24 너희들이 등을 돌리고 떠나는 것은 아
니 되며, 나의 아들 예수를 따랐던 그
제자들이 예수의 가는 길이요, 그 삶
의 길을 따르는 것이 구속자의 길이었
으니,
25 오늘의 나의 아들을 따르는 너희들 또
한 그와 같은 길을 따르고 가는 것임
을 잊지 말라.
26 모든 종교 집단 지도자들이요, 나로부
터 명받으며 나의 아들 예수의 뒤를
따라가는 지도자들이 과연 얼마나 썩
고 변질된 길을 가고 있는가 너희들은
눈으로 봐도 알 것이니,
27 이제 나의 아들을 따르는 너희들은 나
의 아들의 삶을 들여다봐, 나의 아들
처럼 모두를 버리고, 끊을 것을 끊어
버리며, 자신을 지워 버리고 살아가는
그 길을 그대로 따라 그를 따라서 너
희들이 역사하지 아니하면,
28 같은 구속자로서 너희들이 직분을 다
하지 못하며 역사를 못 하는 백성들이
니라.
29 내가 다시 한 번 말하니, 나의 아들만
이 이 법전을 만들어 만백성을 구하는
대명을 받은 구속자가 아니라, 너희들
이 다 똑같은 구속자임을 알라, 사랑
하는 나의 아들딸들아!
30 너희들이 다 똑같으니라.

11,079 번째 하나님 말씀

2004년 5월 14일 14시 21분

1 사랑하는 나의 아들아!
2 "네, 아버님! 말씀하옵소서."
3 너희들이 지금까지 오는 그 믿음의 길
이요, 너희들 종교 집단의 지도자가
몰라도 너무 모르며, 너희들이 잘못
가르쳤으며, 내 뜻이 아니요, 나를 등
지고 가는 짓이요, 나를 욕되게 능멸
하는 짓만 했다는 것이 무엇인 줄 알
겠느냐?
4 너희들은 들어야 될 것이니라.
5 나의 아들 예수가 이 세상에 와 죽음
의 길을 간 것은 바로 무엇이더냐?
6 너희 죄를 사해 주며 너희들을 구원하
며, 그 죽음의 고통이요, 고통스럽게
죽음으로 인하여 너희들이 가장 고통
스러운 사형대의 그 십자가에 못 박혀
죽은 그것을 바로 너희들은 어찌 생각
하며 지금 가르치고 있느냐?
7 너희들은 나의 아들 예수가 너희들의
죄를 사해 주며 너희들의 죄를 다 씻
어 주기 위해서 그와 같이 죽음의 길
을 갔다 하나, 너희들은 여기서 들으
라.
8 나의 아들은 그가 지은 죄를 나 여호
와에게 어떻게 해서 속죄할 수 있는
것인가 하는 그 길을 보여 주며 그를
가르쳐 주기 위하여, 나의 아들은 그
지은 죄를 속죄받기 위하여 나에게 그
고통의 죽음의 길을 선택했으며, 그
길을 갔다는 것을 너희들은 알라.
9 나의 아들 예수가 나로부터 지은 죄
요, 그 지은 죄를 어찌 속죄하며 어찌

속죄를 받을 수 있는 것인가, 그것을
너희들에게 보여 주기 위하여 나의 아
들은 그 속죄의 대가를 치르기 위하
여, 나로부터 용서를 받기 위하여 가
장 고통스러운 죽음의 길을 선택한 것
이지,
10 너희들의 죄를 씻어 주며 그 보혈로써
너희들이 자손 대대 지은 추하고 더러
운 죄를 다 씻어 주기 위한 것이 아니
라,
11 예수가 지은 죄를 용서받는 것이 무엇
인가 하는 것을 그가 몸소 실천하여
보여 주었음이니,
12 너희들이 죄지은 자가 어찌 용서를 받
아야 할 것인가 그것을 깨우쳐 주기
위한 죽음이라는 것을 알라.
13 그러니 너희들이 지금까지 온 믿음이
얼마나 잘못되었으며, 너희들이 성서
의 뜻을 모르며 내 뜻을 모르며 예수
의 죽음을 욕되게 하고 있는가?
14 그를 가지고 장사하며 팔아먹고 사는
것이 너희들이니, 예수의 죽음의 그
고통의 길이 무엇인가 전혀 알지 못하
는 너희들이 아니었더냐?
15 그것이 지금까지 흘러온 종교 집단의
지도자들이니, 너희들이 방대한 조직
이요, 방대한 힘을 가지고 역사하는
것이 너희들이 얼마나 엉터리요, 얼마
나 나를 욕되게 했으며 잘못된 것이더
냐?
16 너희들은 이를 알아야 될 것이니라.
17 그러니 너희가 예수보다도 죄 없는 자
가 있다면, 너희들이 예수보다 편안한
삶이요, 예수보다 편안한 죽음을 선택
할 수 있으며, 너희들이 예수의 보혈
로써 구원받으며 죄를 사함 받았다
그리 말할 수 있으나,
18 너희들이 나의 아들 예수가 나에게 지
은 죄보다 더 많은 죄를 지은 자요, 더
많은 죄를 안고 있는 자라면, 나의 아
들 예수가 십자가에 죽은 그 고통보다
도 그 십자가의 고통으로써 너희들이
나에게 죄를 씻을 수 없다 함을 나의
아들 예수가 보여 준 것이니,
19 너희들이 스스로 네 십자가를 짊어지
고 가야 함을 알겠느냐?
20 너희들이 너희 스스로 십자가를 짊어
지고 간다 해도 너희들이 예수보다 더
큰 죄를 지었다면,
21 너희들이 나에게 용서를 받으려면 그
보다 더한 고통이요, 더 험악한 대가
를 치름으로써 용서를 간구하고 빌어
야 될 것이니라.
22 그러니 예수보다도 더 고통스러운 대
가를 치러야 하는 것이 많은 죄를 지
고 있는 너희들이라는 것이 아니더냐?
23 그러니 죄가 없는 자 너희들은 편안하
게 그리 말할 수 있으나, 나의 아들 예
수보다도 더 많은 죄를 지고 있는 자
라면 속죄할 길이 어떠한 것인가를 알
라.
24 그러니 지상에서 예수가 지은 죄를 스
스로 모두를 속죄하여 나에게 용서를
빌고 빌었듯이, 너희들 또한 지상에서
지은 죄를 다 속죄해야 됨이니,
25 예수보다 죄를 덜 지은 자 있으면 예
수의 보혈로써 구원받는다는 편안한
길을 선택하여 와도 될 것이나,
26 더 많은 죄를 지은 자는 예수보다도
더 고통스러운 대가로써 모두를 너희

들이 살아 있는 이 세상에서 치르고
치러야 함이니 그리 알라.
27 그러니 내가 나의 아들에게 무어라 명
하였느냐?
28 너희들이 한 점의 부끄러움이 없는 삶
을 위해 나머지 인생 모두를 다 바쳐
사는 것이 나에게 오르는 길을 볼 수
있다는 그 무서운 하늘의 이치요, 가
르침을 알라.
29 모든 성서의 뜻이요, 의미를 내가 나
의 아들을 통하여 내려보내 줌이니 그
은혜를 알라.

11,080 번째 하나님 말씀

2004년 5월 14일 14시 28분

1 사랑하는 나의 아들아!
2 **"네, 아버님! 말씀하옵소서."**
3 이제는 너희들이 예수의 죽음이 무엇
이며, 예수의 죽음 앞에 너희들이 구
원을 받았다, 용서받았다, 그리고 하
늘에 오를 수 있는 영광을 받았다,
4 그리고 너희들이 지은 추하고 더러운
죄를 다 씻어 버렸다는 그 말이 얼마
나 추하고 부끄럽고 더러운 행위인
줄 이제 알겠느냐?
5 그와 같은 행위로 너희들이 내 가슴
에 못을 박았으며, 내가 오죽하면 이
세상에 나 여호와가 갈 곳이 없으며
내가 울 곳이 없다 한탄한 그 말의 의
미를 알겠느냐?
6 나의 아들은 그가 지은 죄를 아버지께
죽음으로써, 그 죽음도 가장 고통스러
운 길을 선택하여 그가 작은 죄를 씻
을 수 있는 것이라 하여 그 길을 선택
하였으니,
7 만백성 너희들이 죄를 지었을 때는
어떠한 것으로써 하늘에 계신 창조주
아버지께 너희들이 살아서 그 죄를 용
서받을 수 있는 것인가 하는 것을 모
범적으로 보여 준 그 죽음이라는 것
을 알라.
8 그것을 놓고 너희들이 그 보혈로써 은
혜를 받았으며 구원을 받았으며, 그로
써 구세주요, 독생자를 보내어 너희들
의 죄를 다 씻어 주었다며 좋고 아름
다운 말을 다 갖다 짜깁기하여 중언
부언하고 있음이니,
9 과연 지금 내가 나의 아들을 통하여
내리는 그 뜻과 너희들이 가야 하는
길이 어떤 길이 좁은 길이고 협착한
길이더냐?
10 너희들이 나의 아들 예수처럼 작은 죄
를 지은 자도 가장 고통스러운 육의
죽음으로써 그 용서를 받을 수 있다
는 길이 평탄하고 넓은 길이더냐, 협
착하고 고통스러운 하늘에 오르는 길
이더냐?
11 나의 아들 예수의 보혈로써 모두를 용
서받았으며, 그로써 죄를 씻어 줘 죄
가 없는 자라 너희들이 하늘을 향하여
말할 수 있는 자, 그것이 너희들이 좁
고 협착한 길을 가고자 하는 백성들이
더냐, 넓고 편안한 잘못된 길을 가고
자 하는 것이더냐?
12 너희들이 이를 생각한다면, 나 여호와
가 너희들을 보면서 눈물지으며 갈
곳이 없으며, 찾아갈 자식이 없으며,
내가 눈물지을 장소가 이 세상에 없다
는 것은,

13 너희들이 몇천 년 동안 부르짖고 부르
짖은 그 악습이 세상을 다 덮고 있음
이니, 내가 설 자리가 없다 한 아픈 마
음을 알겠느냐?
14 이제 너희들이 어떻게 어떤 방법으로
써 네 죄를 용서받아야 하는지 그것
을 깨달으라.
15 나의 아들을 따르는 제자들이요, 나의
법전을 읽고 깨우친 만백성, 너희들을
내가 사랑함이니라.
16 이제 내가 너희들 집에 가 쉴 곳이 있
으며, 너희들을 찾아가 내가 안식을
취할 수 있으며, 내가 너희들이 가 있
는 네 집의 골방에 가 눈물을 흘릴 수
있는 집이 세상에 있음이니,
17 나 여호와의 이 아픈 마음을 너희들이
알며 내 기쁨을 알겠느냐?
18 그러니 그와 같은 길을 가는 사랑하는
나의 아들딸 너희들은 들으라.
19 너희들이 이 세상에 살면서 지은 죄를
어찌하여야 용서를 받으며 어찌하여
야 나로부터 용서를 받으며 너희들이
하늘에 오를 수 있는 길인가,
20 그 무섭고 험난한 길을 너희들은 마다
하지 아니하며, 목숨을 다하여 정의로
운 길, 아름다운 길, 얼마 남지 않은
생명의 길에 모두를 다 바쳐 가라, 사
랑하는 나의 아들딸들아!
21 지금의 진흙탕에서 허덕이며 암흑에
서 허덕이는 그들이 구원을 받았다
하며 나에게 오르는 백성들이요, 나에
게 오를 수 있다 하는 그들이 말하는
그 믿음이,
22 너희들이 모래알만도 못하며 낙엽만
도 못한 재물을 갖다 바치고 구원을
받는다 하여 허덕이며 허리끈을 졸라
매며 바치는 그 불쌍한 자들,
23 그와 같은 사악한 자들이 하는 것이
이 세상에서 나와 관계없다는 것이
아니라, 나와 그들과는 아무런 인연도
없으며, 내가 쳐다보기도 싫은 그와
같은 사악한 자들이니라.
24 그러니 그와 같은 속에서 진리요, 구
원이 어디 있겠느냐?
25 지금 내가 나의 아들을 통하여 너희들
에게 바로 가라, 바로 깨우치라 전하
는 것,
26 나의 아들 예수가 지은 죄를 용서받기
위하여 너희들이 육에서 죄를 지으면
어찌하여야 나에게 용서를 받는가 그
것을 보여 주기로 하였음이니라.
27 내가 욥의 고통이요, 욥의 시련은 무
엇이라 하였느냐?
28 너희들이 욥이 시험을 당해서 이기는
것이 아니요, 믿음의 길을 가는 백성
은 그와 같은 길을 가야 하며 그와 같
이 역사해야 한다는 것을 본보기로 보
여 주었다 했음이니,
29 성서는 다 무엇이더냐?
30 너희들에게 본보기로 가르치는 것이
며, 그것을 보고 교훈을 삼아 만백성
이 천년만년 이 지상이 존재하는 동안
에 너희들이 거울삼아 깨우치고 바로
가라는 본보기지,
31 너희들을 구원해 주고 못 해 주는 것,
그것으로써 결정을 지어 세상에 내려
보냈다면, 나의 성령이 세상에 내려올
필요가 없으며, 새로운 깨우침이 필요
없으며, 가르침이 필요 없으며,
32 그저 나의 아들 예수의 보혈로 죄를

사함 받으며 믿기만 하면 너희들이 아
무것도 할 필요가 없는 것이 아니더냐?
33 용서도 필요 없으며, 너희들이 바로
살 필요도 없으며, 곱게 살려는 그 노
력도 필요 없는 것이니, 그러니 너희
들이 얼마나 어리석은 자요, 잘못된
짓을 하고 있는가?
34 이제 나의 백성 너희들은 나의 새로운
성경을 읽고 그 이치 하나를 깨우치면
세상을 알 수 있을 것이니라, 사랑하
는 나의 아들딸들아!

11,081 번째 하나님 말씀

2004년 5월 14일 14시 39분

1 사랑하는 나의 아들아!
2 "네, 아버님! 말씀하옵소서."
3 지금 나로부터 선택된 백성이요, 나의
아들을 따라가는 백성, 너희들이 얼마
나 크나큰 은혜요, 영광이요, 축복 속
에서 너희들이 선택된 백성인지 알겠
느냐?
4 나의 새로운 성경을 공부하며 나의 아
들로부터 나의 강론을 듣고 배우는 너
희들이야말로 얼마나 위대한 백성인
줄 알겠느냐?
5 모든 백성들이 지금 잘못 가며, 평생
을 바쳐 믿음의 길을 간 그 백성들이
죽음이요, 지옥의 길을 달려가는 그와
같은 믿음 속에서 평생의 믿음의 길을
왔거늘,
6 그리하여 그들은 스스로 구원하지 못
하며 저희들이 멸망의 길을 가는 것이
오늘의 믿음의 그 현실이 아니더냐?
7 그러니 그 속에서 오늘 나의 새로운
성경을 가지고 공부하며 나의 아들을
통하여 내리는 강론을 듣는 너희들은
너희 자신을 구원하는 그와 같은 공부
를 하며 그 길을 감이니라.
8 그리고 너희들이 만백성을 구하는 역
사를 하고 있음이니,
9 아래로는 너희들이 스스로 너희 자신
을 구하는 은혜요, 축복이요, 위로는
너희들이 만백성을 구하는 그와 같은
역사를 함이니,
10 이는 곧 너희들이 나에게 와 받을 수
있는 은혜요, 상이요, 그것이 충만히
쌓이는 것이 아니더냐?
11 지금의 믿음의 길을 가는 백성 너희들
이 그리 뭐라 하느냐?
12 하늘에 재물을 쌓으며 그것으로써 축
복이요, 영광이요, 은혜를 받는다 그
리 말함이니, 그것이 과연 하늘의 법
도라 말하느냐?
13 그와 같은 믿음 속에서 허덕이는 백성
들이 있는가 하면, 너희들이야말로 만
백성을 구하는 길, 만백성의 생명을
거듭나게 하는 것, 그와 같은 길을 스
스로 역사하여, 너희들이 그 상이요,
은혜를 나에게 와 받을 수 있는 길을
감이니,
14 너희들이 얼마나 영광된 백성이요, 축
복된 속에서 가는 백성들인지 알겠느
냐?
15 그러니 이제 너희들이 나의 아들을 따
라가는 그 길이 어렵고 힘들다 해도,
16 너희들이 지금의 가는 길은 너희 자신
을 구하는 것이요, 만백성을 구하는
그 길이기에,
17 너희들이 오늘의 길이 눈물이 나는 고

통스러움이요, 아픔이요, 시련이 있다
해도 여기서 주저하지 말며,
18 인내하는 마음이요, 참고 역사하는 그
와 같은 삶으로 살아가는 것이 너희들
이 가야 할 길이요, 너희들이 역사할
길이라는 것을 알라, 사랑하는 나의
아들딸들아!
19 이와 같은 은혜 속에 사는 백성 너희
들이 얼마나 크나큰 영광이요, 축복을
받고 있는 것인가를 스스로 깨달아,
너희들이 어떠한 길을 가야 될 것인가
선택해서 가도록 그리하라.
20 저희들이 평생을 바쳐서 울고불고 믿
음의 길을 가는 자들이 지옥의 길을
위하여 달려가는 자들이요,
21 그러니 그들은 재물을 바침으로써 모
두를 구할 수 있으며, 재물을 바침으
로써 하늘에 와 저희들이 축복을 받는
다 하여, 그 재물을 죄의 온상인 너희
성전에 바쳐야 하늘에 와 상을 받을
것이라 그리 생각하나,
22 그는 내가 백사장의 모래알만도 못하
며 떨어지는 낙엽만도 못한 것이 그들
이 행하는 짓이요, 행함이라 함이니,
그들은 나와 관계없는 짓을 하는 자들
이니라.
23 그러나 너희들은 너희 자신을 구원하
며 만백성을 구원하니, 만백성의 생명
을 구하는 그 상을 너희들이 하늘에
와 받음이 얼마나 크고 위대한 것인
가, 너희들이 그를 알게 될 날이 머지
않았음이니, 너희들이야말로 얼마나
은혜 받은 백성인가?
24 그러니 너희들이 스스로 고통스러움
이요, 눈물의 길이라 해도, 나의 법전
을 만들어 전하며 나의 아들과 더불어
만백성을 구하는 그 역사에 인내함으
로써 견디고 나아가는 삶을 살라 하는
것이 나 여호와의 뜻이니 그리 알라.

11,082 번째 하나님 말씀

2004년 5월 14일 14시 43분

1 사랑하는 나의 아들아!
2 "네, 아버님! 말씀하옵소서."
3 나 여호와가 나의 아들을 통하여 냉혹
하리만큼 너희들에게 무어라 말하였
느냐?
4 너희들의 가정이 화평하지 못하며 가
정을 다스리지 못하는 자, 너희들이
나의 성전에 와 나의 강론이요, 내 뜻
을 들을 자격이 없다 하였으며, 나의
성전에 나와서 너희들이 공부할 자격
이 없다 하였음이니라.
5 그러니 너희들은 너희 가정이 화평하
며 화평한 그와 같은 삶을 살아야 된
다 하지 않았더냐?
6 그것이 바로 무엇이더냐?
7 너희들이 가정을 사랑하며 서로 사랑
하는 그와 같은 가정일 때 그 가정은
화평을 이룰 수 있음이니,
8 너희들이 하나로 이루지 못하는 것은
정녕 너희들 가정에 사랑이 없기 때문
이 아니더냐?
9 그러니 너희들의 가정에 사랑이 없다
는 것은 무엇이더냐?
10 너희들이 어찌하여 그 가정에 사랑도
없으며, 가정이 화평하지 못한 자가
네 형제와 더불어 네 부모와 화평하
며, 너희들이 부모를 사랑하고 형제를

사랑할 수 있으며 이웃을 사랑할 수 있는 마음을 가지고 살아가는 백성이라 말할 수 있겠느냐?

11 더욱이 그와 같이 사랑을 하지 못하며 살아가는 백성 너희들이 보이지도 아니하며 만질 수도 없는 나 여호와를 사랑하며 내 뜻에 의해 살아간다고 너희들이 역사한다면,

12 과연 그것을 내가 어디까지 믿으며, 내가 어디까지 너희들을 신뢰할 수 있는 말이며, 너희들이 어디까지 진정한 믿음이라 내가 그리하겠느냐?

13 그러니 너희들이 나를 사랑한다는 것, 내 뜻에 따라 역사한다는 것, 그것이 너희들이 다 자리를 지키지 못하며 역사하지 못하는 백성들이 아니더냐?

14 그리하여 내가 너희들에게 나오지 말라 하며 참여하지 말라 하는 것이 여기 있음이니라.

15 그러나 다만 사랑하는 나의 아들딸 너희들을 사랑하기에 내가 너희들에게 지금 기회를 주고 있음이니라.

16 너희들은 모르나 내가 사랑하는 너희들에게 일정한 기간을 지금 주고 있으니,

17 그 기간에 너희들이 가정을 사랑하는 마음으로 변화되며 이웃을 사랑하는 마음으로 거듭나, 너희들이 모든 주변의 화평한 삶을 살아가도록 그리하라.

18 모든 백성과 가정과 네 이웃의 형제들에게 화평하며 사랑하는 마음을 갖지 못한다면, 그는 나를 사랑하는 것이 다 위선이요, 거짓된 것이요, 위장된 것이기 때문에 너희들을 믿을 수 없다 함이니라.

19 그러니 내 뜻을 알았다면 너희들은 네 가정이요, 네 이웃의 형제부터 사랑하고 화평하는 마음으로 거듭나라.

20 그리하여 너희들이 스스로 그와 같은 삶을 살라 하는 것이요, 내가 일정한 기간을 주고 기다림이니, 그때까지도 너희들이 그를 이루지 못하며 그 역사를 이루지 못하면,

21 너희들이 눈물지며 스스로 나의 성전을 떠나가는 그와 같은 체벌을 받게 될 것이니, 이를 명심하고 명심하도록 그리 전하라.

11,083 번째 하나님 말씀

2004년 5월 14일 14시 49분

1 사랑하는 나의 아들아!

2 "네, 아버님! 말씀하옵소서."

3 지금 수천 년 동안 종교 집단의 지도자요, 그리고 그 집단의 우두머리라는 자, 너희들이 갖은 형태요, 갖은 형식이요, 갖은 모형을 다 바쳐 궁궐보다도 더 화려하고 위대한 것을 지어 놓으며,

4 제왕보다 더 높은 자리의 형태를 가지고 너희들이 하는 그 꼴이 얼마나 우습고 초라한 모습인 줄 알겠느냐?

5 그러면서 너희들이 손을 들어 기도하며 모든 백성들을 위하여 기도해 주며, 그들을 위하여 지금 중언부언 짜깁기를 하고 떠들어 대느니라.

6 그러니 내가 보는 너희들은 과연 어떠하더냐?

7 사랑하는 나의 아들아!

8 "네, 아버님! 말씀하옵소서."

9 네가 보는 이 세상에 누가 누구를 위
하여 기도해야 된다 너는 생각하느냐?
10 "아버님! 어찌하여 그와 같은 질문을
하시옵나이까?
11 어찌 제가 그를 대답해 올리겠사옵나
이까?"
12 사랑하는 나의 아들아!
13 네가 보는 이 세상의 종교 집단의 지
도자들이요, 그리고 저희들이 짜깁기
의 명수요, 저희들이 중언부언하는 그
기도를 누가 누구를 위하여 기도해야
되는 것인가를 네가 나의 성경에 기록
하여 전하도록 그리하라.
14 "네, 아버님!
15 아버님께서 하명하신다면, 제가 지금
느끼는 바를 저의 제자들이 들을 수
있도록, 깨우칠 수 있도록 하라 하심
이니, 제가 기록하여 전하도록 그리하
겠사옵나이다.
16 오늘의 종교 지도자가 신도들을 위하
여 축복이요, 영광이요, 부귀영화를
달라 기도를 하나, 그들은 기도할 자
격이 없사옵나이다.
17 그리고 구원을 받았다는 백성들이 기
도하며 양심에 따라 살아가는 자, 그
신도들이 지금 기도하며 울고불고하
고 있으나, 그들 또한 기도할 자격이
없다 그리 생각되옵나이다.
18 그들이 기도할 수 있는 것은 종교 지
도자들을 위하여 종교 지도자가 바로
설 수 있도록 신도들이 그 기도를 해
주어야 될 것이며, 반대로 신도들이
기도해야 될 것이라 생각하옵나이다.
19 그래도 그 신도라는 백성들은 일말의
양심이요, 작은 양심이 남아 있으며,
종교 지도자보다는 더 깨끗하고 아름
다운 마음으로 살아가며 아직도 양심
이 남아 있기 때문에,
20 그 종교 지도자들을 위하여 신도들이
기도하는 그와 같은 형국이요, 그들을
위하여 그들이 기도해야 된다 그리 생
각되옵나이다.
21 그리고 모든 종교 집단의 지도자들을
위하여 기도할 수 있는 자는, 지금 저
희들이 말하는 믿음에서 지옥의 길을
가려 '믿지 않는 자 지옥 가며, 믿는
자 천국 간다.' 울부짖으며 사람을 사
람으로 취급하지 않는 그 이방인들이
그 신도요, 모든 종교 집단 지도자들
을 위하여 기도해야 하며, 그들이 그
나마 기도할 자격이 있다 저는 그리
생각하옵나이다.
22 그러니 위에서 밑으로 내려오는 그것
이 오늘의 잘못된 것이며, 밑에서 위
로 치받는 그와 같은 기도를 하며 윗
사람을 위하여 아랫사람들이 기도하
는 그와 같은 형국으로써 기도를 해야
할 것이라 그리 생각되옵나이다.
23 오랜 세월 동안 지도자로서 거짓된 짓
을 한 자들이 중언부언을 잘하며 짜깁
기를 잘하며 그 짜깁기를 그저 갖다
붙여 대며 이 세상의 아름다운 말이
요, 향기로운 말은 아버님께서 세상에
내려보낸 그 단어들을 이리 맞추고 저
리 맞추는 명수가 되어 있음이니,
24 그보다 한 수 아래 있는 것이 그 신도
들이니, 그보다 부족한 자가 그래도
양심이 있으며 죄를 덜 지은 자이기
때문에 신도가 그 지도자를 위해서 기
도해야 하며,

25 이방인이요, 구원을 받지 못하며 아버
지를 찾지 않는다는 그 백성들의 마음
이 그래도 깨끗하고 아름다우니,
26 그들이 신도요, 그리고 구원을 받았다
맹종 맹신하는 자, 그 지도자요, 그 종
교 집단을 위하여 기도하고 경배할
자는 이방인이라는 그 백성들이니,
27 그들의 기도는 그래도 아버지께서 귀
를 기울여 들어보실 수 있다 생각하
옵나이다."
28 이제는 너희들이 누구를 위하여 누가
기도해야 되는 것인 줄 알겠느냐?
29 궁궐 같은 집을 지으며 제왕 같은 자
리를 지키고 있는 자 그들이 짜깁기
하며 중언부언 기도할 자격이 없으며,
30 그 신도들이 불쌍하고 가련한 그들을
위해서 기도를 해야 되며,
31 그 신도 또한 불쌍하기 그지없으니 이
방인이라는 순박한 마음, 제 부모를
사랑하며 형제를 사랑하며 나눔을 사
랑하는 작은 사랑이라도 실천하고 지
키는 그 이방인들이 그들을 위해서 기
도해야 되니,
32 누가 기도를 해야 될 것인가를 네가
알았음이니라.
33 바로 그러니라, 사랑하는 나의 아들아!
34 네가 잘 보았으며 잘 보고 있음이니라.
35 그러니 그와 같은 형국으로 반대의 현
상으로, 아래서부터 위로 치고 올라가
는 기도를 해야지,
36 위에서 너희들이 권위 있는 자, 그 위
엄을 갖추면서 중언부언하고 짜깁기
하는 자는 기도할 자격이 없으며, 그
들이 고개 숙여 이방인들이 내리는 기
도를 들어야 될 것이니,
37 누가 누구를 위하여 기도하는 것을 알
았으면 너의 제자들에게 그리 깨우치
며,
38 나의 새로운 성경을 읽고 깨우친 백성
너희들은 과연 누가 누구를 위하여 기
도하는 자가 되어야 될 것인가,
39 너희들이 기도할 수 있는 지도자가 될
것인가, 기도를 받는 지도자가 될 것
인가,
40 지금의 너희들이 기도를 받는 자가 될
것인가, 기도를 할 수 있는 백성이 될
것인가, 그 모두는 너희들 스스로 점
검하도록 하라.
41 너희들을 깨우치기 위해, 내가 하늘에
서 이 오늘의 잘못됨을 그대로 내가
알고 듣고 보는 대로 너희들에게 전해
서 기록하니, 너희들 것으로 만들도록
하라, 사랑하는 나의 아들딸들아!

11,084 번째 하나님 말씀

2004년 5월 14일 22시 26분

1 "너는 나 외에는 다른 신들을 네게 있
게 말지니라.
2 너를 위하여 새긴 우상을 만들지 말
고, 또 위로 하늘에 있는 것이나 아래
로 땅에 있는 것이나 땅 아래 물속에
있는 것의 아무 형상이든지 만들지 말
며, 그것들에게 절하지 말며 그것들을
섬기지 말라.
3 너는 너의 하나님 여호와의 이름을 망
령되이 일컫지 말라.
4 안식일을 기억하여 거룩히 지키라.
5 네 부모를 공경하라.
6 살인하지 말지니라.

7 간음하지 말지니라.

8 도적질하지 말지니라.

9 네 이웃에 대하여 거짓 증거하지 말지니라.

10 네 이웃의 집을 탐내지 말지니라.

11 나 여호와가 존재함을 믿는 그 자체가 구원의 길에 들어서는 기본이요 근본이며, 나의 법전을 가슴에 안고 정독하는 자, 반석 위에 서서 하늘에 오르는 찬란한 빛을 보게 되는 영광을 얻게 됨이니라."

12 사랑하는 나의 아들아!

13 "네, 아버님! 말씀하옵소서."

14 이제 나의 피조물 만백성 너희들이 나의 아들 예수를 더 이상 울리지 말며 그에게 더 이상 고통의 시련을 주지 말라 그리하라.

15 너희들을 위하여 너희들이 지은 죄를 어찌 사는 것이 너희들의 죄를 사하는 것인가 그를 너희들에게 깨우쳐 주고자 나의 아들 예수가 그와 같이 고통스럽고 힘든 죽음의 길을 마다하지 아니하고 왔다 하지 않느냐?

16 그러니 너희들이 그가 원하는 것, 바라는 그 뜻대로 살아가는 것이 아니요, 그를 욕되게 하며 그와 같은 것을 너희들이 나의 피조물 만백성을 우롱하며 재물을 긁어모으는 것에 팔아먹는 행위를 하고 있음이니, 그를 보는 나의 아들 예수의 마음이 과연 어떠하겠느냐?

17 그러니 너희들이 그를 더 이상 울리지 말라.

18 그는 너희들 죄지은 자들이 육의 세상에서 너희들의 죄를 면죄 받으며 그 죄를 용서받는 것이 얼마나 힘들고 어려운 길인가를 보여 주고 깨우쳐 주려 너희들에게 그리 역사했으나,

19 그 백성들이 그를 보고 깨우쳐 바르고 곧은 삶을 사는 것이 아니요, 너희들이 더 사악해지며 더 무너지며 지옥의 벼랑으로 떨어지는 그 백성의 수를 헤아릴 수 없음이니,

20 그를 보는 나의 아들 예수의 마음이 어떠하겠는가?

21 너희들이 그의 눈에서 피눈물을 흘리도록 그리하지 말라.

22 사랑하는 나의 아들딸들아!

23 너희들을 위하여 죽어 간 나의 아들 예수의 가슴에 너희들이 피눈물을 흘리지 않도록 이제는 할 때가 되지 않았느냐?

24 내가 너희들에게 그와 같은 삶을 살라 함이니 그리 알라.

25 더 이상 울리지 말며 더 이상 그를 괴롭히지 말라.

26 그리하여 내가 나의 아들을 통하여 너희들에게 160권의 새로운 성경을 내려보내니, 이를 읽고 깨우쳐 너희들이 나의 새로운 성경에 따라 삶을 사는 것,

27 그와 같은 삶으로 오는 백성 너희들이 나의 아들 예수를 울리지 아니하며 피눈물을 흘리지 않도록 하는 그와 같은 길을 역사한다는 것을 모든 백성들에게 그리 깨우쳐 주라.

28 너희들이 정녕 나의 아들 예수를 구세주라 부르며 그를 울고불고하며 찾듯이 그를 너희들이 그리 사랑하며 그를 따라가고자 한다면, 너희들은 나의 아

들 예수를 더 이상 울리는 일을 하지 말라 그리 전하라.
29 그것은 바로 새로 내가 내리는 성경을 읽고 깨우치며 그대로 행하며, 내가 일찍이 친필로 써 내린 십계명을 지키고 행하는 삶이 나의 아들 예수를 울리지 않는 길이라 그리 깨우쳐 주도록 하라.

11,085 번째 하나님 말씀

2004년 5월 14일 22시 32분

1 사랑하는 나의 아들아!
2 "네, 아버님! 말씀하옵소서."
3 작은 죄가 얼마나 무섭고 두려운 것이더냐?
4 나의 아들 예수가 작은 죄를 지었으니, 그 죄에 대해 속죄하며 나에게 오르고자 하여 그가 얼마나 고통스러운 죽음을 겪었는가?
5 십자가에 못 박혀 죽는 그와 같은 죽음의 고통으로써 나의 아들 예수는 사면을 받으며 나에게 오를 수 있는 그 영광을 얻기 위하여 그 길을 갔다 하지 아니하였느냐?
6 그러니 너희들이 작은 죄에 대해 그를 용서받는 것, 그 사면을 받는 것이 얼마나 어렵고 힘들며 고통의 길인지 알겠느냐?
7 그러니 나의 피조물 만백성 너희들이 살아가면서 지금 수없는 죄를 짓고도 그 죄가 두려운 줄을 모르고 있는 것이 아니더냐?
8 모든 종교 집단의 지도자들이 성령을 욕되게 하며 성령을 훼방하며 나의 아들 예수를 욕되게 하며 나 여호와의 뜻을 거역하는 그와 같은 행위를 하는 것이니, 그 죄가 너희들이 얼마나 무서운 줄 아는가?
9 그러면 너희들이 그와 같은 죄를 짓고 살면서도 그것이 죄인 줄도 모르고 사는 것이 오늘 믿음의 길을 가는 백성 너희들의 삶이 아니더냐?
10 그게 너희들의 구원과는 어떤 관계더냐?
11 그러면서 너희들이 구원을 받으며 나에게 오를 수 있다 그리 말하는 백성들이니, 그는 너희들이 구원이요, 나에게 오르는 길과는 전혀 관계없는 그와 같은 삶을 살아가는 것이라는 것을 이제는 너희들 스스로 깨우칠 때가 되었음을 알라.
12 너희들이 나와 관계없는 그와 같은 삶을 살며 그와 같은 길을 위하여 가는 것이 오늘의 신도 너희들이 아니더냐?
13 그러니 나의 아들 예수가 나의 뜻에 의하여 살아가는 것, 그리고 너희들이 작은 죄를 용서받기 위해 얼마나 고통스러운 길을 가야 하는가를,
14 사랑하는 그 형제인 너희들에게 나의 아들 예수가 그를 보여 주기 위해 그와 같이 고통스러운 길을 갔음에도, 너희들이 계속 무너지며 그 뜻과는 관계없는 그와 같은 삶을 살아가는 너희들을 볼 때,
15 사랑하는 나의 예수의 그 심정이 찢어져 나가는 그 슬픔을 겪고 있음을 너희들은 정녕 모른단 말이더냐?
16 어찌하여 너희들이 그와 같은 생각 하나를 하지 못하며, 너희들이 그와 같

은 마음 자세로써 나의 아들 예수의
마음이요, 그 입장을 들여다보는 그와
같은 생각 하나를 할 수 없단 말이더
냐?
17 너희들이 정녕 그와 같은 역사를 모르
는가?
18 모두를 다 바쳐 너희들이 그 죄의 속
죄함을 받으며 구원에 오를 수 있는
그와 같은 길을 너희들에게 인도하기
위하여 그를 본보기로 하여 나의 아들
예수가 그와 같이 고통의 죽음의 길을
갔으나,
19 너희들은 인간 세상에 살아가는 것은
너희들의 구원과 거듭나는 것과는 관
계없다 하며 너희들이 자유분방한 마
음 상태로 지금 그저 죄를 죄로 모르
며 살아가는 그와 같은 형국이니,
20 나의 아들 예수가 그를 바라보면서 그
심정이 내가 무어라 했느냐?
21 갈기갈기 찢어져 나가는 그 고통과 슬
픔을 겪고 있는 것이 나의 아들 예수
이니, 정녕 너희들이 그와 같은 형국
이요, 그와 같은 마음을 모른단 말이
더냐?
22 너희들은 이제 알아야 될 것이니라.
23 너희들이 작은 죄를 짓고 사는 것이
얼마나 무섭고 두려운 것인지를 알아
야 될 것이며, 그리고 죄의 두려움을
알아야 될 것이니라.
24 너희들이 지금 살아가면서 알게 모르
게 수없이 짓고 가는 그 죄, 그를 너희
들이 육의 세상에서 모두를 다 갚고
가야 됨이니, 그를 너희들이 갚고 가
는 길이 얼마나 힘든 것이더냐?
25 내가 성경에 기록하여 너희들에게 전
했느니라.
26 너희들이 남에게 갚을 것을 남겨 놓고
왔을 때 그 죄를 감당키 어렵다 하였
음이니,
27 너희들이 남에게 지불할 것, 갚을 것
을 다 갚고 오는 그와 같은 삶을 살라
하였음이니,
28 이게 바로 무슨 뜻인 줄 너희들이 알
겠느냐?
29 너희들이 육의 세상에서 남에게 지은
잘못된 것이요, 그리고 너희들이 저지
른 죄요, 용서받지 못할 죄요, 너희들
이 그와 같은 행위를 한 것,
30 그 모두를 다 용서를 받고 그 모두를
다 회개하며 그 모두를 정리하고 오라
는 것이 나 여호와의 뜻이니라.
31 너희들이 재물을 빌리고 안 빌려서 그
를 갚고 안 갚는 그것은 소중함이 아
니니라.
32 가장 중요한 것은 너희들이 남을 아프
게 한 것, 남들에게 고통스럽게 한 것,
그리고 남들에게 죄를 지은 것, 남들
을 괴롭힌 것, 그 모두를 다 너희들이
갚고 정리하지 아니하면 아니 되는 것
이며,
33 그렇지 않은 백성 너희들이 나에게
와도 나를 볼 수 없으며 지옥의 낭떠
러지로 떨어진다는 것,
34 그와 같은 두렵고 무서운 하늘의 법도
를 너희들이 알도록 내가 전함이니 그
리 알라 전하라.

11,086 번째 하나님 말씀

2004년 5월 14일 22시 38분

1 사랑하는 나의 아들아!
2 "네, 아버님! 말씀하옵소서."
3 너희들이 잘못 가는 믿음이요, 지금
잘못 가는 그와 같은 삶에서 나의 법
전을 읽고 깨우쳐 이 법전을 높이 들
어 너희들이 가는 발길을 멈추며 뒤돌
아서 모든 백성들이 이를 보고 깨우쳐
구원의 길을 역사하지 않은 자,
4 그렇지 않으면 너희들이 결코 나를 볼
수 없으며 나에게 올 수 없다 내가 그
리하지 아니하였더냐?
5 그러니 너희들은 이와 같은 뜻을 깊이
깨우쳐 행하도록 해야 될 것이니라.
6 너희들은 자신이 지금 지옥이요, 멸망
의 길을 가고 있으면서도 뒤돌아서려
하지 아니하는 것이며, 뒤돌아보려고
도 하지 않는 것이 나의 백성들이며,
너희들의 오늘의 믿음이요, 신앙생활
의 전부가 아니더냐?
7 그러니 그 속에서 너희들이 거듭나는
길을 저버리며, 너희들이 뒤돌아설 줄
도 모르며 뒤돌아볼 줄도 모르는 그와
같은 백성들이 되고 말았으니, 어찌한
단 말이더냐?
8 그들이 지금의 잘못 가는 그 믿음의
길에서 돌아서는 그와 같은 위대한 결
단을 내리지 못하고,
9 나의 아들 예수의 이름을 부르며 나
여호와를 찾고 믿기만 하면, 그리고
저희들이 매달리고 울고불고 애원하
면 구원이 된다는 것,
10 그러니 그리 가르치는 자들이 지금 주
류를 이루고 있으며, 그것으로써 나의
피조물 만백성을 세뇌시켜 너희들이
끌고 감이니라.
11 그러나 너희들은 들으라.
12 내가 성경에 기록하여 너희들에게 무
어라 말하였느냐?
13 하늘에 오르는 길이요, 나에게 오르는
길은 너희들이 그와 같이 평탄하고 편
안한 길로 오는 것이 아니요,
14 너희들이 나에게 오르는 길은 협착하
고 좁고 어렵고 힘든 고통스러운 길이
라 내가 하지 않았더냐?
15 그 길을 오지 아니하려면 너희들이 하
늘에 오르는 길을 올 수 없으며, 그 길
이 아닌 것은 하늘에 오르는 길이 아
니라 내가 너희들에게 그리 전하였거
늘,
16 어찌하여 너희들이 평탄하고 넓고 편
안한 그 길만을 바라보고 그 길만을
위해 달려가는 어리석은 삶을 사는 것
이더냐, 사랑하는 나의 아들딸들아!
17 모든 백성들이 나의 은혜 속에서 역사
되지 아니한 자가 없건만, 저희들이
어렵고 힘든 하늘에 오르는 길을 선
택하지 아니하며 그를 보지 아니하며
어찌하여 나에게 오를 수 있다 한단
말이더냐?
18 그러니 나의 백성들이 하늘에 오르는
길이요, 나의 뜻을 알아 험난하고 어
렵고 힘든 협착한 길을 가는 것이 하
늘에 오르는 길이니,
19 그 길을 같이 가자, 같이 동반자로서
같이 가자 말하는 자, 그와 같이 그들
을 인도하고 깨우치는 참진리를 전하
는 자는 가까이 오는 것을 저희들이

거부하며,
20 너희들이 가까이 왔을 때 그들은 인
간이 아니요, 벌레를 보는 것처럼 그
를 적대시하며 상대하려 하지 아니하
니,
21 그들의 마음을 어찌 다스리며 그들의
마음을 어찌 되돌려, 나의 새로운 성
경을 전해 주고 높이 들어 이것이 하
늘에 오르는 길이요, 이 길만이 구원
의 길이라 그리 말할 수 있겠느냐?
22 그러니 그들을 어찌 다스리고 깨우쳐
야 되겠는가?
23 그러나 너희들은 여기서 포기하지 말
며 주저해서도 아니 되는 것이니라.
24 그들을 깨우쳐 인도하는 것이 너희들
의 대명이 아니더냐?
25 그러니 그들이 구원의 길을 보지도 못
하며 구원의 길을 볼 수 없는 자, 그러
면서 나에게 오른다 지금 믿고 있는
자, 가르치는 지도자들,
26 그들에게 너희들이 나의 새로운 성경
을 전해 주고 그들이 정독하여 깨우치
도록 그리해야 됨이니라.
27 그러니 그것이 선택된 나의 백성들이
가야 할 길이며 너희들이 역사하는 것
이라 내가 기록한 그 의미를 수없이
내가 너희들에게 강조하고 전하는 이
뜻을 깊이 깨우쳐,
28 너희들이 하나의 오차가 없도록 최선
을 다하여 구원을 받으며, 너희들이
나에게 와 모든 백성을 구한 만큼 상
을 받음을 알라, 사랑하는 나의 아들
딸들아!

11,087 번째 하나님 말씀

2004년 5월 14일 22시 44분

1 사랑하는 나의 아들아!
2 "네, 아버님! 말씀하옵소서."
3 지금의 종교 집단과 지도자, 그 신도
들, 그들을 바로잡아 바로 세우는 데
너희들이 모두를 다 바쳐야 됨을 잊지
말라.
4 나 여호와가 너희들의 입과 너희들의
몸을 빌려 모두를 역사하지 아니하면
아니 됨이니, 바로 내가 선택한 백성
들이요, 그리고 내가 불러 쓰는 너희
들이니,
5 너희들의 몸과 입을 빌려 내가 역사하
고자 하는 것을 모두 역사하며 나의
피조물 만백성을 구원하는 그와 같은
역사를 이루지 아니하면 아니 됨이니
라.
6 그러나 지금의 믿음의 길을 가는 그
백성들이 너무 나로부터 멀어져 있으
며, 그들이 저희가 가는 길을 뒤돌아
보지 아니하며 그저 지옥의 벼랑으로
달려감이니,
7 내가 너희들에게 간곡히 부탁하며 애
원하는 이와 같은 형국의 마음을 아느
냐?
8 너희들의 몸과 마음을 빌려 모두를
다 역사해야 되니, 그들을 구하기가
너무나 힘들고 어려운 지경에 처해 있
으니,
9 너희들이 나에게 기도하며 나에게 소
원하며 너희들이 나에게 애원하는 것
이 아니라,
10 지금 나의 아들을 따르는 제자, 그리

고 나의 새로운 성경을 읽고 깨달은
너희들에게 나 여호와가 부탁하며 애
원하는 마음을 너희들은 알겠느냐?
11 도리어 내가 너희들에게 바라고 애원
하는 그와 같은 형국으로 지금 되어
버렸음이니,
12 얼마나 험악한 세상에 너희들이 무너
져 있으며 되돌이킬 수 없는 그와 같
은 지경에 와 있느냐?
13 그러니 넘을 수 없고 너무나 무너진
것을 바로잡기 위하여 너희들의 입이
요, 너희들의 몸을 빌려 역사하려니,
14 너희가 너무나 힘들고 어려워 나 여호
와가 너희들에게 애절한 마음으로 부
탁하는 그와 같은 형국이 되어 버렸음
이니, 이게 거꾸로 된 것이 아니고 무
엇이더냐?
15 내가 그리 부탁해도 너희들이 바로 설
수 없으며 역사할 수 없을 만큼 모두
가 무너져 있고 지금 너희들의 모두가
벼랑으로 떨어지는 그와 같은 형국이
되어 있느니라.
16 사랑하는 나의 아들딸들아!
17 그러니 나 여호와가 너희들에게 간곡
한 마음으로써 내 뜻을 전하며 너희들
에게 내가 부탁하며 간곡하게 전하니,
18 너희들이 주저하지 말며 포기하지 말
며 모두를 역사하는 그와 같은 길을
가지 아니하면 아니 됨이니라, 사랑하
는 나의 아들딸들아!
19 오죽이나 그들이 무너졌으며 오죽이
나 그들을 바로 세울 수 없으면, 내가
너희들에게 간곡한 마음으로 내 뜻을
이루어 행하라 그리 말하겠느냐?
20 이제 영혼이 무너진 자요, 그리고 너
희들이 지탱할 힘이 없는 그 영혼들을
잡아 주고 이끌어 주며 바로 설 수 있
도록 그들에게 힘을 실어 주며, 그들
에게 깨우치는 그 모든 역사의 영양을
공급하는 것,
21 그것을 지금 내가 너희들에게 간곡히
부탁하며, 나로부터 부탁을 받은 나의
아들을 따르는 제자요, 선택된 백성
너희들이니,
22 그 모두를 구원하는 역사를 하는 것은
너희들밖에 없기 때문이라는 것을 알
라, 사랑하는 나의 아들딸들아!
23 참진리요, 나의 성령을 전하는 그 길
뿐이며, 그리하여 그들이 역사하도록
하는 것은 너희들밖에 할 수 없음이니
라.
24 이 죄악의 세상에서 썩을 대로 썩어져
있으니, 그러니 너희가 그들을 구원하
지 아니하며 그들을 구제하지 아니하
면 아니 됨이니,
25 그러기에 너희들이 그들을 구원하기
가 너무도 힘들고 어렵고 벅찬 길이기
에, 나 여호와가 간곡히 너희들에게
나의 마음이요, 내 뜻에서 이루어 달
라 부탁이요, 애원하는 마음의 심정임
을 너희들은 알라, 사랑하는 나의 아
들딸들아!

11,088 번째 하나님 말씀

2004년 5월 14일 23시 02분

1 사랑하는 나의 아들아!
2 "네, 아버님! 말씀하옵소서."
3 귀하고 소중한 것, 그러한 것들을 너
희들의 소유로 만들고자 하여 너희들

이 그 욕심을 버리지 못하는 사람이 되지 말며, 그를 위하여 너희들이 남들과 담을 쌓는 그와 같은 삶을 살지 말라.
4 모두 너희들이 귀하고 중요한 것을 너희들의 명의로 만들려 하지 말며, 그를 만들려 하다 너희들 스스로 파멸의 길을 가는 어리석은 그와 같은 삶을 살지 말도록 그리하라.
5 너희들은 양보하며 겸손한 마음으로 살아가지 아니하면 아니 됨을 알아야 될 것이니라.
6 나의 아들을 따르는 제자 너희들은 들으라.
7 너희들이 가벼운 차림으로써 여행을 떠나는 그와 같은 사람의 마음의 형태로써 너희들이 지금 얼마 남지 않은 육의 삶을 그리 살 수는 없겠는가?
8 그와 같은 마음으로 살아가는 백성 너희들이 가장 행복한 자요, 너희들이 하늘의 지혜를 얻을 수 있는 지름길이라는 것을 잊지 말도록 그리하라.
9 너희들이 삶을 여행하는 자처럼 살며, 나의 아들 예수처럼 너희들이 그저 이곳저곳 떠돌아다니면서 나의 백성들이 원하는 곳에 가 하늘의 뜻이요, 나 여호와의 복음을 전하며 살아가듯이,
10 너희들이 그와 같은 가벼운 마음이요, 그와 같은 편안한 생각으로써 정녕 살아갈 수는 없겠는가?
11 너희들은 그리 살아가면 아니 되겠느냐?
12 나 여호와요, 나의 나라에 올라올 때까지 너희들은 그와 같은 삶이요, 그와 같은 빈손의 마음 자세로써 살지 아니하면 아니 되기 때문이니라.
13 그러니 선택은 너희들의 자유임을 알라.
14 내가 다시 한 번 너희들에게 명함이니, 여행을 떠나는 자의 가벼운 차림으로써 가벼운 마음으로 살아가는 그와 같은 마음 자세로 살라.
15 그러니 너희들의 그 본보기가 무엇이더냐?
16 나의 아들 예수가 그를 원하는 것, 그 강론을 듣고자 하는 것, 그리고 복음을 듣고자 하는 자, 어디든지 찾아가 가벼운 마음으로 전하고 역사했던 그와 같은 너희들의 마음 자세로 나의 새로운 성경을 전하는 백성으로서 너희들이 살아갈 수는 과연 없겠느냐?
17 모두를 다 갖고 역사할 수 있는 나의 아들 예수가 어찌 살았느냐?
18 나로부터 못 얻을 것이 없으며, 명하지 못할 것이 없으며, 죽은 자를 살리며, 앉은뱅이를 일어서게 하며, 눈먼 자를 눈뜨게 할 수 있는 그와 같은 기적과 이적을 보였던 나의 아들 예수가 무엇을 구하고 무엇을 얻고자 할 때 그를 취할 수 없겠느냐?
19 그와 같은 능력을 가진 나의 아들이 낮아질 수 있는 데까지 가장 낮아져, 낮은 곳에서 그가 낮은 자로서 모두를 역사하지 아니하였더냐?
20 그러니 나의 아들을 따르는 제자들이요, 나의 새로운 성경을 읽고 배운 너희들 자신도 너희들의 그 자세로써는 아니 됨이니,
21 너희들이 낮아질 수 있는 데까지 더 낮아진 자세로써 삶을 살 수는 정녕

없겠느냐, 사랑하는 나의 아들딸들아!
22 지금의 너희들의 삶을 반대로 살지 아니하면 아니 되며, 반대로 가지 아니하면 아니 된다는 내가 기록한 그 두렵고 무서움을, 나의 그 귀하고 소중한 메시지를 어찌하여 너희들이 그렇게 소홀히 들으며 귀한 줄을 모르고 함부로 그저 잊어버리는 그와 같은 어리석은 삶을 사느냐?
23 내가 너희들에게 기록하여 전하는 새로운 성경에 기록되어 있는 그 모두는 너희들이 나에게 오르고 못 오름이요, 구원을 받고 못 받는 것이요,
24 너희들이 인간으로서 이 세상에서 지금까지 지어 온 모든 죄를 사면을 받으며 용서를 받는 그 모든 답과 길이 거기에 있음이니,
25 이를 소홀히 해서는 아니 된다는 것을 그들에게 다시 한 번 깨우쳐 주라, 사랑하는 나의 아들아!

11,089 번째 하나님 말씀

2004년 5월 14일 23시 06분

1 사랑하는 나의 아들아!
2 "네, 아버님! 말씀하옵소서."
3 내가 나의 아들을 통하여 새로운 성경을 세상에 내려보내며 이게 너희들의 구원의 기본이요, 근본이요, 너희들의 심판의 그 기초가 여기 있다 하였음이니라.
4 그러니 이를 놓지 아니하고 항상 가슴에 안고 사는 자, 그와 같은 백성 너희들이 나와 대화할 수 있는 길이요, 너희들이 진정한 삶의 길이요, 참진리의 길을 볼 수 있다는 것, 그리고 하늘의 지혜를 얻어 역사할 수 있는 백성의 삶이라는 것을 알라.
5 너희들이 나의 새로운 성경을 네 손에서, 네 가슴에서 떼어 놓는 그와 같은 삶을 살지 말며, 항상 너희들이 나와 더불어 하는 그와 같은 삶을 살도록 하라.
6 그와 같은 마음과 정성으로써 너희들이 나의 새로운 성경을 정독하고 그를 귀히 알며 그 뜻을 알고자 하는 노력 없이는 너희들이 변화될 수 없으며,
7 너희들이 지금까지 안고 있는 그 모든 죄를 덜어 버리는 어렵고 힘든 그 고비를 넘지 못함이니라.
8 그러나 너희들이 놓지 아니하고 항상 귀하고 소중한 보물처럼 읽고 또 듣고, 나의 아들을 통하여 내리는 강론을 들을 때, 너희들이 모두를 넘을 수 있는 그 지혜를 거기서 얻게 되기에,
9 내가 귀히 생각하며 함부로 놓고 함부로 던지지 말며 잊어버리는 삶을 살지 말라, 항상 읽고 깨우치고 들여다보는 그와 같은 삶을 살라 함을 절대 잊지 말라.
10 너희들이 지금 단순한 죄에 대하여 막연한 회개를 한다며 울고불고 눈물짓고 하는 그와 같은 믿음이 아니라,
11 너희들은 새로운 성경을 정독하여 내가 이루고자 하는 것이 무엇이며 내가 역사하고자 하는 것이 무엇인가를 깨달아, 이를 이루고 역사하는 데 너희들이 동참하며 동참하는 백성으로서 선택받은 자들이요,
12 그 길에 선택받지 아니하면 너희들은

어떠한 길을 가도 나에게 오를 수 없으며, 그리 갈구하는 너희들이 거듭나는 은혜요, 영광을 얻을 수 없다는 그 엄연한 사실을 꼭 기억하도록 그리하라.

13 너희들이 세상적인 삶의 고리를 버리지 못하며 놓아 버리지도 못하고 지금 믿음의 길을 가는 길이요, 그와 같은 삶으로써 너희들이 나에게 오를 수 없다는 것을 알라.

14 그러니 너희들을 버리고 또 버려 버리고 놓아 버리고 나의 새로운 성경에 내린 그 내용대로 너희들이 실천하고 행하면서 살아가도록 최선의 노력을 다하지 아니하면 아니 됨이니,

15 이것이 너희들이 지금 행해야 할 길이며 나의 새로운 성경을 접한 백성들이 해야 할 길이니라.

16 그리하여 너희들이 이 세상에 살아 있을 때 너희 마음이 하얀 눈처럼 하얀 마음으로 변화되지 아니하며 그와 같은 마음으로 너희들이 살아가지 아니하면,

17 결코 너희들이 그리 원하고 갈구하는 거듭나는 역사요, 구원의 길도 볼 수 없다는 이 무서운 사실을 꼭 기억하여,

18 나의 아들을 따르는 제자 너희들은 이와 같은 길에서 낙오자가 되지 말며 이를 중도에서 포기하는 그와 같은 백성이 되지 말라 내가 전함이니 그리 알라.

11,090 번째 하나님 말씀

2004년 5월 15일 06시 53분

1 사랑하는 나의 아들아!

2 "네, 아버님! 말씀하옵소서."

3 인간 세상에서 부모가 자식을 사랑함이니, 너희들은 지금 나의 뜻을 따라 만백성을 구하는 나의 역사를 함이니라.

4 그러니 너희들은 모든 백성들을 어찌해야 되는지 알겠는가?

5 너희들은 부모가 자식을 사랑하는 만큼, 그리 사랑하는 것처럼 모든 백성을 사랑해야 함을 잊어서는 아니 됨이니라.

6 너희들보다 하늘의 뜻이요, 하늘의 역사하는 것, 그리고 나 여호와의 뜻을 깨달아 행하는 백성이 없음이니, 이는 무엇이더냐?

7 모든 백성들이 나로부터 세상에 나간 은혜를 받아 살아감이니, 그들이 돌아오고자 하는 것, 그리고 나에게 역사하고자 하는 것, 그를 위하여 저희들이 모든 삶을 바치며 가는 백성들이 있지 않으냐?

8 그러니 하늘의 진리요, 하늘에 오르는 길을 아는 것, 그리고 하늘에 오르는 길이 무엇인가를 알고 있는 백성,

9 너희들이 인간 세상의 부모보다도 더 높으며 부모보다도 더 많은 것을 알고 있는 자들이 아니더냐?

10 그러니 부모가 자식을 사랑하는 것보다도 너희들이 모든 백성을 더 사랑하는 그와 같은 마음으로 가야 됨을 잊어서는 아니 되느니라.

11 나 여호와가 역사하고자 하는 내 뜻이
요, 내가 이루고자 하는 것을 알고 있
는 너희들은 그러니 모든 백성들을 그
와 같이 사랑해야만 되며, 그와 같이
사랑하지 아니하면 아니 됨이니라.
12 그러니 너희들이 과연 시시비비를 하
며 남에 대한 허물을 말할 수 있으며,
너희들이 그와 같은 마음을 가지고 살
아갈 수 있는가?
13 너희들은 모두를 지워 버리고 모두를
덮어야 될 것이니라.
14 부모가 자식의 허물을 자랑하기 좋아
하며 부모가 자식의 허물을 남에게 보
여 주기를 바라는가?
15 부모는 그를 덮어 주며 그를 덮으려
하며 그리고 그를 깨우쳐 주고자 하며
바로 가기를 바라는 것이요, 그 어떠
한 희생이 따른다 해도 자식이 바로
서기를 바라는 것이니라.
16 그러니 인간 세상에 부모와 자식 관계
보다도 더 높은 것이 창조주 나 여호
와의 뜻을 알며 나 여호와의 뜻을 역
사하는 것이니, 이는 무엇이더냐?
17 영원히 사는 것, 거듭나는 세상의 이
치를 알며 그 길을 알고 있는 너희들
이기에, 너희들이 그보다 더 높으며
그보다 더 높은 경지에 있다 함이 아
니더냐?
18 나 여호와와 인간의 중간에서 너희들
이 그 역사를 하고 있음이니,
19 그러니 너희들이 부모가 자식을 사랑
하는 마음보다도 더 깊고 더 아름다운
마음으로 모두를 사랑하지 아니하면
아니 됨이니,
20 모든 백성을 너희들이 부모와 같은 입
장에서 보고 그들을 사랑하도록 하며
그리 생각하라.
21 그리 너희들이 모두를 보면 너희들의
마음 자세가 어떠한 것인가를 알 것이
니라.
22 모든 백성의 부모라 생각하고 너희들
이 살아가라.
23 그리해야만 너희들이 나의 백성이요,
나로부터 선택된 자요, 내 뜻을 따라
만백성을 구하는 그 길을 갈 수 있음
을 알라.

11,091 번째 하나님 말씀

2004년 5월 15일 06시 58분

1 사랑하는 나의 아들아!
2 "네, 아버님! 말씀하옵소서."
3 사탄은 너희들이 죄 속에서 헤어나지
못하며 너희들에게 죄를 짓도록 유인
하고 있지 않더냐?
4 항상 너희들이 죄를 지을 수 있도록
너희들을 그리 유인하고 유도하고 있
음이니, 그러한 속에서 너희가 넘어지
지 아니하고 너희 자신을 지키며 바
로 가는 것은 정녕 어렵고 힘든 길이
니라.
5 그러나 너희들이 그와 같은 모두를 다
스리고 승자가 될 수 있는 것은 진정
한 사랑의 마음으로써 행하며 살아가
는 것임을 알아야 될 것이니라.
6 그 길밖에 없느니라.
7 사랑의 삶이란 모두를 용서해 주며 이
해하고 타인을 위하여 자신이 손해 보
며, 그리고 베푸는 삶을 살아가기 때
문임을 너희들은 알아야 될 것이니라.

8 사랑이라는 것이 무엇이더냐?
9 항상 타인을 위해 자신이 손해 보는
그와 같은 삶을 사는 것이 사랑의 근
본이 아니더냐?
10 그리고 모두를 다 용서하는 것, 부모
가 자식을 사랑하며 용서하는 것처럼
그와 같은 마음으로써 너희들이 사랑
을 하고 베풀고 살아갈 때, 모든 사탄
이요, 사악한 자들은 너희들에게 근접
할 수 없음을 알라.
11 이미 내가 나의 아들 예수를 통하여
성경에 이와 같은 뜻을 기록하여 너희
들에게 전한 대목을 너희들이 읽지 않
았는가?
12 그러니 너희들이 어찌하여 그와 같은
행함을 하지 아니하며 울고불고 구원
의 길을 찾으려 하는가?
13 내가 행하고 역사하라는 것은 하지 아
니하며, 너희들이 반대의 길을 가면서
나에게 오겠다는 그 어리석은 너희들
의 삶에서 깨어나도록 그리하라.
14 그러면서 너희들은 내가 성경에 기록
한 대로 사랑하는 마음, 정녕 남을 위
해 손해를 보는 것, 그리고 손해를 보
는 삶을 살되 너희들이 항상 그를 감
수하고 인내하면서도 그것이 행복이
요, 기쁨이라 느끼고 살아가는 그와
같은 백성이 되라 하지 아니하였더냐?
15 그와 같은 백성의 마음으로써 살아가
지 아니하면 아니 됨이니라.
16 그러니 내가 너희들에게 그와 같은 백
성이 되라 말하는 것이요, 그와 같은
삶을 사는 것이 너희들이 나의 아들딸
로서 나에게 와 거듭나는 은혜와 영광
을 얻는다 했으니,
17 너희들은 나 여호와를 믿으며 내 뜻에
따라 살아가는 것이 하늘에 오르는 길
이라 하면,
18 내가 나의 아들 예수를 통하여 내려보
낸 성경의 내용이요, 내가 직접 써 내
린 계명이요, 지금 나의 아들을 통하
여 내리는 새로운 성경이요, 그 모두
를 너희들이 그대로 행하고 살아가는
것만이 나에게 오를 수 있는 길이거늘,
19 어찌하여 그와 같은 것은 너희들이 어
렵고 힘들다 하여 등 돌려 떠나며 너
희들은 나에게 오를 수 있다 그리하느
냐?
20 사랑하는 나의 아들딸들아!
21 사람이 사람을 사랑할 때 그곳에는 아
름다움이 있고 기쁨이 같이하고 있기
때문이니라.
22 그리하여 너희들이 그와 같은 기쁨과
아름다운 마음으로써 변화되는 삶을
사니, 사탄의 마음이, 사탄이 너희들
에게 근접할 수 없으며 너희들의 마음
을 흔들어 놓을 수 없기 때문이니라,
사랑하는 나의 아들딸들아!
23 그러니 사랑하는 마음으로 살아가라
함이 나 여호와가 너희들에게 바라는
것이요, 사랑은 모두를 용서하는 것이
라 하지 아니하였더냐?
24 그리고 사랑이라는 것은 너희들이 손
해를 보면서 그 손해 봄을 감수하며,
너희들이 그를 행복이요, 기쁨으로 살
아가는 마음이기 때문이라 그리하였
느니라.

11,092 번째 하나님 말씀

2004년 5월 15일 07시 02분

1 사랑하는 나의 아들아!

2 "네, 아버님! 말씀하옵소서."

3 내가 너희들에게 무어라 말하였느냐?

4 너희들이 진정한 참 보석을 가지고 있다면, 너희들이 그 보석에 대해서 화려한 말재주로써 설명할 필요도 없으며, 구차스럽게 진짜임을 강조하고 또 그를 이해하도록 그와 같은 짓을 하지 아니하여도 된다 하였음이니라.

5 결국, 언젠가는 진짜 보석을 알게 됨이니, 진짜를 가지고 있는 자, 너희들이 당당한 모습으로써 그 모두를 다 거래할 수 있는 것이 아니더냐?

6 그러니 지금 나의 피조물 만백성이요, 그리고 나의 아들을 따르는 제자들이요, 나의 새로운 성경을 접하고 읽는 백성, 너희들이 무엇이더냐?

7 너희들이 그리 갈구하는 참진리요, 그리고 나 여호와의 뜻을 가지고 너희들이 역사하며 오늘의 만백성을 구하는 삶을 위해 살아가지 않더냐?

8 그러니 창조주 나 여호와의 뜻이요, 참진리요, 이는 보석보다 더 귀하고 소중한 것을 가지고 너희들이 역사함이니,

9 너희들이 이와 같은 나의 새로운 성경을 만들어 전하며 만백성을 구하는 데 있어서 나의 성전에 사람들이 모이고 안 모이고 하는 그와 같은 것을, 너희들이 바늘 허리에 실을 매어 무엇을 꿰매고자 하는 조급한 행동이요, 당황스러운 행동으로써 해서는 아니 됨이니라.

10 너희들은 당당한 모습으로써 허둥대지 말며 서서히 앞으로 진행하고 나간다면, 그 모두는 나의 역사요, 내 계획대로 나가는 것이며 모두가 이루어진다는 것을 알아야 될 것이니라.

11 그러니 참진리요, 보석보다 더 귀하고 소중한 나 여호와의 뜻을 따라 역사하며 내 뜻에 의해 모두를 너희들이 이루어 감이니, 너희들이 그와 같이 허둥대고 급히 서둔다 하여 그것이 이루어짐이 아니니,

12 너희들은 허둥대고 급히 서두는 것이 아니요, 차분하게 서서히 진지하게 하나하나 실수 없이 하는 그와 같은 삶을 살아가도록 그리하라.

13 그리하면 너희들이 원하는 것, 너희들이 이루는 것, 역사하고자 하는 것, 결국은 너희들이 모두를 다 이룰 수 있음이니라.

14 그러나 너희들이 당당한 모습으로 서서히 하나하나 다져 나가는 그와 같은 삶을 살아가지 아니하고, 허둥대고 그저 앞으로 나가기만을 원하는 삶을 산다 하면, 너희들은 결코 자신이 견디지 못하고 무너지고 쓰러질 뿐이라는 것을 알라.

15 당당한 자세요, 당당한 모습으로써 너희들이 서서히 다져 가는 그와 같은 삶을 살라.

16 완벽하게 다져 가면서 너희들이 가야 함이니, 너희들이 나의 새로운 성경을 이해하고 깨달아 너희 것으로써 완벽히 만드는 그와 같은 삶을 먼저 살라.

17 그리하면 너희들이 모든 백성들에게

강론할 수 있으며, 그들의 묻는 말에
대답할 수 있으며, 그들이 원하는 답
을 줄 수 있을 것이니,
18 그때 너희들이 모든 백성들을 지도하
고 인도하는 선생으로서 거듭나게 됨
이니라.
19 너희들이 지금의 행동을 당황하며 그
리고 허둥대며 급히 무엇을 이루려
하지 말라.
20 그와 같이 하는 것이 너희들이 쓰러지
는 결과가 되는 것이라는 것을 잊지
말라.
21 내가 나의 아들을 통하여 너희들에게
깨우쳐 주며 너희들에게 이르는 그 뜻
을 너희들이 잘 이해하고 깨달아 너희
것으로 만드는 지혜를 얻도록 그리하
라.

11,093 번째 하나님 말씀

2004년 5월 15일 07시 07분

1 사랑하는 나의 아들아!
2 "네, 아버님! 말씀하옵소서."
3 너희들이 나의 참진리요, 나의 성령의
가르침을 가지고 지금 타인에게 전한
다는 것이 그것은 쉬운 길이 아니며
어렵고 힘든 길이니라.
4 그들은 수천 년 동안 믿어 오면서 저
희들이 습관이요, 그 타성에 다 젖어
있으며, 저희들이 가는 길이 확고히
그 머릿속에 세뇌되어 있으니,
5 그들이 새로운 것이요, 새로운 참진리
라 하여 받아들이는 것은, 그리고 그
들을 깨우쳐 너희들이 인도하는 것은
어렵고 힘든 길이요, 쉬운 길은 결코
아님이니라.
6 그러나 너희들이 먼저 알아야 될 것이
니라.
7 너희들이 살아가며 행위로 모두 진실
된 길을, 참진리의 길을 위하여 최선
을 다하고 아름다운 모습으로 사는 삶
을 보여 준다면,
8 그 모든 백성들은 너희들이 변하는 모
습을 보고 네 주변에서부터 한 사람
한 사람씩 너희들을 따르며 너희들을
믿게 되니, 그와 같은 역사를 이루어
야 될 것이니라.
9 성급히 서두르며 한 번에 너희들이 그
모두를 이루고 역사하려 하지 말라.
10 모두는 너희들 스스로 진실된 모습을
보여 주며, 너희 주변에서 너희들이
변한 모습을 보고 그들이 깨달을 때,
한 사람씩 너희들을 따라오는 그와 같
은 역사로 이루어질 것이니,
11 그들은 너희들에게 진정한 믿음이 무
엇이며 깨달음이 무엇인가를 깨달았
을 때, 그리고 하늘의 지혜를 얻음이
무엇이요, 하늘의 지혜를 얻었을 때,
세상을 보는 것이 변하며 그들의 마음
에 확고히 들어섰을 때,
12 그들은 결코 너희들을 떠나지 아니하
며 그들은 너희들과 변함이 없는 그와
같은 삶으로 갈 수 있는 것이니,
13 서서히 그와 같은 사람들을 너희들이
구원하고, 그와 같은 사람을 너희들이
네 주변에 역사하도록 그리하여 그들
을 가르치고 그들을 일깨워 주는 데
온갖 정성을 다하여야 될 것이니라.
14 지금 너희들이 변하는 모습이요, 너희
들의 진실된 삶을 보고 찾아오는 백

성, 그들이야말로 정녕 너희들과 더불
어 역사할 백성이라는 것을 잊지 말라.
15 너희들이 숫자의 개념이요, 너희들이
많이 모이고 모이지 않는 것으로써 모
두를 평가하지 말라.
16 사람이 아무리 많은들 무엇하며 사람
이 인산인해를 이룬들 무엇하더냐?
17 그 생각하는 것이 나의 뜻이 아니며
내가 역사하는 것이 아니요, 계산된
것이요,
18 제가 어렵고 힘든 것을 구원하고 역사
하고자 와서 울고불고 너희들 앞에 모
인다면 무얼하느냐?
19 한 명이라도 의인이 생기면 내가 세상
과 바꾸지 아니한다 했듯이, 너희들이
한 사람이 온다 해도 그가 바로 나 여
호와의 뜻이요, 그리고 변하지 않는
길이요, 영원히 갈 수 있는 것이라면,
20 그가 이 세상에 천만 명보다도 더 소
중한 나의 백성이요, 그리고 내가 원
하는 백성이 되는 것이 아니더냐?
21 내가 원하는 백성이 내 자리요, 내 성
전에 와 있을 때 그것은 사람의 머릿
수로써 너희들이 계산하지 말며 그리
생각하지 말라.
22 그들이 모두를 역사하게 됨이니, 그들
이 역사하는 그 방대한 일은 너희들이
감당키 어려울 만큼 무서운 결과를 가
져오는 것이 한 사람의 깨달은 백성이
요,
23 진실된 마음으로 가며 모두를 다 바쳐
역사하고자 하는 그 한 사람의 백성이
그리 소중하고 위대하다는 것을 너희
들은 알라.
24 사랑하는 나의 아들딸들아!
25 그러기에 너희들이 나의 뜻을 타인에
게 전하며 그를 구원한다는 것은, 너
희들이 어떠한 노력과 고통이 따른다
해도 인내하는 마음이요, 인내하는 그
와 같은 삶으로써 역사해야 될 것이니
라.
26 백 명이요, 천 명을 너희들이 구원하
며 너희들 앞에서 스승이라 따르는 그
제자보다도,
27 단 한 사람이라도 어렵고 힘든 그 고
비를 너희들과 같이 넘으며, 변하지
아니하고 영원히 나의 새로운 성경을
들고 같이 갈 사람이 필요함이니,
28 그는 한 사람일지라도 천군만마보다
더 위대하고 소중하다는 것을 알라.
29 그들은 정녕 너희들이 생각할 수 없는
파괴력을 갖고 역사할 것이니라.
30 그들은 바로 무엇 때문이더냐?
31 나의 새로운 성경이 나 여호와의 뜻이
요, 진정한 하늘의 뜻이라 알기에 그
들은 실수하지 아니하며 그대로 살아
가는 삶을 살 것이니라.
32 그대로 사는 삶을 살지 못하는 자, 천
만 명이 온들 무엇하겠느냐?
33 한 사람이 옴으로 그가 남에게 보여
주고 또 보여 주는 그와 같은 삶으로
써 나의 피조물 만백성이 깨우쳐 모여
드는 그 위대한 힘은 너희들이 감당키
어려울 만큼 무섭게 변화될 것이니라.
34 그러기에 너희는 머릿수를 따지지 말
며 사람의 수를 따지지 말며, 자릿수
를 가지고 논하는 어리석음을 행하지
말라.

11,094 번째 하나님 말씀

2004년 5월 15일 07시 10분

1 사랑하는 나의 아들아!
2 "네, 아버님! 말씀하옵소서."
3 나의 사랑하는 백성들이 믿음이요, 그
리고 신앙의 길을 간다는 많은 집단을
가지고 있는 그 지도자들, 그들이 어
찌 살아가는지 알겠느냐?
4 그들이 나 여호와가 원하는 내 뜻대로
저희 자신이 변하지 아니하고 변화되
는 삶을 살지 아니하느니라.
5 그러니 저희들이 그러면서 무어라 말
하느냐?
6 모든 백성을 구하며 하늘에 오르는 길
이라 말하나, 저희들은 나를 몰라라
하고 가는 것이 지금의 종교 집단의
지도자요, 그들이 지금 이와 같이 세
상을 이끌어 가는 결과요, 그 방법이
그러하니라.
7 저희들 스스로 무한히 변화되며 천사
와 같은 마음으로 살아가고자 하는 그
노력은 하지 아니함이니라.
8 그러면서 저희들은 말로써 나 여호와
를 경배하며 모두가 나의 뜻에 의하여
이루어지며, 나의 아들 예수의 은혜로
써 구원을 받았다 그리 말하며,
9 모두가 하나서부터 열까지가 다 너희
들이 나와 관계되는 것이며 내가 역사
한다 그리 말하나, 그들이 정녕 본마
음의 속성은 어떠한 줄 알겠느냐?
10 나를 몰라라 하고 가는 것이 오늘의
종교 집단의 지도자들이니라.
11 그러니 그들이 오늘의 이와 같은 험악
한 결과를 만들어 놓은 것이니라.
12 그러니 내가 인간의 머리 숫자로 따
지지 말라 함이니라.
13 지금 그 방대한 조직이요, 그 많은 너
희들이 신도요 성도라 하여 그 백성을
거느리고 있는 종교 집단의 지도자요,
그 속에는 그 머릿수가 무한정하나,
14 그들이 변화되는 것이요, 자신이 변화
되고 내 뜻에 의하여 천사와 같은 삶
을 살고자 변하는 노력을 하지 아니하
고 가는 것이니,
15 그러니 내 뜻을 거역하고 사는 자들이
기 때문에 아무리 인산인해를 이룬다
해도 그들은 나를 몰라라 하는 짓을
하고 있다 함이 아니더냐?
16 그러니 그와 같은 자 많으면 무엇하며
너희들이 이 세상을 덮으면 무엇하더
냐?
17 나와 관계없는 것이요, 내 뜻과 관계
없는 백성들이니, 그리하여 너희들이
바로 서는 자, 바로 나의 새로운 성경
을 읽고 깨우쳐 이게 창조주 아버님의
뜻이요, 말씀이라 믿는 자 한 사람이
소중하며,
18 그리고 그 한 사람과 그 모두를 바꾸
지 않는 것이 나 여호와의 뜻이라 함
을 알라.
19 모두가 다 저 자신은 변하지 아니하
며 지도자도 변하지 아니하며, 저희들
이 구원을 받았다 울고불고 맹종 맹신
하는 자도 저희들이 변하지는 아니하
며, 저희들이 천사와 같은 삶은 살지
않으려 하며, 오로지 저희들이 말로써
만 모두를 역사하고 있음이니,
20 그들이 결국은 그 말로써 중언부언하
며 짜깁기하는 그 기도는 '나는 당신

을 모르며 창조주를 모르며 아버님을 모른다.' 하는 그와 같은 짓을 하고 있는 것이 그들이 오늘의 종교 형태라는 것을 너희들은 깊이 되돌아 생각해 보도록 그리하라.

11,095 번째 하나님 말씀

2004년 5월 15일 07시 13분

1 사랑하는 나의 아들아!
2 "네, 아버님! 말씀하옵소서."
3 너희들이 하늘에 오르는 길이요, 너희
들이 갈구하는 구원을 받는 것, 거듭
나는 그 영광의 은혜를 얻고자 한다
면, 너희들은 어찌 살아가야 되느냐?
4 창조주 나 여호와의 법대로 살아가야
만 되는 것이며, 내가 원하는 대로 살
아가는 것이 너희들이 그와 같이 하늘
에 오를 수 있는 길이 아니더냐?
5 그러나 지금의 모든 종교 집단의 지도
자 너희들이 내 뜻에 따라 하늘에 오
르는 길을 간다 하면서도,
6 너희들은 그 모든 기존의 틀을 벗어나
지 못하고 지금의 형태로 가서는 아무
것도 이룰 수 없다는 것을 내가 나의
아들을 통하여 새로운 성경에 기록하
여 전했느니라.
7 그러니 너희들이 지금 나의 법대로 살
아가는 백성들이 아니요, 나의 뜻과
나의 법대로 살아가는 것이 아니요,
8 이 모두를 너희들이 뒤돌아 반대 방향
으로 가는 것이 오늘의 종교 집단의
지도자이니라.
9 그러니 너희들이 나의 법대로 사는 것
이 하늘에 오르는 길이거늘, 나의 법
대로 살지 아니하며 이를 너희들이 지
워 버리고 사는 그와 같은 백성이니,
10 오늘의 너희들의 종교 집단의 지도자
들이 가고 있는 그 믿음이요, 그 모든
기본의 틀을 너희들이 벗어 버리고 그
를 던져 버리지 아니하고는 나에게 올
수 없다는 것을 알아야 될 것이니라.
11 그러니 지금 나의 법대로 살아가는 것
이 무엇이더냐?
12 내가 내린 계명을 지키고 살아가는 것
이 너희들이 나의 법대로 살아가는 것
이요,
13 내가 나의 아들을 통하여 지금 새로운
성경의 160권의 책으로써 '하나님! 말
씀하옵소서.' '하늘에 오르는 길'이라
명하여 내가 내리는 새로운 성경을 너
희들이 접하여 읽지 아니하면 결코 아
니 됨이니라.
14 나의 법대로 사는 방법이요, 그 사는
나의 법의 내용이 무엇이며 내가 원하
는 것이 무엇인가가 나의 새로운 성경
속에 모두가 다 기록되어 있으니,
15 너희들이 나에게 오르고자 한다면, 내
뜻에 따라 너희들이 거듭나는 은혜를
얻고자 한다면, 너희들은 나의 법대로
나의 뜻대로 살아가는 것이 우선이니,
16 그 모두의 살아갈 수 있는 나의 새로
운 성경을 읽지 아니하면 너희들이 바
로 살 수 없으며 바로 거듭날 수 없음
이니라.
17 지금의 너희들이 잘못 가고 있는 기존
의 틀 모두를 다 버려 버리고 그를 파
괴하지 아니하면 결코 아니 된다는 것
을 명심하도록 그리 전하라.

11,096 번째 하나님 말씀

2004년 5월 15일 07시 17분

1 사랑하는 나의 아들아!
2 **"네, 아버님! 말씀하옵소서."**
3 나 여호와가 일찍이 너희들에게 기록
하여 전했느니라.
4 때가 되어 그때가 되면 내가 나의 아
들딸들과 나 여호와의 관계를 새로이
역사하며 새로 역사한다는 것을, 너희
들은 그 언약의 뜻을 정녕 모르는가?
5 그리고 너희들은 그를 읽어 보지 아니
했는가?
6 그리고 너희들은 그 뜻을 모른단 말이
더냐?
7 나 여호와는 성경에 기록하여 너희들
에게 전했느니라.
8 때가 되고 때가 이르면, 그때가 되면
나의 아들딸 너희들과 나 여호와의 그
모든 관계를 새로이 역사한다는 언약
의 뜻을 내가 명확히 기록하여 전했음
이니라.
9 그러니 너희들은 그 뜻의 의미를 깨우
쳐 그 비밀을 안다면, 오늘의 내가 나
의 아들을 통하여 160권의 새로운 성
경을 내려보내며 너희들이 이를 지키
고 깨우치는 자는 나의 아들딸로서 나
에게 오를 수 있는 것이요,
10 이를 너희들이 거부하고 찢어 버리며
사탄의 장난이라 하여 버린다면 결코
나와 너희들이 부모와 자식 사이의 그
관계가 이루어지지 아니함이니, 그때
가 바로 지금의 때이니라.
11 그리하여 나의 지금의 때가 되었기에
내가 새로운 성경을 내려보내, 이를
너희들이 정독하고 가슴에 안고 깨우
쳐 오르는 백성은 나의 아들딸이 될
것이요, 그렇지 않은 자는 너희들이
사탄의 자식이 되어 지옥 불로 떨어지
는 그와 같은 형국이 된다 하였음이니,
12 바로 너희들과 나와의 관계가 새로운
역사요, 새로이 역사하는 그와 같은
언약의 그 뜻이 지금 이루어지고 진행
되고 있음을 너희들은 알아야 될 것이
니라.
13 그러니 내가 너희들과 아들과 딸이요,
자식과의 그 관계를 새로이 정립하며
새로이 역사하는 그와 같은 시대가 온
다 말한 것은 무엇이더냐?
14 너희들이 지금까지 공부하고 깨우치
는 하늘에 오르는 길의 성경이라는 그
와 같은 것이 새로 변화되며 새로 역
사하며, 그리하여 새로 정립하는 그와
같은 관계가 이루어진다는 성서의 뜻
을 정녕 모르며, 그를 몰라서 지금 그
리 가는가?
15 내가 그와 같은 역사를 이루어 지금
160권의 새로운 성경을 세상에 내려
보내, 나와 너희들과 그 부모와 자식
간의 관계가 성립되는 것, 관계가 성
립되지 않는 것, 그리고 나를 버리고
떠나는 자, 나에게 와 거듭나는 은혜
를 입는 자,
16 이 모두를 새로이 너희들이 내가 언약
한 대로 관계 개선을 이루는 이와 같
은 새역사가 이루어지거늘,
17 너희들은 이를 인정하지 아니하며 이
를 들여다보지 아니하며, 이와 같은
시대를 미리 예언했으며 그 시대가 왔
다는 그 무섭고 두려운 사실을, 어찌

하여 그를 느끼지 못하며 보지 못하며
알지 못한단 말이더냐?
18 내가 너희들과 나와의 관계를 새로이
역사한다는 그 언약의 뜻을 너희들은
다시 한 번 찾아보도록 하며,
19 너희들이 그 대목을 읽은 자 있거든,
만백성에게 그와 같은 것이 기록되어
있으니 오늘에 그 역사가 이루어지는
것은 당연함이요,
20 그때가 왔다 하여 너희들은 나의 새로
운 성경을 들고 만백성을 구하는 그
역사의 거듭남으로 변화되지 아니하
는 자는 결코 나와 관계없으며,
21 새로이 관계되는 새로이 모두가 정립
되는 그 속에서 너희들이 나를 아버지
라 부를 자격이 없는 자들이 된다는
것을 잊지 말라.

11,097 번째 하나님 말씀

2004년 5월 15일 07시 22분

1 사랑하는 나의 아들아!
2 "네, 아버님! 말씀하옵소서."
3 너희들이 스승을 따라가며 스승의 뜻
대로 살아가고자 한다면, 너희들은 그
스승이 원하는 것과 그 스승이 어찌하
는지 그 모두를 알고 따라가는 그와
같은 삶 속에서 너희들은 스승을 닮아
갈 것이며 스승의 뜻대로 너희들이 이
세상에 살아가는 백성이 되지 않겠느
냐?
4 지금 모든 종교 집단의 지도자들이
수천 년 동안 흘러오면서 그리고 그
많은 백성들이 세상에 와 맹종 맹신
하며 구원을 받았다 울고불고하는 백
성들, 그들이 정녕 예수의 뜻대로 살
려고 하며 예수의 뜻대로 산다고 말한
다면,
5 그들은 예수의 뜻을 알아야 하는 것이
그 기본이요 근본이 아니더냐?
6 그러니 예수의 삶대로, 예수의 뜻대로
살아 나에게 오겠다는 백성들이 예수
의 그 뜻을 알려고도 하지 아니하며
그 뜻을 모르고 있으니,
7 너희들이 예수의 뜻대로 산다 하면
너희들이 예수의 뜻을 알아야 하는
것이 우선이 아니더냐?
8 그러나 너희들은 나의 아들 예수의 뜻
을 알아 예수의 삶을 살며 나 여호와
의 뜻을 알아 내가 원하는 그 삶을 산
다면,
9 너희들은 어렵고 힘든 길이요, 인간으
로서 고통의 연속이요, 고통의 고통
속에서 가야 하기에,
10 그리고 너희들이 부귀와 영화요, 좋고
나쁜 것, 그 모두를 다 버리고 사는 그
와 같은 어렵고 힘든 고통의 길을 가
는 것이 너희들이 나의 아들 예수의
뜻을 아는 것이며 내 뜻을 알아 그 뜻
대로 행하는 삶이기에, 너희들은 이를
알려 하지도 아니하는 것이니라.
11 그리고 너희들은 그 뜻을 안다 해도
그 뜻대로 살아가지 아니하는 백성이
니라.
12 그러니 내가 이루고자 하는 것, 내가
역사하고자 하는 것을 너희들을 통하
여 어찌 이루며 역사할 수 있단 말이
더냐?
13 그러니 내 뜻에 따라 역사하고자 하는
백성이 지금까지 없었음이며, 그리고

너희들이 그 길을 따라 어렵고 힘든
그 고행의 길을 마다하지 아니하며,
그 길을 선택하는 백성이 하나도 없음
이니라.
14 그저 넓고 편안한 그 길만을 위하여
달려가는 너희들이었음이니,
15 내가 지금 나의 아들을 통하여 새로운
성경에 기록하여 전함이니,
16 너희들이 인간 세상에서 스승의 삶을
산다면 스승의 뜻이요, 그가 가지고
있는 고매한 인품을 너희들이 알아서
본받고 가야 될 것이니라.
17 그렇지 않으면 그 스승을 너희들은 닮
아 갈 수 없는 것이 아니더냐?
18 내가 일찍이 열여섯 권의 새로운 성경
을 내려보내며 그 속에 무어라 하였느
냐?
19 음식을 잘하는 어머니의 솜씨를 따르
며 어머니의 그 특기를 배우려면 항상
옆에서 보고 배우고 거들면서 그 어머
니의 가르침을 들어야 된다 하지 아니
하였더냐?
20 그와 같이 하지 아니하면 그 어머니가
만드는 맛있는 음식을 만들어 낼 수
없는 것이 그 자식들이라 하였으니,
너희들이 바로 그러하니라.
21 예수에 의하여 너희들이 구원을 받았
다 하면, 예수의 뜻대로 살며 예수가
살아온 길이요, 나의 아들 예수가 역
사하고자 한 그 뜻을 먼저 알아야 될
것이며,
22 나를 아버지라 부르며 나를 찾기만 하
면 구원을 받는다 말한다면, 너희들은
나의 뜻을 먼저 알아야 된다는 것을
절대 잊지 말라.
23 그러니 그를 알면 어렵고 힘든 길이기
에 너희들이 등 돌리고 외면하고 가면
서 말로만 너희들이 나에게 오를 수
있는 것이요, 나의 아들딸이요, 구원
받은 백성이라 말함이니,
24 그를 보는 내 마음이 답답하고 가슴
아파, 내가 나의 아들을 통하여 마지
막 이 대역사를 너희들을 위하여 이루
는 것이요,
25 그것도 너희들을 사랑하기 때문에 이
와 같은 역사의 길을 가고 있다는 것
을 너희들은 깨달아, 지금이라도 바로
보고 바로 깨우치는 백성이요, 거듭나
는 은혜를 입지 아니하면 아니 될 것
이니라.

11,098 번째 하나님 말씀

2004년 5월 15일 07시 28분

1 사랑하는 나의 아들아!
2 "네, 아버님! 말씀하옵소서."
3 지금의 모든 백성들을 바로잡으며 바
로 깨우치며 참진리의 뜻을 깨우쳐 줘
그들이 바로 갈 수 있도록 하는 길이
왜 어렵고 힘든지 알겠느냐?
4 그들은 진리의 뜻이 무엇이며 저희들
이 가야 할 길이 무엇인지를 알고 있
는 자가 수없이 있음이니라.
5 그러면서도 저희들이 그를 행하지 아
니하며 그와 같이 따르지 아니하기 때
문이니라.
6 알고서도 하지 아니하는 자들이니라.
7 그들이 왜 알면서도 하지 않는지 알
겠느냐?
8 그들이 지금까지 믿어 온 그 습관이

요, 그리고 습관에 따라서 그들이 거
기에 젖어 들어 있기 때문이니라.
9 그리고 저희들이 습관에 따라서 가는
것이 편하기 때문이니라.
10 그리고 그 편한 믿음을 곧 그들은 어
찌 연결하여 생각하는 줄 알겠느냐?
11 저희들이 참진리요, 어려운 길을 버리
고 비진리의 습관이요, 습성에 따라
지금까지 오는 것이 너무도 편하고 쉬
운 길이기에,
12 그리고 저희들이 그와 같이 편안하고
쉬운 길을 가는 것이 창조주 나 여호
와가 가장 기뻐하는 것이며 나를 기쁘
게 하는 것이요, 내 뜻에 의해 살아가
는 것이라 착각을 하고 있기 때문임을
너희들은 알아야 될 것이니라.
13 그러니 저희들이 지금의 습관에 따라
서, 지금의 오는 전통에 따라서 그대
로 믿고 가는 것은 편안한 길이며, 또
그 편안한 길이 나 여호와가 기뻐하며
내가 원하는 길이라 저희들이 착각을
하고 있기 때문에,
14 죽어도 목숨은 던져도 바꾸지 아니하
려 하며 거듭나려 하지 아니하는 것
이 그들이니라.
15 그러니 그들을 깨우쳐 너희들이 하늘
에 오를 수 있는 길을 인도하는 것이
얼마나 힘들고 어렵겠느냐?
16 그러니 그 세월이 필요함이니라.
17 나의 아들을 따르는 제자들이요, 이를
읽고 깨우친 백성 너희들이 완벽한 사
람으로서 거듭나는 사람이 되어, 너희
들이 살아감에 너희들의 행위요, 모든
역사하는 것을 그들이 보고 차별화를
느낄 때, 그리고 너희들 앞에 부끄러
워 고개를 들 수 없다는 그와 같은 깨
달음을 저희들이 얻을 때,
18 지금까지의 습관이요, 습성에 젖어서
그리고 저희들이 지금까지 온 통례의
그 흐름에 따라서 그 길이 편하고 간
단한 길이요, 그리고 그 길이 저희들
이 하늘에 오르는 길이요, 나를 기쁘
게 하는 길이요, 저희들이 나를 가장
행복하게 한다는 그와 같은 착각을 그
들이 깨도록 해야 될 것이며,
19 그들이 거기서 헤어날 수 있도록 그와
같이 너희들이 모범된 삶으로 살아가
야 하는 것이니, 그리하여 내가 천 년
에 걸쳐 이 모두를 역사한다 함이 여
기에 있느니라, 사랑하는 나의 아들딸
들아!
20 천 년에 걸쳐서 깨우치고 가르치려 함
이니, 너희들이 조급히 서두르며 바늘
허리에 실을 매어 꿰매는 것 같은 그
와 같은 성급함이요, 허둥대며 너희들
이 그와 같이 경거망동하지 말며,
21 너희 스스로 깨우쳐 너를 다스리며,
너희들의 주변에 모든 사람이 너를 보
고 경배하며 존경하는 마음으로 돌리
는 그와 같은 모습으로 보이는 것이
가장 중요함이니,
22 너희들이 그리 터를 잡아 갈 때, 너희
들의 후손은 더 변해 갈 것이며, 너희
들의 후손은 다른 백성들로 하여금 더
아름다운 모습으로 살아갈 것이니라.
23 그리하여 천 년이라는 길고 긴 역사를
내가 기다리며, 또 그 길을 위하여 지
금 가고 있음을 알라, 사랑하는 나의
아들딸들아!
24 너희들은 이 모든 뜻을 알아야 될 것

이니라.
25 너희들이 구약의 시대 4천 년의 역사
가 흘렀으며, 그 반인 예수의 시대인,
신약은 2천 년이란 세월이 흘렀으며,
26 이제 마지막 단계는 그 2천 년의 반인
천 년으로써 모든 역사를 이룬다는 그
와 같은 뜻을 너희들은 알라.
27 내가 천 년에 걸쳐서 지상의 왕국을
역사하는 것이 반이요, 반으로 줄여
감이니,
28 그리하여 너희들이 지금까지의 모든
구약과 신약의 그 나름대로 깨우치고
자, 내 뜻을 전하고자, 나 여호와가 존
재함을 깨우치고자 너희들이 역사한
것을 인정해 줌이니라.
29 그리하여 내가 4천 년에서 2천 년이
요, 2천 년에서 천 년에 걸쳐서 모든
역사를 이룸이니,
30 너희들의 공로 또한 내가 인정함이
있음을 알라 그리 전하라.

11,099 번째 하나님 말씀

2004년 5월 15일 23시 19분

1 사랑하는 나의 아들아!
2 "네, 아버님! 말씀하옵소서."
3 너희들이 인간 세상에 살아가면서 '그
림의 떡'이라 그리 말하지 않느냐?
4 너희 그림 속의 떡이라는 것이 과연
무엇을 의미하는가?
5 아무리 탐스럽게 생긴 떡이라 해도 그
림 속에 그려져 있는 떡은 너희들이
먹을 수 없으며 양식이 되지 못함이니
라.
6 그저 너희들이 눈요기로 눈으로 보는
것 외에는 아무것도 역사할 수 없음이
니,
7 그러니 그림의 떡이라는 것은 너희들
에게 어떠한 혜택이요, 어떠한 것도
줄 수 없는 것이니, 그는 다 너희들과
인연이 없는 것과 마찬가지가 아니더
냐?
8 그러니 너희들이 배고픈 자 배를 부르
게 할 수도 없으며, 너희들이 필요로
할 때 그를 마음대로 삼킬 수도 없는
것이며 그를 소화시킬 수도 없는 것이
니라.
9 그러니 그게 바로 무엇이더냐?
10 그림의 떡이라 너희들이 그리 말하느
니라.
11 지금 수천 년 동안 믿음의 길을 오는
종교 집단의 지도자들, 그리고 저희들
이 구원을 받았다 울고불고하는 그 맹
종 맹신하는 가련한 백성, 그들이 지
금 어떠한 줄 알겠느냐?
12 그림의 떡과 같은 그와 같은 믿음이
요, 신앙의 생활을 하고 있는 것이 그
들이라면 너희들은 과연 믿겠느냐?
13 너희들이 지금 울고불고 믿음의 길을
가며 나 여호와의 뜻에 의하여 산다
하며 나의 아들 예수의 보혈로써 은혜
를 받아 구원된 자요, 죄가 없는 자라
그리 울고 부르짖으나,
14 그와 같은 것은 다 나와 아무런 관계
도 없으며, 너희들이 구원의 길에 도
움이 되지 아니함이라는 것을 모르느
냐?
15 그러니 너희들이 오늘의 믿음이 지금
그림의 떡과 같은 형국의 믿음으로 가
고 있다는 것을 알아야 될 것이니라.

16 나의 아들 예수의 죽음이 무엇이었더
냐?
17 너희들이 그 죄에 대한 대가요, 그를
사죄받는 것, 그리고 용서받는 것이
어떠한 것인가를 너희들에게 깨우쳐
주고자 그와 같이 어렵고 힘든 길을
선택했다 하지 않았느냐?
18 그러니 이 세상에 그 누가 너희들을
구원해 주며 너희들이 나에게 오를 수
있는 그와 같은 역사를 이룰 수 있다
생각하는가?
19 아무도 그를 역사할 수 없으며 어떠
한 곳도 그를 역사할 수 없다는 것을
너희들은 알라.
20 너희들이 스스로 천사와 같이 변하는
모습, 그것으로써만 너희들이 모두를
이룰 수 있는 것이요, 성취되는 것이
지,
21 그 외에 아무것도 너희들이 그 뜻을
이룰 수 없으며, 너희들이 거듭나는
그와 같은 은혜의 영광을 얻을 수 없
음이니라.
22 내가 너희들에게 말하니, 오늘의 모든
종교 집단이요, 믿음이요, 그리고 구
원을 받았다는 신도 너희들이 다 그
림의 떡을 보고 배부른 자요, 그림의
떡을 보고 요기를 채우는 자라 그리
말하는 자요,
23 그리고 너희들이 그걸 먹으면 배가 부
른다 그리하며 그가 너희들 몸속에 들
어가면 소화가 잘되는 것이라 너희들
이 그리 가르치고 그리하나,
24 그것은 아무런 의미가 없으며 너희들
이 구원의 길과는 관계없으며, 오늘의
믿음이 그와 같이 허황된 것이라는 것
을 내가 나의 아들을 통하여 새로운
성경에 책으로 근거하여 너희들에게
제시하니,
25 모든 백성 너희들은 이와 같은 뜻을
알아야 될 것이며, 하늘의 이치를 깨
달아 너희들이 구원의 길이요, 거듭나
는 그와 같은 영광의 길을 바로 보도
록 그리 가라 전하라.

11,100 번째 하나님 말씀

2004년 5월 15일 23시 22분

1 사랑하는 나의 아들아!
2 "네, 아버님! 말씀하옵소서."
3 너희들의 종교 집단의 지도자들이 무
엇이더냐?
4 너희들은 교량의 역할이요, 중매 역할
을 하는 것, 그것으로써 너희들의 그
모두는 끝나는 것이며,
5 그 이상 그 이하도 무엇인가를 역사할
수 없는 것이 오늘의 종교 집단의 지
도자 너희들이니라.
6 나 여호와의 뜻을 성서를 읽고 제대로
깨우쳐 하늘의 참진리를 가는 자, 나
로부터 선택된 종교 지도자는, 너희들
이 나의 사랑하는 백성들과 나와의 그
중간의 교량 역할을 하며 그와 같은
역사를 하는 것이 종교 지도자이니라.
7 그러나 지금의 모든 종교 지도자 너희
들은 정녕 나로부터 명받은 자가 없으
며 내 뜻을 알지 못함이니,
8 위로는 내 뜻을 받아들여 아래로는 만
백성을 구하며 그들에게 복음을 전하
는 역할을 해야 할 것을, 너희들은 그
리하지 못하느니라.

9 다만, 너희들이 중매쟁이라 하여, 중
간 교량 역할을 하는 자들이라 하여
너희들이 나의 사랑하는 백성들을 그
리 우롱함이니,
10 너희들이 남녀의 한 가정을 이루기 위
하여 중매를 보는 그 중매의 역할만
충실히 하면 네 몫을 다하는 것이거늘,
11 너희들이 중매를 한다 하여 그 신부를
차지하고 데리고 사는 그와 같은 흉악
한 자의 모습이라 내가 그리하지 아니
하였더냐?
12 지금의 모든 종교 집단의 지도자 너희
들이 그와 같은 역할을 하고 있느니라.
13 나의 사랑하는 백성들을 하늘에 오르
며 나에게 오르는 길을 인도하며 그들
을 구원받는 것으로써 모두를 역사해
준다 하면서,
14 너희들 자신도 구원을 받지 못하며 구
원의 그 자체요, 그 뜻이 무엇인지도
모르는 자들이니,
15 그러니 너희들이 남의 신부만을 가로
채는 중매쟁이와 똑같은 역할을 하는
것이 나의 피조물 만백성들에게 너희
들이 재물을 갈취하며 그들을 평생 노
예요, 종과 같이 부리고 살아가는 것
이니라.
16 그러니 내가 너희들의 그와 같은 행위
를 더 이상 볼 수 없으며, 나의 사랑하
는 백성들이 나에게 오르고자 하나 나
에게 오르지 못하며 너희들에게 현혹
되어 사탄이요, 지옥의 벼랑으로 떨어
지는 것을 더 이상 볼 수가 없기에,
17 이제 나 여호와가 160권의 새로운 성
경을 내려보내며 내가 직접 관여하고
통제하여 나의 사랑하는 백성 너희들
을 챙기는 역사가 지금 시작되었음을
그리 알라.
18 그러니 내가 너희들을 거둬들이고 챙
김에 있어서도 너희들이 기본이요, 기
초가 다져진 백성이 되어야 될 것이니,
19 너희들이 기본이요, 기초를 다져 나로
부터 선택되는 백성이요, 내가 챙길
수 있는 백성으로 거듭나려거든, 나의
새로운 성경을 읽고 또 읽고 정독하여
너희들이 하늘의 지혜를 얻도록 그리
하라.
20 그와 같은 백성을 나 여호와가 챙김이
니 그리 알라 전하라.

11,101 번째 하나님 말씀

2004년 5월 15일 23시 29분

1 사랑하는 나의 아들아!
2 "네, 아버님! 말씀하옵소서."
3 너희들은 창조주 나를 아버지라 부름
이니, 나 여호와가 모두를 주관하며
역사한다는 것을 너희들은 그리 말로
써는 쉽게 전하며 그와 같이 부르짖으
나,
4 어찌하여 너희들의 행동은 그와 같이
행하지 못한단 말이더냐?
5 모두가 다 내가 역사했으며 내가 역사
하지 아니한 것이 없다 너희들이 그리
말하느니라.
6 그러나 너희들은 오늘의 살아감이요,
너희들의 그 행함이 과연 어떠한가?
7 그것을 너희들이 얼마나 믿으며 얼마
나 실천하고 살아가는 백성들이더냐?
8 그러니 내가 너희들을 보는 그 모습
이, 말로써는 너희들이 모두를 다하

나, 행함이요, 너희들이 실제로 나에
게 와 심판을 받는 것에 도움이 되는
그와 같이 역사하는 것은 하나도 없는
백성으로 전락되었음을 알아야 될 것
이니라.
9 그리하여 너희들이 지금 가련하고 불
쌍하여 내가 나의 아들을 통하여 너희
들을 구원하고자 한 번의 기회를 베풀
어 준다 했거늘, 너희들이 이 기회를
놓쳐서는 절대 아니 되거늘,
10 더불어 내가 나의 아들을 통하여 내리
는 새로운 성경이요, 너희들을 구하고
자 하는 그와 같은 모두가 사탄이요,
이단이라 하여 너희들이 찢어 버리고
태워 버리는 것을 주저하지 않는 그와
같은 오늘의 형국이 되었음을 너희들
은 알아야 될 것이니라.
11 과연 그와 같은 백성들이 어찌하여 그
리되었는가?
12 오늘의 종교 집단의 지도자들이 그들
을 너무나 세뇌시켰으며, 그들을 너희
들이 식물인간같이 자력으로 판단할
수 없으며 제가 스스로 모든 걸 역사
할 수 없도록 그와 같은 모든 권한을
다 회수해 갔으며, 그들을 마비시켜
놓은 것이 바로 너희들이라 하면, 과
연 너희들은 무어라 하겠느냐?
13 너희들은 그렇지 않다고 하며, 오로지
나의 백성들을 하늘에 오르는 길이요,
참진리요, 아버님의 뜻에 의하여 충실
히 살아가는 자들이라 그리 말을 할
것이니라.
14 그리하면서 너희들은 지금 믿음이라
는 것이 모세의 시대에 이루어 놓았던
그와 같은 기적이요, 나의 아들 예수
가 신약 시대에 이루어 놓았던 기적
같은 것, 그것을 중시하며 그것을 기
다리며 그와 같은 권능이 이 세상에
이루어지기를 바라느니라.
15 그러나 여기서 너희들은 들어야 될 것
이니라.
16 나 여호와는 너희들에게 영원하지 아
니하는 것은 내 것이 아니며, 영원하
게 너희들이 지탱되는 것이 나 여호와
의 뜻이라 내가 그리 말하지 아니하였
더냐?
17 너희들은 여기서 깨우치라.
18 모세나 예수의 기적이요, 역사했던
것, 그들의 모두가 그와 같은 기적을
이루었다 해도 그 모두가 정녕 너희들
이 영원히 지속되며 영원히 사는 것을
보았는가?
19 기적은 기적으로써 끝나는 것이요, 그
기적이 이루어졌다 하여 그들이 영원
히 사는 그와 같은 삶을 살 수 없는 것
이 기적임을 너희들은 알라.
20 너희들은 여기서 창조주 나 여호와와
예수의 권리가 무엇이며 예수가 역사
할 수 있는 한계가 무엇인지 알겠느냐?
21 나의 아들 예수가 그 백성들을 살렸으
며, 병을 고쳤으며, 죽은 자를 살리고
눈먼 자를 눈을 뜨게 하며, 앉은뱅이
를 일어서게 하는 그와 같은 기적의
역사를 이루었음이니라.
22 그러나 예수가 죽은 자를 살리며 그
병든 자 고쳤으나, 그들이 영원히 살
아 있는 자가 있으며 영원히 지속된
백성이 있더냐?
23 병든 자를 나의 아들 예수가 고쳤음이
니 그들이 영원히 사는 것을 보았느냐?

24 그리고 그들이 얼마나 삶을 살아갔는
가?
25 너희들은 그 모두를 보았을 것이니라.
26 그러니 고통스러운 십자가에서 죽는
것을 알고도 그를 피하지 못한 나의
아들은 왜 무엇 때문에 그와 같은 길
을 갔는가?
27 피하지 못하고 그가 그 길을 받아들인
것이 무엇이더냐?
28 이는 바로 보낸 이가 있는 것이며 이
세상을 주관하는 이가 있기 때문이라
는 것을, 너희들은 그와 같은 이치를
여기서 깨달아야 될 것이니라.
29 그러니 나 여호와가 주관하고 내가 역
사한다는 것은 너희들이 영원히 존재
하는 것이요, 너희들이 부서짐이요,
깨짐이 없는 것이 나 여호와의 뜻이
요, 내가 역사한다는 걸 너희들은 알
아야 될 것이니라.
30 나의 아들 예수가 기적으로써 죽은 자
를 살리며 병든 자를 고치며 앉은뱅이
를 일으켜 세우는 그와 같은 기적을
이루었다 해도, 그 모두는 다 너희들
이 영원히 존속되지 못하며 영원히 살
수 있는 그와 같은 생명을 살린 것이
아니니라.
31 다만, 그와 같은 생명을 유지하며 그
와 같은 것을 역사하는 것은 창조주
나 여호와 외에는 아무도 영원이라는
그 단어를 쓸 수 없으며 영원히 지속
되는 것이 없음을 너희들은 알아야 될
것이니라.
32 그 모든 주관은 나 여호와라는 것을
너희들이 잊지 말라.
33 그러니 보낸 이가 있음이니, 또 보내
진 자가 있다는 그 엄연한 사실을 알
아야 될 것이니라.
34 이 세상의 모든 것을 예수가 임의로
바꿀 수 없었으며, 예수가 임의로 역
사할 수 없으며, 예수가 임의대로 무
엇인가를 행할 수 없었다는 그 의미를
너희들은 알라.
35 그것을 알지 못하는 백성 너희들이 깨
달음이 없으며 하늘의 지혜를 얻을 수
없으며, 지금의 너희들이 그 관습이
요, 인간의 교리요, 믿음의 관행에서
평생을 허덕이다, 그것이 얼마나 무서
운 죄인가를 너희들이 그 대가를 치를
때 발버둥치고 통곡하나,
36 이미 그때는 늦어져 있으니, 너희들이
돌이킬 수 없다는 것을 알라.
37 사랑하는 나의 아들딸들아!
38 예수가 모두를 임의대로 바꿀 수 없었
던 것을 너희들은 잘 기억하고 한번
생각해 보라.
39 그러니 그 모두를 역사하며 존재하는
것은 나 여호와만이 할 수 있다는 것
을 너희들이 스스로 알게 될 것이니,
40 그러니 나의 아들 예수가 나요, 내가
나의 아들 예수라는 정신 나간 짓을
하지 말며, 이제 너희들이 바로 정신
을 차리라 그리 전하라.

11,102 번째 하나님 말씀

2004년 5월 16일 06시 00분

1 사랑하는 나의 아들아!
2 "네, 아버님! 말씀하옵소서."
3 너희들이 인간 세상에 살아가면서 하
는 말이 있느니라.

4 '일찍 일어나는 새가 먹이를 주울 수
있으며 먹이를 얻을 수 있다.'는 말이
있느니라.
5 그러니 너희들이 인간 세상에 살면서
도 그러하느니라.
6 너희들이 얼마만큼 하고자 하는 일에
열과 성의를 다하며 얼마만큼 노력하
느냐에 따라서 그 결과가 얻어진다는
것이니,
7 너희들이 나 여호와의 뜻을 따라 새로
운 성경을 만들어 만백성에게 전하며
그들을 구하는 것도 그러하니라.
8 너희들이 얼마만큼 노력하며 얼마만
큼 열성을 다하여 이루느냐 그에 따라
서 그 결과가 얻어지니, 그것이 아니
고는 아무것도 이루어지고 얻어지는
것이 없다는 것을 너희들은 알아야 될
것이니라.
9 그러니 너희들이 이 세상에 살면서 나
를 원망하며 하늘을 원망하며 네 부모
를 원망하며 너희 형제들을 원망하는
그와 같은 백성이 있음이니,
10 그는 다 저 자신이 노력하지 아니하며
제가 부지런하지 아니하였기 때문에
그러하니라.
11 일찍 일어나는 날짐승이 먹이를 구할
수 있다는 것처럼, 일찍 일어나는 백
성, 게으르지 아니한 백성이 무엇인가
를 이룰 수 있는 것이니라.
12 그리고 그 계획과 그 노력을 어찌하느
냐에 따라서 모두를 얻고 잃고 하는
것은 거기에 있음이니,
13 이제 나의 아들을 따르는 제자들이요,
그리고 나의 새로운 성경을 읽고 깨우
친 백성, 너희들은 마음가짐을 하얀
천사와 같이 가지며 아름다운 마음으
로 살아가되,
14 너희들이 게으르며 또 계획성이 없는
그와 같은 삶을 살아서는 아니 되느니
라.
15 그러니 나의 백성이요, 나로부터 선택
된 자요, 나로부터 부름을 받은 너희
들은 천 가지, 만 가지 이 세상에서 모
범이 되어야 하며, 정도의 길을 가야
하기에, 너희들이 게으른 자가 되어서
는 아니 되느니라.
16 마음이 게으른 자 생각이 게으르며,
생각이 게으른 자 이루는 것이 없으며
얻어지는 것이 아무것도 없음을 알아
야 될 것이니라.
17 그러니 너를 따르는 제자들이요, 그
모두가 남보다 부지런하며 남보다 일
찍 행동을 하며, 그리고 남들보다 더
먼저 앞서서 모두를 역사하는 그와 같
은 삶을 살아야만 너희들이 지지 아니
할 것이니라.
18 그리고 노력하고 생각해야 되느니라.
19 생각하고 노력해서 너희들이 거기에
서 얻는 결과에 따라서 모두가 역사하
는 것이니, 그 결과만큼 노력하지 아
니하면 그 결과가 없다는 엄연한 사실
을 너희들은 알아야 될 것이니라.
20 그러니 너희들이 게으른 백성이 되어
서도 아니 되며 노력하지 아니하는 백
성이 되어서도 아니 되며,
21 그리고 너희들이 생각을 갖고 그 생각
을 실천하는 용기 있는 백성으로서
이 세상에 살아가는 백성이 되어야
함을 절대 잊지 말라.
22 그와 같은 자에게 결과가 있으며, 그

와 같은 자가 얻어지는 것이 있으며,
그와 같은 자가 남들에게 뒤지지 않
는 삶을 살 수 있는 것이니라.
23 제가 게으르며 태만한 자가 나를 원망
하며 제 부모를 원망하며 저희 형제를
원망하며 주변을 원망하며 사람들을
원망하는 그와 같은 삶을 사는 것이
며, 그리고 생명을 세상에 받고 나온
그 영광의 은혜까지도 원망하는 그와
같은 어리석은 백성이니,
24 너희들은 계획을 세우며 부지런한 사
람이요, 너희들이 계획을 세웠으면 실
천하며 노력하는 백성으로 살아가도
록 그리하라.
25 그러면 이루지 못하는 것이 없을 것이
며, 나의 법전을 가지고 역사하는 것
도 그 길이 아니면 아니 됨을 알라.

11,103 번째 하나님 말씀

2004년 5월 16일 06시 05분

1 사랑하는 나의 아들아!
2 "네, 아버님! 말씀하옵소서."
3 너희들이 캄캄한 곳, 어두운 곳에 있
으면 어떤 것도 볼 수 없으며 모두를
구분할 수 없는 것이 아니더냐?
4 그러나 어둡고 캄캄한 곳에 너희들이
하나의 촛불을 켜 밝히니, 그 작은 촛
불의 불빛은 그 안에 있는 모든 실체
를 볼 수 있으며, 그를 밝혀 줌으로 인
하여 너희들이 구분할 수 있는 그와
같은 것을 얻지 않느냐?
5 그러니 이 세상에 너희들이 살아감이
지금 그러하니라.
6 하늘에 오르는 길이요, 진정한 믿음의
길을 간다는 백성 너희들이 오늘까지
온 신앙이요, 너희들의 삶이 어둡고
캄캄한 그와 같은 암흑의 세상에서 사
는 백성이 되었다 내가 하지 않더냐?
7 그러니 이 어둡고 캄캄한 세상을 무엇
으로써 밝히겠느냐?
8 작은 촛불을 켜 그 모두를 밝히며 사
물을 보도록 할 수 있지 않겠는가?
9 그리하여 내가 너희들에게 마지막 기
회를 주어 내 160권의 새로운 성경을
세상에 내려보내니,
10 이게 세상을 밝히는 빛이요, 너희들의
앞에 길을 밝혀 주는 빛이라는 것을
너희들은 알아야 될 것이니라.
11 어두운 방에 촛불을 켜 너희들이 그
사물을 보도록 하며 그 모두를 구분할
수 있도록 하는 것처럼,
12 내가 지금 160권의 새로운 성경을 내
려보내니, 이 빛이 세상을 비추며 너
희들의 앞길을 비춰 주는 그와 같은
역사를 내가 내리고 있음을 너희들은
알아야 될 것이니라.
13 이와 같은 새로운 성경이요, 내가 내
리는 이 은혜요, 영광에 너희들이 감
사하는 마음으로 기도하고 그를 따르
고 행하지 아니하고, 어찌하여 이를
버리고 이를 저버리는 그와 같은 행위
를 한단 말이더냐?
14 그러니 이것이 너희들의 자세임을 알
아야 될 것이니라.
15 너희들이 그 빛을 보지 아니하며 그
어둠 속에서 같이하는 자, 너희들이
어두운 곳에서는 아무것도 볼 수 없는
것처럼 너희들 자신이 볼 수 없는 것
임을 알라.

16 그러니 이제는 내가 빛을 비춰 줌이
니, 너희 스스로 너희들이 버릴 것과
버리지 않고 취할 것을 구분할 수 있
는 것을 나로부터 받은 것이 아니더냐?
17 그러니 나의 새로운 성경을 접하는
자, 너희들이 어두운 곳에 촛불을 밝
혀 보듯이 세상에 빛을 비춰 모두를
보니, 그것이 너희들이 바로 거울에
비춰 너희 자신을 들여다보며 모두를
보는 것처럼,
18 너희들이 세상의 모두를 비춰 볼 수
있는 것, 그리고 너희들이 이제는 정
녕 어떠한 길을 가야 될 것이며, 어떠
한 신앙이요, 어떠한 믿음을 갈 것이
며 어떠한 진리의 길을 가야 될 것인
가, 그리고 누구의 뜻을 따라가야 될
것인가,
19 이것을 너희들이 모두를 알 수 있는
그와 같은 것을 내가 밝혀 주거늘,
20 어찌하여 이와 같은 은혜요, 영광을
너희들이 감사하지 아니하며, 이것이
사탄이요, 이단이요, 마지막 시대에
너희들을 무너뜨리고자 하는 그와 같
은 것이라 너희들이 그리 말하는가?
21 사랑하는 나의 아들딸들아!
22 정녕 내가 너희들에게 말함이니, 나의
160권의 새로운 성경을 접하고 정독
하여 네 것으로 만들지 않는다면,
23 어두운 세상에서 너희들이 빛을 볼 수
없으며, 그 빛을 보지 않는 자 광명을
볼 수 없으며, 세상의 이치요, 사물의
아무것도 볼 수 없는 어두운 세상에
있는 백성이 되어 버리니, 그와 같은
곳에서 너희들이 무엇을 보며 무엇을
깨우치겠는가?
24 그러니 저 자신을 들여다보지 못하며
저 자신이 어떠한 형국인가 볼 수 없
는 그와 같은 형국이니라.
25 나의 새로운 성경을 접하는 백성만이
거울에 비춰 네 모습을 들여다보듯이,
네 주변의 모든 사물을 볼 수 있으며,
네가 어떠한 길을 가야 될 것인가를
알 수 있으며 모두를 거기서 알게 되
는 것이니,
26 그 알 수 있는 것을 버리고 너희들이
암흑의 세상에서 허덕이면서, 그것이
나에게 오르는 길이요, 구원의 길이라
하는 어리석은 삶을 살지 말도록 그리
하라.

11,104 번째 하나님 말씀

2004년 5월 16일 06시 10분

1 사랑하는 나의 아들아!
2 "네, 아버님! 말씀하옵소서."
3 내가 일찍이 성경에 기록하여 너희들
에게 무어라 말하였느냐?
4 너희들이 천국에 올 수 있는 사람의
형태요, 천국에 올 수 있는 자격의 기
준을 내가 성경에 이리 기록하여 너희
들에게 전했느니라.
5 나의 아들 예수가 너희들에게 전하기
를, '어린아이와 같이 되지 아니한다
면 결단코 너희들은 천국에 들어올 수
없으며 나의 나라에 올 수 없는 것이
라' 그리 전하지 아니하였더냐?
6 지금 살아가는 모든 백성 너희들의 마
음이요, 삶이 과연 어린아이처럼 곱고
천사와 같은 아름다운 모습으로 그 모
두를 유지하고 살아가는가?

7 사랑하는 나의 아들딸들아!
8 너희들은 지금이라도 나의 성경의 한
구절을 읽고 깨우쳤다면, 너희들이 정
녕 지금에 어린아이가 되어 가는 그
와 같은 삶으로 되돌리지 아니하면 아
니 됨이니라.
9 그러니 내가 오늘의 삶을 너희들이 반
대로 사는 삶을 살지 아니하면 나를
볼 수 없다 하지 아니하였더냐?
10 어린아이란 무엇이며 어린아이의 마
음은 무엇이더냐?
11 어린아이란 성인이요, 그리고 나이 먹
은 사람이 가진 판단력과 분별력이
없지 않으냐?
12 그리고 그들은 순수하니라, 그리고 욕
심도 없느니라.
13 그러니 그런 아이들이 되지 아니하면
너희들이 결국 천국에 들어올 수 없다
는 뜻이라는 것을 어찌하여 너희들이
모른단 말이더냐?
14 그와 같이 성서에 기록하여 전했으면
너희들이 그와 같은 마음 자세로 살
아가면 되는 것을,
15 너희들은 세월 속에서 성장하며 변해
가면서 어찌 살아가는가?
16 그때서부터 너희들은 잘못되기 시작
하며 거짓된 행위를 하며 남을 속이는
그와 같은 행위를 하느니라.
17 그리고 이익의 분배에서 너희들이 더
큰 것을 차지하려는 그와 같은 마음
으로 변하니,
18 세상의 모두에 대하여 너희들이 자신
을 먼저 의식하며 자신의 유익을 위하
여 오판과 착각으로써 결정하는 것,
그와 같은 것을 서슴지 않고 행하는
것이 나의 아들딸이요, 나의 백성이라
너희들이 말하느니라.
19 너희들은 그리하여 허황된 것, 그리고
이룰 수 없는 꿈을 따라 그 꿈을 이루
기 위하여 살아가게 되니,
20 육의 세상에 너희들이 모든 꿈을 걸고
육의 세상의 그 꿈을 현실화시키고자
욕심을 가지고 살아가는 것이 오늘의
나의 아들딸이요, 모든 백성들의 삶이
아니더냐?
21 그러니 이루지 못할 그와 같은 꿈을
생각하며 그를 너희들이 인생의 목표
로 삼고 살다 보니, 헛된 욕망과, 죄에
대한 분별을 할 줄을 알면서도 그를
너희들이 분별하지 아니하며, 오로지
너희들이 그 꿈을 이루기 위한 이해관
계에 따라서 네 마음이 움직이는 것이
요,
22 여기에는 진실이 없으며 정의로움이
없고 너희들이 이익 앞에서 마음이 변
화되는, 그리고 너희들이 알면서 덮어
버리는 그와 같은 삶을 사는 것이 나
이 먹은 백성들이요, 성장해 가면서
나의 사랑하는 백성들이 살아가는 그
와 같은 삶이니라.
23 그러니 이와 같이 변화되고 변질된 너
희들의 그 마음을 어린아이들의 마음
같이 돌려놓지 아니하면 나를 볼 수
없다는 무서운 사실을 너희들은 알라.
24 내가 일찍이 너희들이 한 자도 빼고
더하지도 말라는 성경에 너희들이 나
에게 오르는 길이요, 천국에 오르는
것 모두를 기록하여 전했으며 그리 가
라 하였거늘,
25 너희들이 어린아이와 같은 마음으로

돌아가지는 아니하면서 하늘의 뜻을
안다 생각하며, 나에게 오를 수 있으
며, 너희들이 하늘의 천국에 올 수 있
는 모두를 얻은 백성이라 그리하니,
얼마나 너희들이 어리석고 가련한 백
성이란 말이더냐?
26 너희들은 어린아이 마음으로 돌아가
지 아니하면, 하늘의 뜻을 알 수 없는
것이 너희들의 지혜요, 하늘의 지혜를
절대 얻지 못하는 것이 또한 너희들의
운명이니라.
27 더욱이 그와 같이 사는 자, 성령으로
임하는 백성이 될 수 없음이니라.
28 그러니 이와 같은 뜻을 가르치고 이
뜻을 다시 한 번 상기시켜, 어린아이
같이 순진한 마음으로 그와 같은 너희
들의 모습으로 돌아가지 아니하면 아
니 된다 그리 전하라.

11,105 번째 하나님 말씀

2004년 5월 16일 09시 46분

1 사랑하는 나의 아들아!
2 "네, 아버님! 말씀하옵소서."
3 오늘의 너희들이 나의 성령을 받아 이
를 책으로 만들어 내, 이것이 마지막
심판의 기본이요 근본이며, 너희들이
이를 읽지 아니하면 하늘에 오르는 길
을 볼 수 없으며 내 뜻을 알 수 없으며
거듭나는 영광을 얻을 수 없음이니,
4 내가 새로 내리는 이 성경을 새로운
성경이라 너희들이 믿어 이를 가슴에
안고 정독하고 읽고 깨우쳐, 너희들이
하늘에 오르는 길을 와, 그리 갈구하
고 소원하는 구원을 받도록 그리하라
내가 나의 아들을 통하여 그와 같이
가르치고 전하거늘,
5 저들이 정녕 이를 듣지 아니하며 믿지
아니함이니, 그리고 이를 깨우치려 하
지 아니하며 도리어 그들이 사탄이요,
이단이라 치받는 소리를 하고 있으며,
6 어찌하면 나의 아들을 세상에 존재하
지 못하도록 하며, 나의 이 새로운 성
경이 세상에 역사하지 못하도록 할 것
인가, 그리고 이들이 존재함으로써 저
희들이 얼마만큼 불이익을 당할 것인
가, 이것부터 계산하여 그들이 그와
같이 훼방을 놓는 자들이니라.
7 그러니 아무리 너희들이 부르짖고 부
르짖는다 해도, 그리고 진실이다 진실
이다 그리 부르짖어도 그들이 받아들
이지 아니함이니, 이를 어찌하겠는가?
8 그러니 이 세상을 모두가 다 덮는 그
와 같은 역사가 아니고는 그들을 다스
릴 수가 없는 것이니라.
9 위로는 내가 너희들에게 친필로 써 내
린 그 십계명을 세상에 내려보냈지 않
았느냐?
10 그 십계명이라는 것이 얼마나 귀하고
소중한 것이더냐?
11 그러니 너희들 말로 성서에 기록된 것
은 한 자도 빼고 더해서도 안 된다 하
면서, 내가 직접 불로 써 내린 그 십계
명을 가지고 그대로 인간은 지키고 살
수 있다 없다 그것을 시시비비하는 백
성들이 너희들이니,
12 그와 같이 너희들이 무서운 자들이요,
너희들이 그와 같이 사악함을 알겠는
가?
13 그러니 내가 직접 써 내린 그 친필인

십계명도 너희들이 지키고 살 수 있다
없다 하는 것은, 이를 믿을 수 없다 있
다 시시비비하는 것이 무엇이더냐?
14 너희들은 그리 말하지 아니할 것이니
라.
15 다만, 인간이 나약하기에 그를 지키고
행할 수 없다 너희들이 그리 말하나,
결국은 그것이 무엇이더냐?
16 '이것은 하나님의 뜻이요, 창조주의
뜻이 맞냐 아니냐?' 너희들이 시시비
비하는 것이 아니더냐?
17 그러니 이걸 믿고 지키는 것이 하늘에
오르는 길이냐 아니냐, 또한 너희들이
시시비비하는 것,
18 그리고 나의 법전을 놓고 너희들이 시
시비비를 하듯이 지금 나의 십계명을
놓고 그리 시시비비하며 너희들이 그
와 같은 짓을 하고 있는 것을 알겠느
냐?
19 너희들은 단순히 그저 인간이기 때문
에 이리 행하고 지킬 수 없다 얼버무
리며 그리 넘어가려 하나, 너희들의
그 속마음은 과연 무엇이더냐?
20 내가 보는 너희들이 시시비비하는 것
은 그러하니라.
21 내가 내린 친필이요, 이 십계명이 창
조주 나 여호와가 반드시 지키라 하여
내린 것이라면, 너희들이 거기에 이유
가 어디 있으며 거기에 무슨 갑론을박
을 할 수 있단 말이더냐?
22 이를 지키지 아니하면 하늘에 오르지
못하는 것이라 너희들이 그리 믿는다
면, 인간이기 때문에 이를 지키고 안
지키고 너희들이 그와 같은 말을 할
수 없을 것이니라.
23 이는 무조건 지키며 이와 같이 행하면
아니 된다 너희들이 그리 깨닫고 그리
공부하고 가르쳤으면, 과연 너희들이
거기에 어떤 말이 필요하던가?
24 그러니 너희들이 이를 가지고 인간이
기 때문에 지킬 수 있다 없다 시시비
비하는 것은 곧 무엇이더냐?
25 '이것을 우리는 믿을 수가 없는 것이
며, 이게 정녕 창조주 아버지께서 내
린 뜻이요, 아버지께서 불로 써 내린
친필인가?' 하며 그 자체를 의심하는
행동인 것을 너희들은 알겠는가?
26 이것이 창조주가 내린 것이냐 안 내린
것이냐 의심하며, 이것이 창조주의 뜻
이냐 뜻이 아니냐 의심하며, 이대로
지킴으로써 구원을 받을 수 있는 것이
냐 못 받을 것이냐 의심하며,
27 너희들이 지금 나의 새로운 성경을 의
심하듯이 그와 같은 의심을 하는 자들
이니라.
28 그러니 위로는 내가 직접 써 내린 나
의 십계명을 너희들이 믿지 않으니,
29 내가 나의 아들을 통하여 지금의 마지
막 시대에 새로운 성경이라 하여 160
권의 대장정의 이 책을 세상에 내려보
내나,
30 내 뜻을 기록하여 내려보낸 이 책을
가지고 너희들이 절대 믿지 아니하며,
믿음의 길을 가는 자 이를 찢어 버리
고 태우는 데 혈안이 될 것이며 절대
믿지 아니할 것이니라.
31 너희들이 십계명 자체도 믿지 않는 그
와 같은 행위를 하는 자들이니, 내가
나의 아들을 통하여 내리는 이 새로운
성경을 과연 믿겠느냐?

32 절대 믿지 아니함이니라.
33 저희들이 본 것도 믿지 아니하며 들은
것도 믿지 않느니라.
34 한 줄도 빼고 더해서도 안 된다면서
거기 기록된 십계명을 믿지 않는 그와
같은 행위이니, 그들에게 무엇을 믿기
를 바라며 그들에게 무슨 기대를 하겠
느냐?
35 그러니 내가 이 세상이 그리 썩어졌고
그 모두가 무너졌다 함이니라.
36 다만, 너희들이 그들을 구하는 것은
나의 새로운 성경이 세상에 나가 모두
를 다 덮었을 때,
37 그저 이리 가도 저리 가도, 동서남북
의 앞뒤를 봐도 저희들이 나의 새로운
성경을 읽지 아니하면 아니 될 때, 그
정도로 너희들이 역사했을 때만이 그
들이 그중에서 깨우치고 또 변화되는
백성이 있을 것이요,
38 그렇지 않으면 그들은 절대 믿지 않느
니라.
39 제가 듣고 본 것, 내 성경에 기록한 내
가 직접 써 내린 십계명을 부인하지
아니하면서도 그를 믿지 아니하는 자,
그와 같은 시시비비를 하는 백성 너
희들의 심성이니,
40 너희들이 나의 새로운 성경을 얼마나
도마 위에 올려놓고 그를 심사하려
대들며, 그를 갖다 너희들이 평가하려
대들겠는가?
41 그것은 잘못된 것이라는 답의 결론을
내놓고 너희들은 그와 같이 몰아가기
위하여 간교한 방법이요, 수단과 방법
을 가리지 않는 것이 오늘의 종교 집
단의 지도자 너희들이 하는 행위라는
것을 잊지 말라.

11,106 번째 하나님 말씀

2004년 5월 16일 09시 53분

1 사랑하는 나의 아들아!
2 "네, 아버님! 말씀하옵소서."
3 지금 너희들이 수천 년 동안 흘러온
그 종교 집단이요, 그 수많은 지도자,
그리고 너희들이 나의 발등상에 상처
를 내고 있는 교회요, 성당이요, 성전
이요, 회막을 지어 놓고 있는 자,
4 그 모든 종교 집단과 지도자 너희들이
구원을 받는다 하며, 그리고 그 신도
들이요, 너희들이 만든 그 종파에 가
서 이름을 등록하며 거기 와서 저희들
이 울고불고하며 설교에 '아멘, 맞습
니다.' 소리 지르며 너희들이 재물을
바치면 구원을 받는다고 하지 않느냐?
5 그러니 그와 같은 자들이요, 성경의
모든 이치를 안다고 말하는 자, 너희
들이 정녕 그것이 하늘에 오르는 길이
요, 나의 뜻이라 그리 생각하는가?
6 내가 너희들에게 이제는 더 이상 가르
치고 전할 것이 무엇이 있겠느냐?
7 다만, 성경에 기록된 너희들이 하늘에
오르는 길이요, 나를 볼 수 있는 백성
의 근본을 내가 전하지 아니하였더냐?
8 성서에 기록했느니라.
9 나는 그와 같은 백성을 바라느니라.
10 그러니 지금의 모든 종교 집단 지도자
너희들은 나의 뜻을 하나도 알 수 없
는 자요, 알지도 못하며 깨우칠 수도
없는 자들임을 알아야 될 것이니라.
11 정녕 너희들이 나의 뜻을 안다고 말하

는 자, 그리고 너희들이 하늘의 뜻이
라 하여 설교하는 지도자, 그를 듣고
울고불고하는 자들, 그리고 너희들이
성서를 몇십 번 몇백 번씩 암송했다고
하는 자, 그리고 너희들이 그 신앙이
요, 그 교육 기관에서 교육을 받는 자,
12 너희들이 아무리 성서를 암송하고 신
학 공부를 했으며 정규 교육을 거쳤다
해도,
13 너희들은 거기서 지혜를 얻음이 없으
며 아무것도 너희들이 변화되는 게 없
으며, 너희들이 하늘에 오르는 길을
역사하지 못하는 것을 알라.
14 너희들이 다 부질없는 짓이요, 다 허
황된 짓이요, 너희들이 인간 세상의
욕심을 채우며 육의 향락을 위하여 모
두가 이루어지는 것이니,
15 그리하여 너희들이 지금 가는 믿음의
길이요, 역사하는 그 교육 과정이요,
그 모두가 너희들 자신을 무너뜨리며
지옥의 낭떠러지로 인도하고 밀어붙
이는 그와 같은 행위를 하고 있는 것
이라는 것을 알라.
16 거기다 교육을 마치고 나와서 너희들
이 무엇을 하더냐?
17 재물을 바치고 너희들이 나의 아들 예
수의 보혈로써 구원을 받았다 울고불
고 통곡하며 매달리는 자, 그리고 나
의 아들을 찾기만 하는 자, 나를 찾기
만 하고 부르짖는 자,
18 그와 같은 믿음의 길을 가면 너희들이
구원을 받으며 거듭나는 세상이요, 그
리고 너희들이 하늘에 와 나로부터 상
을 받을 것만 남았다는 그 백성들, 어
리석고 불쌍한 그들에게 전하라.
19 너희들이 정녕 나에게 오르고자 하면
단 한 가지를 지키라 그리 전하라.
20 너희들이 어린아이가 되라 그리 전하
라.
21 어린아이의 마음으로 어린아이와 같
이 변하지 아니하면 너희들은 결코 나
에게 오를 수 없음이니,
22 너희들이 성서 교육이요, 신학의 교육
이요, 그리고 너희들이 성서를 몇 번
씩 정독했으며 깨우쳤으며, 종교 지도
자라 하여 단상에 서서 너희들이 얼마
나 많은 백성들에게 강론을 하고 설교
를 하며, 그들이 그를 듣고 울고불고
하며, 재물을 얼마나 모았으며, 얼마
나 큰 교회를 지었으며 성전을 지었으
며 성당을 지었으며 회막을 지었는지
자랑하는 그것이 다 부질없는 짓들이
니라.
23 너희들이 그와 같은 것으로써 나를 볼
수 없으며 나에게 오를 수 없음이니라.
24 다만, 불쌍하고 가련한 너희들에게 내
가 새로운 나의 성경을 다 지키고 살
라 하니,
25 나의 아들을 따르는 제자들이요, 그를
읽고 깨우치는 자들은 그를 꿀송이와
같이 받아들이며 그 몸에 받아들이니,
26 너희들이 갈증 난 자 생수를 마시는
것처럼 그들 것으로 만들며 지금 소화
하는 백성, 그들은 160권의 새로운 성
경을 읽고 깨우칠 수 있으나,
27 너희들은 결코 그걸 받아들이지 못하
며 그를 이해하지 못하며 결코 용서하
지 못하는 것이니라.
28 그러니 너희들에게 그를 읽고 깨우치
라 지금의 종교 집단의 지도자요, 맹

종 맹신하며 구원을 받았기에 하늘에
와 상만을 받을 것이라 하여 죽을 날
짜를 기다리는 자,
29 그리하나 막상 너희들이 또 하늘에 오
르는 것이요, 죽음이 영광이요, 축복
이라 하면서 제가 중병에 걸리고 제가
죽게 되면 너희들이 모든 기도원이요,
능력 있는 자요, 기도하는 자 그저 쫓
아다니면서 생명을 연장해 달라, 그리
고 생명을 연장했을 때 아버님 뜻대로
착하게 아름답게 살겠다고 회개하는
그와 같은 형국의 추한 모습이 바로
너희들이 아니더냐?
30 지금의 믿음의 길을 가는 백성 너희들
이 그리 말하느니라. 종교 지도자도
그리 말하느니라.
31 인간 세상에 살아가면서 육이 행한 것
은 별거 아니며 그것으로써 구원을 받
고 못 받는 것이 아니다 너희들 종교
지도자가 그 신도들 앞에서 가르치며
그 성도들 앞에 당당히 서서 말하느니
라.
32 그러나 너희들이 막상 중병이 걸려 사
형선고를 받으니, 너희들이 하는 소리
가 무엇이더냐?
33 '하나님! 제가 착하고 아름답게 살아
이제 아버님 뜻대로 살며 절대 죄를
짓지 아니할 것이니, 저의 생명을 구
하여 이 세상에 더 존재하도록 해 주
시면 아버님 뜻대로 모두를 역사하겠
다.'
34 너희들이 죽을 때, 너희들이 죽기 전
에 중병에 걸린 자는 너희들이 지금까
지 살아온 것이 잘못됐으니 용서해 달
라, 그리고 죄를 짓지 않겠다, 이웃에
게 너희들이 거짓 하지 아니하며 사기
하지 아니하며 도둑질 아니 하며 간음
하지 아니하며 욕하지 아니하고 살겠
다 너희들이 울고불고 기도하니,
35 그것이 너희들의 행동이 잘못된 것이
요, 행동을 잘못하여 너희들이 지옥을
간다는 증거가 아니고 근거가 아니더
냐?
36 그러니 그와 같은 형국에 있는 것이
오늘의 종교 집단의 지도자요, 구원을
받았다 하는 백성 너희들이니라.
37 그와 같이 사악한 자들에게, 그리고
한 입 가지고 두말하기를 서슴없이 하
는 자들, 그와 같은 자들에게 내가 새
로운 성경 160권을 읽으라 하여 너희
들이 읽는 것 자체도 내가 보기에 내
마음이 역겨운 자들이니라.
38 그러니 너희들이 읽어서 무엇을 깨우
치며 너희들이 거기서 무엇을 얻겠느
냐?
39 그러나 내가 그들도 불쌍하니, 나의
아들딸들이요, 그들이 죽어 와 지옥으
로 가기 전에 나를 아버지라 부르는
저희들이 그만큼 자격이요, 희망이 있
으며, 저희들이 부를 수 있는 그와 같
은 은혜가 아직 남아 있으니, 그 가련
한 백성들에게 내가 전하니, 한 가지
만 지키라 하라.
40 어린아이가 되라 하며, 어린아이 마음
으로 되며 어린아이같이 천진난만한
모습으로써 돌아가며 그리 살라 전하
라.
41 그러면 그래도 저희들이 나를 볼 수
있으며 나에게 올 수 있다는 것을 일
깨워 주라.

11,107 번째 하나님 말씀

2004년 5월 16일 10시 01분

1 사랑하는 나의 아들아!
2 "네, 아버님! 말씀하옵소서."
3 지금의 수천 년 동안 오는 그 종교 집
단의 지도자의 형태요, 그리고 저희들
이 구원을 받았다는 환상 속에 빠져
있는 그 백성들은 나의 새로운 성경을
그들이 읽지도 아니하지만, 아무리 읽
고 읽는다 해도 그들은 받아들이며 그
뜻을 알 수 있는 눈이 열려 있지 아니
함이니라.
4 그러니 새로운 성경을 저희들이 읽어
도 참진리라 받아들이지 못하며 그를
보지도 못하는 그와 같은 형국이 되어
있음이니라.
5 그러니 지금의 믿음의 길을 가는 그
백성들이 나의 새로운 성경을 읽고 깨
우쳐 하늘에 오르는 길을 역사하며 나
에게 올 수 있는 것은 너희들이 정말
어렵고 힘든 길이요,
6 그러니 결국 그들은 어떠한 것을 포기
하게 되느냐?
7 저희들이 아집과 고집으로써 나의 나
라, 천국에 오는 것을 포기하는 자요,
8 저희들이 거듭나는 생명으로서 영원
한 세상에 살아가는 그 삶 모두를 다
버린 자들이라 함을 너희들은 알라.
9 내가 너희들의 그 믿음을 보는 형국이
어떠한 것이더냐?
10 너희들이 그 집을 칠하며 곱게 단장하
며, 너희들이 영혼의 집이요, 영혼을
보호하기 위하여 존재하는 그 집을 가
꾸고 화려하게 꾸미며 다스리는 데는
그 모두를 다 바치나,
11 그 속에 사는 인간은 지금의 가치만큼
너희들이 살지 못하며 다 썩어져 있는
자요, 냄새가 진동하는 자들이 지금
그 속에 거주하고 살고 있는 형국이라
면 너희들이 믿겠느냐?
12 너희들이 나의 사랑하는 백성들의 고
혈을 갖은 수단과 방법을 다 동원하여
거둬들인 그 방대한 교회요, 그 방대
한 성전이라는 것, 그리고 궁궐보다도
더 화려하게 꾸며 놓고 거기서 너희들
이 제왕적인 행위를 하는 그 종교 집
단의 지도자 그들이 과연 어떠한 자들
이며, 어찌하여 그들이 그와 같은 역
사를 했는가?
13 과연 그들이 나의 뜻이요, 참진리의
뜻을 볼 수 있다 생각하는가?
14 그들은 결코 볼 수 없음이니라.
15 그러니 그들이 그 모두를 다 지워 버
리며 다 포기하며 그 모두를 손을 놓
고, 저희들이 살아온 그 인생의 삶에
서 후회의 눈물을 흘리는 자, 깨닫는
자, 그와 같은 자만이 나의 새로운 성
경을 볼 수 있는 것이요,
16 그를 저버리지 아니하는 자는 결코 볼
수 없음이니라.
17 사랑하는 나의 아들딸들아!
18 지금까지 모든 백성들을 가르치며 지
도하면서 육의 생활은 별것 아니니,
그리고 육의 삶으로써는 구원을 받는
것이 아니니,
19 나 여호와를 찾고 나의 아들 예수의
보혈이요, 그저 믿는다는 것으로써 저
희들이 구원을 받는다 그리 말하며,
그리하면 저희들이 하늘나라 천국에

온다는 자들,
20 그 종교 집단의 지도자요, 돈을 주고
명함을 산 자들, 그리고 광분하는 신
도라는 자들, 맹종 맹신하며 하늘 높
은 줄 모르는 자, 그들이 중병에 걸려
죽을 때 저희들이 기도할 때 무어라
하더냐?
21 '아버님! 저의 죄를 용서하여 주옵소
서. 저를 살려 주시기만 하면 아름답
게 살겠사옵니다.' 그리 말하지 않더
냐?
22 그러니 뼈저리게 느끼는 자, 살려만
주면 하나님의 뜻을 따라 인간의 욕심
이요, 인간의 잘못된 그 죄를 짓지 않
고 살겠다 눈물로써 회개하고 간절한
기도를 드리는 자, 그들에게 나의 새
로운 성경을 던져 주면 그들은 그를
읽을 것이며, 그를 보고 깨달을 것이
며,
23 그와 같이 저희들이 나에게 진실되고
애절한 기도를 드리는 백성은 그리 볼
수 있으나, 그 경지까지 그 형태까지
저희들이 가지 아니하면 절대 이를 믿
지 아니하느니라.
24 저희들이 살이 썩어지며 도저히 살
수 없으며, 지금의 믿음이요, 지금의
저희들이 가는 종교 집단에서는 저 자
신을 구원할 수 없으며 제가 거듭날
수 없으며, 그저 저희들이 죽어 가는
그와 같은 형국이 되어 몸부림칠 때,
더 이상 희망과 기대가 없을 때,
25 그들은 나의 새로운 성경을 던져 줬
을 때 접하면 읽고 깨우칠 것이며, 거
기서 지혜를 얻을 수 있는 그와 같은
형국이니라.
26 그렇지 아니하면 절대 그들은 믿지 아
니하며 이를 따르려 하지 아니하니,
그들을 깨우치고 전한다는 것이 그래
서 그리 어렵고 힘드니라.
27 거듭날 수 없는 백성들이 거듭날 수
없는 길을 하늘에 오르는 길이요, 거
듭나는 길이라 믿고 또 믿고 달려가니,
28 그 마음을 돌리기가 그렇게 어려운 것
이니라, 사랑하는 나의 아들딸들아!
29 그들은 지금까지 잘못 온 그 신앙이
요, 그 신앙생활의 믿음이요, 그리고
저희들이 지금까지 하나하나 몇십 년
동안 쌓아 왔고 길들여 온 그 모두가
다 잘못된 종교 집단이요, 저희들이
잘못된 믿음이라 그리 말하면, 그들이
어찌하겠는가?
30 그러니 그들은 타협이 안 되며 그들은
깨우침이 없는 것이니라.
31 다만, 저희들이 지금까지 길들고 훈련
되어 온 그 믿음이, 그 상식과 인간 지
식의 한계를 벗어나지 못한 그것이 참
진리의 가르침이요, 하늘에 오르는 길
이라 저희들이 그리 믿고 또 믿고 있
기에,
32 그들이 바로 그와 같은 믿음으로 인하
여 저희들이 새로 나는 것, 거듭나는
것, 나의 새로운 성경을 읽고 깨우치
는 그 모두를 막아 버리는 장벽을 쳐
놓고 있으며,
33 그 모두가 다 장벽이 되어 버렸기 때
문에 그를 넘고 부수는 자가 없음이니
그리 알라.
34 사랑하는 나의 아들아!
35 그들에게 또한 너희들이 전해야 될 것
이니라.

36 아무것도 모르는 아이와 같은 그와 같
은 마음을 갖고 그와 같은 백성으로서
거듭나라.
37 그리 나지 아니하면 절대 너희들이 나
를 볼 수 없으며 구원을 받을 수 없으
며, 지금의 너희들이 가는 그 아집이
요, 고집으로 인하여 인간 상식의 교
리에 얽매이다 너희들이 죽어 지옥문
앞에서 울고불고 통곡하는 것이 너희
들의 모습이 될 것이니라.
38 나의 아들 예수가 얼마나 답답하고 답
답하면 진실이라 진실이라, 믿으라 믿
으라 했겠느냐?
39 그러니 나의 아들 예수가 2천 년 전에
그 제자들이요, 그 백성들에게 부르짖
던 진실이요, 진실이라는 것을 나 여
호와가 지금 다시 한 번 너희들에게
그리 부르짖음이니,
40 너희들은 내가 이 부르짖는 진실이요,
진실이요, 나의 새로운 성경이 내 뜻
이요, 내가 역사하는 것이요, 나의 아
들이 나로부터 선택된 목자요, 만백성
을 이끌어 가는 나의 아들이라 내가
말하니,
41 내가 오죽 답답하면 너희들에게 나
여호와 또한 진실이요 진실이니 믿으
라 그리 말하겠느냐?
42 너희들은 진실로 믿고 따르며 나의 법
전을 읽고 정독하여 깨우쳐 하늘에 오
르는 길을 보라.
43 이것이 아니면 너희들이 결코 올 수
없음이니, 진실임이니라.

11,108 번째 하나님 말씀

2004년 5월 16일 11시 40분

1 사랑하는 나의 아들아!
2 "네, 아버님! 말씀하옵소서."
3 모든 백성들에게 그리 전하라.
4 너희들이 눈을 크게 뜨고 귀를 열고
나의 성경을 봐야 구약 시대의 역사하
고자 한 그 의미를 알며, 신약 시대의
역사했던 그 의미를 알며, 지금 제3의
시대의 역사하는 것, 그 모두를 알 수
있음을 너희들은 알아야 될 것이니라.
5 지금 나의 아들이 울고 있으며 나 여
호와가 또한 울고 있음을 너희들은 알
겠느냐?
6 너희들을 구원하기 위해 세상에 갔던
나의 아들이 그 고통 속에 죽음을 겪
고 너희들을 위하여 모두를 다 바친
나의 아들 예수가 울고 있으며,
7 또한 너희들이 오늘의 잘못 감이요,
내 뜻을 정녕 모름이니 나 여호와가
울고 있다면 너희들은 어떠한 생각을
하겠느냐?
8 나 여호와가 너희들을 통하여 울고 있
다면 과연 웃는 자는 누구라 너희들이
생각하느냐?
9 창조주 나 여호와가 운다면, 사탄이
요, 마귀요, 그들이 지금 웃고 있다는
것을 너희들은 생각하지 못하느냐?
10 어찌하여 사랑하는 나의 아들딸 너희
들이 나에게 기쁨을 주지 아니하며 너
희들의 아버지인 나에게 눈물을 흘리
도록 그리한단 말이더냐?
11 그리하여 너희들은 나를 울리며 사탄
을 기쁘게 하는 그와 같은 삶을 살며,

오늘의 모든 종교 집단이요, 믿음의
길을 가는 백성 너희들이 그렇다는 것
을 알고 있느냐?
12 바로 너희들이 지금 하고 있는 짓이
그러한 행위를 하고 있음이니라.
13 내가 울고 있음이니, 나의 아들 예수
의 그 고통과 그 고통의 죽음 속에서
그가 온 그 지난날의 그를 생각하며,
그래도 너희들이 내 뜻을 모르는 그를
보는 나의 아들 예수는 얼마나 슬피
울고 통곡하는지 알겠느냐?
14 그 통곡함이 너희들이 어떠한 것인가
를 깨달아야 될 것이니라.
15 말로써 나의 아들 예수의 보혈이요,
은혜로써 구원받았다 너희들이 그리
말하지 말며, 우리 부자가 울고 있는
이 슬픈 마음을 너희들은 알겠는가?
16 우리가 욺으로써 사탄이 웃으며 마귀
가 웃는다는 그 말을 너희들이 잊어서
는 아니 될 것이니라.
17 내 아들딸들이요, 내 자식들이 남을
위하여 웃게 하며, 너희 아버지요, 그
리고 너희들이 말하는 너희 형제 예수
가 울도록 그리한다면, 너희들이 과연
이것이 인간의 도리요, 너희들이 해야
할 길이라 생각하는가?
18 너희들 인간 세상에서도 그리할 것이
니라.
19 네 부모를 울리며 남의 부모를 기쁘게
한다 하면, 너희들의 그 부모의 마음
은 과연 어떠하겠느냐?
20 그것도 너희 자식들이 바로 섰으며 사
회에 필요한 인간으로서 그와 같은 역
사를 한다면 모르지만, 가장 저주받는
자요, 세상에 태어나서는 아니 될 자
라고 지탄받는 백성이 그와 같은 짓을
하고 있다면, 그 부모의 마음은 과연
어떠하며 얼마나 가슴이 저리겠는가?
21 그거보다 더 아프고 저린 것이 나 여
호와이니라.
22 이제 나의 아들을 따르는 제자들이요,
나의 새로운 성경을 가지고 공부하는
선택된 백성, 너희들은 이제는 우리
부자를 울리지 말라.
23 그리고 사탄에게 기쁨을 주는 그와 같
은 삶을 너희들이라도 살아서는 아니
됨이니 그리 알라.
24 나의 뜻이니 너희들은 이를 명심하여
행하도록 그리하라.

11,109 번째 하나님 말씀

2004년 5월 16일 20시 13분

대전 강론 후 기도

1 사랑하는 나의 아들아!
2 "네, 아버님! 말씀하옵소서."
3 사람이 살아가면서 그 친구요, 주변
사람을 어찌 만나느냐에 따라서 너희
들의 그 삶이 바뀌어지며 너희들의 그
행동이 바뀌어진다는 말이 있지 않더
냐?
4 네 부모형제요, 네 주변 친구요, 네 형
제가 어떤 사람이냐에 따라서 모든 삶
이요, 생활이 바뀌어진다 그리하였으
니, 한 사람의 주변 사람이 그와 같이
중요하니라.
5 그러나 지금 나의 이 아름다운 지상이
요, 너희들이 살아가는 이 세상이 어
떠한 형국인 줄 알겠느냐?
6 오류로써 뒤덮였으며, 죄악으로 세상

이 덮였으며, 죄악이 그 모두를 지금
다스리고 있으니,
7 지금 죄악으로 덮인 이 세상에서 사랑
하는 나의 아들딸 너희들의 마음이 사
탄이요, 사악한 자들의 죄악의 씨가
너희를 파고들며 침투하며 그와 같은
형국이 이루어졌으니,
8 너희들 자신이 이와 같은 세상에서 견
디고 살아가기가 그만큼 어렵고 힘든
것이니라.
9 그러하기에 너희가 자의요 타의요 할
것 없이 지금 그 사악한 죄의 뿌리가
너희들의 이 세상을 덮고 있는 것처럼
너희들의 마음을 파고드니,
10 사랑하는 나의 아들딸 너희들이 견디
지 못하며 무너지고 쓰러지는 그와 같
은 형국이 되었음이니라.
11 그러기에 그로 인하여 범죄가 이 세상
을 다 덮고 있으며, 오류가 오류를 낳
는 그와 같은 걷잡을 수 없는 세상이
되었음을 알아야 될 것이니라.
12 한 사람의 친구를 잘못 만나면 한 인
생이 무너질 수 있으며, 좋은 친구 한
사람을 만나면 너희들이 거듭나는 인
생의 삶을 얻는 것처럼,
13 그러나 이 세상이 죄악으로 덮여 있으
니 그 속에서 살아간다는 것이, 나의
사랑하는 백성들이 얼마나 고통스럽
고 어렵고 힘든 길이더냐?
14 그리하여 내가 그들의 그 고통스러움
에서 구원하기 위하여 지금 나의 아들
을 통하여 160권의 새로운 성경을 내
려보내니,
15 이를 만들고 전하는 너희들이 최선을
다해야 할 것이며 온갖 정성을 다해야
될 것이니라.
16 너희들이 이를 만들어 그들에게 전해
주지 아니하면 이 범죄의 소굴에서 나
의 사랑하는 백성들이 거듭날 수가 없
으며,
17 그 범죄의 씨앗을 너희 가슴에 심고
심으니, 나의 사랑하는 백성들이 스스
로 저희들도 모르게 타락하여 지옥으
로 떨어지고 있음을 알라.
18 그러니 이를 바로잡고 바로 세우는 것
이 너희들이니, 그리하여 너희들이 하
늘을 향하여 한 점의 부끄럼 없는 삶
을 살아 너희 자신을 다스리고,
19 너희 자신을 다스린 다음에 너희 주변
이요, 너희 이웃이요, 너희 형제들이
너희들을 보고 변한 모습이요, 너희들
이 살아가는 모습을 보고 너희들을 따
르는 그와 같은 삶을 살지 아니하면
안 됨이니,
20 그것이 나 여호와가 너희들이 가야 할
길이라 함을 결코 잊지 말도록 그리하
라.
21 모든 백성을 구하고 그 빛을 비추는
것, 너희들이 말하는 빛과 소금이라
하는 그 역할이 나의 새로운 성경이니
라.
22 너희들이 이를 전하여 그 역할을 하지
않으면 아니 됨이니, 내가 그리하여
너희들이 귀하고 소중하다 함이니,
23 너희들의 책임이 무엇인지 다시 한 번
생각하도록 그리하라.

11,110 번째 하나님 말씀

2004년 5월 17일 08시 35분

1 사랑하는 나의 아들아!
2 "네, 아버님! 말씀하옵소서."
3 너희들이 살아가면서 세상의 삶에 부
닥치고 얽히고설키는 그 일이 얼마나
많고 많더냐?
4 그러니 그 모두를 다 아름다운 것이
요, 정의로움으로 너희들이 생각하지
아니하면 나를 볼 수 없다 하지 않았
느냐?
5 그러니 너희들이 백 가지 중에서 아흔
아홉 가지를 잘 지킴이니, 하나를 제
대로 지키지 못하고 행하지 못하여 아
흔아홉 가지가 다 무산이 되며, 너희
들이 나를 보고 나에게 오를 수 있는
그 영광을 잃는다면, 이는 얼마나 너
희들이 억울하고 손해 보는 일이더냐?
6 그러니 내가 너희들에게 완벽하라 함
이 거기 있느니라.
7 너와 너의 제자들은 지금서부터 너희
들이 버리지 못하는 그 악습을 버리며,
8 백 가지 중에서 아흔아홉 가지는 충실
히 잘 행하고 지키나, 하나를 잘못하
여 모두를 잃는 어리석은 그와 같은
나의 아들딸이 되지 말라 그리 전하라.
9 그와 같이 너희들이 그 하나의 악습을
버리지 못하고 하나를 지우지 못한다
면, 너희들이 나에게 오를 수 있는 길
이요, 거듭나는 그와 같은 모든 영광
을 다 얻을 수 없는 그와 같은 백성이
되며 모두를 다 잃는다는 것,
10 그것을 너는 명심하여 그들에게 꼭 가
르쳐 주고 심어 주도록 그리하라.
11 그렇지 아니하면 너희들이 나에게 올
수 없다는 것, 그리고 나를 바라볼 수
도 없다는 것, 이를 명심하고 또 명심
하도록 그리하라 전하라.
12 하나 때문에 모두를 다 잃는 어리석은
그와 같은 백성이 되어서는 결코 안
된다는 것, 그것이 나 여호와가 너희
들에게 바라는 애절한 마음이요, 이제
너희들이 가야 할 길이 그것이라는 것
을 알라.
13 너희들이 다듬어지고 또 다듬어지며
많이 다듬어졌느니라.
14 그러나 너희들이 아직도 너희 자신이
버리지 못하는 그 악습이 있음이니,
그를 버리지 아니하면 아니 됨이니,
15 너희들이 아흔아홉 개는 버렸으나 하
나를 버리지 못하는 그와 같은 백성이
되어서는 절대 안 되느니라.
16 그보다 더 억울하고 분함이 없기 때문
이니, 하나의 고비를 넘도록 그리 가
르치라, 사랑하는 나의 아들아!

11,111 번째 하나님 말씀

2004년 5월 17일 11시 56분

1 사랑하는 나의 아들아!
2 "네, 아버님! 말씀하옵소서."
3 내가 너희들에게 무어라 나의 새로운
성경에 기록하여 전했느냐?
4 '여보게! 지옥 불을 향하여 달려가는
당신, 뒤를 돌아다보고 나를 보시오.'
그리하지 아니하였더냐?
5 그러니 지금 모든 백성 너희들이 지옥
불을 향하여 낭떠러지로 달려가면서
뒤를 돌아보지 못하는 그와 같은 어리

석은 오늘의 삶이 아니더냐?
6 그러나 지금 나의 아들을 따르는 제자
들이요, 그리고 선택된 백성들이 바로
무엇이더냐?
7 너희들이 나의 아들을 통하여 내리는
새로운 성경이요, 나의 강론을 들음이
니, 지옥 불을 향하여 달려가던 그와
같은 너희들이 뒤를 돌아다봐 거기서
거듭나는 영광을 얻음이니, 너희들이
그것보다 더 큰 은혜요, 영광이 과연
어디 있는가?
8 너희들은 그와 같은 은혜를 입었거늘,
나의 성전이요, 나의 아들이요, 더불
어 가는 너희들이 어떠한 마음 자세로
살아가야 하는지, 너희들이 어찌하여
자신의 삶을 모르는가?
9 이 법전 '하나님! 말씀하옵소서.'를 읽
고 깨달음을 가지고 지옥 불로 달려가
는 발길을 천상에 오르는 발길로 돌리
라 했음이니, 그 대목 또한 너희들이
어떠하더냐?
10 모든 백성들이 지금 울고불고하며 구
원의 길이라고 평생을 다 바치며 저희
들이 재물과 온갖 정성을 다 바쳐 그
리 속고 속으며, 그가 죄를 짓는 것이
요, 사탄에게 역사하는 그와 같은 길
을 가는 그 백성들에게,
11 너희들이 나의 아들을 통하여 내리는
강론을 들으며 '하늘에 오르는 길'이
요 '하나님! 말씀하옵소서.' 나의 책을
읽고 깨달아 너희들이 지옥 불을 보고
달려가는 그 발길을 돌려서 하늘에 오
르는 발길로 지금 오고 있으며,
12 그 길을 달려오며 더욱이 너희 자신을
구하며 만백성을 구하는 대명의 역사
를 이루는 너희들이 과연 무엇으로 하
여금 나의 성전에 와 얼굴을 붉히며
나의 성전에 와 시시비비를 하며 너희
들이 어떠한 말을 함부로 할 수 있다
생각하는가?
13 어찌하여 이와 같은 은혜요, 영광으로
써 너희들이 무엇을 더 바라며 무엇을
더 얻으며, 너희들이 수고하고 노력한
것으로 이를 갚았다 할 수 있겠는가?
14 나의 아들을 세상에 내려보내어 그 모
두를 역사함이니, 너희들이 그 아비로
부터 받은 그와 같은 상이 있을진대,
너희들이 그 자식을 돕고 보호하는 것
은 그것이 인간 세상에서 너희들이 서
로 살아가는 그 마음의 기초요, 근본
이 아니던가?
15 그것으로써 너희들이 시시비비를 하
며 그것으로써 언성을 높이는 그와 같
은 너희들의 행동이요, 말을 함부로
할 수 있다면,
16 과연 너희들이 깨달은 자요, 진리의
도리를 가는 자며, 진심으로 나 여호
와에게 감사하게 생각하며 내 뜻에 너
희들이 감사의 기도를 드리는가?
17 이것이 너희들이 오늘의 자세라면, 과
연 너희들이 나의 아들을 따를 자가
누가 있으며,
18 나의 아들 예수가 어렵고 힘들어 핍박
을 받을 때, 그리고 고통스럽게 피 흘
려 죽어 갈 때 등을 돌린 자와 너희들
이 무엇이 다르겠는가?
19 오늘의 너희들이 지옥 불로 가는 것
을, 발을 멈추며 나에게 오르며 지옥
으로 가는 것을 너희들이 천상으로 오
는 길을 걸어오면서 그것이 누구를 위

해서 하는가?
20 나로 하여금 너희들이 역사하며 나의
아들을 통하여 모두를 얻고 이루거늘,
어찌하여 너희들이 그와 같은 것을 모
르고 지금 함부로 세상을 살아가며 너
희들이 마음대로 말을 하며 생각대로
세상 일을 전하고 생각하는가?
21 그러고도 너희들이 깨달은 자요, 너희
들이 나의 아들 앞에 가며, 남보다 앞
에 가는 백성이라는 오만과 자만의 생
각이 없다면, 너희들이 과연 그와 같
이 할 수 있는가?
22 '여보시오, 어찌하여 하나님의 심판의
무서움을 모르고 그리도 사악한 마음
을 가지고 죄를 짓고 회개와 용서를
받지 않고 그리 가시오?'
23 너희들이 과연 지금까지 살아오면서
하늘의 심판이 있으며 그 심판의 결과
가 무엇이고 그 두려움을 알았는가?
24 너희들은 성령을 훼방하는 죄가 아니
요, 그저 나 여호와를 찾으며 너희들
의 손으로 지은 죄의 온상인 교회에
재물을 바치며 하늘에 쌓아 놓는다,
울고불고 재물 몇 푼을 던지면 구원을
받는다 그런 마음이니,
25 너희들이 그리도 사악한 마음을 가지
고 지금까지 죄를 지었으며 나를 능멸
한 것이 아니던가?
26 그와 같은 것을 너희들이 회개하는 것
이요, 너희들이 용서받는 것이요, 심
판이 두려우며 내가 존재함을 무섭게
생각하는 너희들이 그 깨달음을 하나
얻은 것으로써 지옥으로 갈 자 천상으
로 오르니, 너희들이 그것보다 무엇을
더 원하기에,
27 너희들이 감히 나의 성전에 와서, 모
든 식물들이며 모두가 바라보는 곳이
며, 가장 신선하고 아름다울 나의 성
전에서 너희들이 인간의 마음을 쓰며,
인간의 모습을 보이며, 인간의 형태를
보이고 감히 그와 같은 말이요, 행동
을 할 수 있다 생각하는가?
28 나는 그와 같은 자를 알지 못함이니
그리 알라 전하라.
29 '여보시오, 가던 발길을 잠시 멈추시
오. 그렇게 지옥 불로 달려가면 어찌
합니까?'
30 너희들이 지금 가는 길이 어디로 갔는
가?
31 너희들이 마찬가지니라.
32 너희들이 모두 지옥 불을 향하여 낭떠
러지로 달려갔으니, 영원히 살며 거듭
나는 세상에서 너희들이 지옥 불에 가
한번 견디고 살아 보라.
33 지옥 불로 달려가는 자의 그 고통이
무엇이며 그 어려움이 무엇이며, 너희
들이 겪는 것이 어떠한 것인가?
34 너희들이 인간 세상에 살면서 백 년도
안 되는 그 삶이 어렵고 힘들다며 두
다리 뻗고 세상에 태어난 그 은혜를
원망하며 욕하며 네 부모요, 형제를
원망하는 자, 그와 같이 너희들이 탄
식하는 자요,
35 그리고 그 고통을 이기지 못하여 너희
들이 온갖 죄요, 사악한 짓을 하면서
도 죄인 줄을 모르고 살아가는 자,
36 너희들이 그와 같은 삶에서 지금 지옥
불로 달려가고 있는 자, 그와 같은 자
들이 발길을 돌려 깨달음을 얻었다면,
그것보다 더 무엇을 원하는가?

37 '이 법전, 여호와 하나님의 메시지를
듣고 잠에서 깨어나 구원을 받고 가시
오.' 했으니, 모든 백성들은 아직도 캄
캄한 오리무중인 밤에서 지금 헤매며
나오지 못하고 있거늘,
38 나의 아들을 통하여 내리는 강론을 들
었으며, 내가 나의 아들을 통하여 내
리는 160권의 하늘의 뜻이요, 그 귀하
고 소중한 내 뜻을 듣고 직접 만들며
역사한 너희들이,
39 너희들 인간의 생각으로 마음대로 입
을 여니 과연 나는 그와 같은 자식이
필요 없으며 그와 같은 백성이 필요
없음이니라.
40 천금을 쌓아 놓는 것이 아니요, 너희
들 앞에 있는 동산 같은 것을 나의 성
전에 옮겨 놓는다 해도 그것은 내가
계산한 모래알만큼도 못한 것이요, 나
와 관계없음이니,
41 너희들이 그와 같은 행위요, 그와 같
은 말을 할 수 있는 자, 나의 성전에
발을 들여놓지 말며 발걸음을 하지 말
라 그리 전하라.
42 나는 그와 같은 나의 백성이 필요 없
음이니라.
43 너희들이 지금까지 오면서 나를 얼마
나 기만했는가?
44 모든 지금의 믿음의 길을 오는 종교
집단의 지도자요, 구원을 받았다 하는
그 백성들이 말로써는 '저희는 미약하
며 죄인이며 아무것도 할 수 없는 자
요, 그리고 미약하기에 아무것도 할
수 없는 미물과 같은 자니, 아버님께
서 성령이요, 아버님의 영광으로써 모
두를 이루어 달라' 너희들이 기도하고
울고불고하느니라.
45 그러면서 너희들은 죄인이라 말하면
서, 너희들은 죄인이며 '이 죄인을 거
두어 주시고 이 죄를 하나님께 용서받
을 수 없다.' 너희들은 유창하게 말로
그리하는 자가 오늘의 종교 집단의 지
도자들이 살아온 행위이니라.
46 그러나 그들은 행동을 과연 어찌했느
냐?
47 말로써는 '미약하며 의미가 없으며 존
재 가치가 없는 저희들을 보호하여 주
옵소서, 아버님! 그리고 죄인을 용서
하여 주옵소서, 죄 속에 사는 저를 다
스려 주시고 구원하여 주옵소서, 그리
고 나약한 자옵나이다, 아버님의 예수
님의 그 공의 은덕을 생각하면 저는
벌레만도 못한 자라' 말하면서 너희들
은 행동을 어찌했으며 지금까지 어떠
한 형국으로 왔느냐?
48 너희들이 제왕이 되었으며, 그리고 너
희들이 소위 말하는 대장이 되어 그리
온 자들이 아니더냐?
49 그러니 말로써는 나약하고 미약하며
죄인이라 볼 것 없는 자요, 용서해 주
며 힘과 용기를 달라 하면서,
50 너희들이 말은 그리하면서 왕이요, 대
장같이 행동을 했음이니, 얼마나 너희
들이 수천 년 동안 나를 기만하고 욕
되게 한 자더냐?
51 그러니 나의 새로운 강론이요, 새로운
성경을 들어 지옥 불로 가는 자 발길
을 멈췄으며, 심판이 무엇인지 두려움
을 알며, 내가 역사하는 것이 무엇인
지 아는 자,
52 너희들이 행동과 말이 거칠고 함부로

한다면 그들과 너희들이 똑같은 자니,
53 나는 그들을 위하여 새로운 성경을 내
려보내지 아니하며, 나의 아들을 세상
에 내려보낸 것이 아니며, 이 어렵고
힘든 역사의 길을 가는 게 아니니, 그
러한 자 발을 멈추라 하며 나의 성전
에 발을 들여놓지 말라 그리 전하라.
54 나는 그와 같은 자를 모름이니, 저희
들이 그와 같은 마음을 다스리지 못하
고 바로 서지 못하고 나에게 온다 해
도, 내 대답은 역시 '나는 너를 모른
다.' 할 것이니,
55 그때 가서 지금까지 들였던 공이요,
지금까지 써 온 것을 저희들이 후회하
지 말며 안타까워하지 말라.
56 제 말대로 죄를 지으며 죄 속에서 살
아가며, 제 마음대로 흥청망청 살다가
그 대가를 치러 그 길을 가는 것이 억
울하지 않을 것이니, 그 길을 그리 가
라 전하라, 사랑하는 나의 아들아!
57 그리 가도록 하는 것이 현명할 것이니
라.
58 제가 깨우치고자 하나 본심으로 깨우
치지 못하며 얻지 못하며 다스리지 못
한 자가, 제가 그리 살다가 깨우친다
고 형식적인 행동이요, 형식적인 삶을
살고 위선적인 삶을 살고 가다, 내가
모른다 하여 제가 그 죄를 받을 때 얼
마나 분하고 억울하고 속상하겠느냐?
59 그러니 차라리 제 마음대로 흙탕물 속
에 살다 제 마음속에 죄 속에서 뒤집
어 살다 그 길을 가라 그리 전하라.
60 나는 그와 같은 자식들을 모르느니라.

11,112 번째 하나님 말씀

2004년 5월 17일 12시 04분

1 사랑하는 나의 아들아!
2 "네, 아버님! 말씀하옵소서."
3 하늘의 법도는 한 치의 어긋남이 없으
며, 하늘의 법도는 너희들이 어떠한
일을 하든 죄를 지으며, 번갯불보다
더 빠르게 죄를 지어도, 너희들이 와
서 다 심판을 받으며, 그것이 하나도
흘러가는 것이 없으며 빠지는 것이 없
다 하였느니라.
4 너희들이 작은 것을 네 형제요, 이웃
을 속이며 인간을 속인다 해도 나에게
와 받을 죄가 없다 말하는 자,
5 그러나 그것이 하나도 빠진 것이 없기
에 너희들이 그 죄를 모두 다 받으며,
6 아무리 인간 세상에서 속였다 해도 그
결과가 속여지는 것은 하나도 없으며,
7 하늘의 법도요, 가장 귀하고 소중한
너희들이 거듭나는 결정적인 그때, 그
모두가 너희들의 발목을 잡는 것이라
내가 하지 아니하였더냐?
8 그러니 생각과 말이요, 행동을 함부로
하는 자, 너희들이 과연 그와 같은 것
을 모면할 수 있다 생각하며, 그것이
죄가 되지 아니한다 생각하는가?
9 나에게 심판을 받을 때 그 결과가 너
희들의 발목을 잡는다는 걸 모르느냐?
10 너희들이 공을 들였으나 너희들의 발
목을 잡고 늘어지는 그 쇠밧줄이 더
굵고 강하다면, 나 여호와는 그를 끊
을 수 없으며 임의대로 끊어 주지 못
함이니,
11 너희들이 나를 버리고 나를 모르고 흘

러감이니, 그때 가서 나를 따랐으며 '아버님 뜻대로 살았으며 최선을 다했나이다.' 너희들이 원망하지 말며 후회하지 말라 하는 나의 뜻을 알겠느냐?
12 사랑하는 나의 아들아!
13 "네, 아버님! 말씀하옵소서."
14 이 세상 모든 백성이요, 너를 따르는 제자들이요, 그들에게 말하라.
15 내가 사랑하는 나의 아들 네가 세상에 있으니, 내가 너희들에게 줄 수 있는 것, 그 모두를 다 주었으며 다 내려 주었느니라.
16 그러니 나로부터 모든 것을 다 받았으며 다 역사한 너희들이 지금 살아가는 자세가 나의 성전이요, 나의 아들 앞에 와 나에게 욕되는 말을 하며, 나의 법전을 욕되게 하며, 나의 아들의 마음을 흔들어 놓는 그와 같은 행위를 하는 것이 과연 너희들이 할 짓이요, 갈 길인가?
17 나 여호와가 모두를 다 주었으니, 모두를 다 받고 얻은 백성 너희들은 나에게 받은 만큼 남들을 위하여 봉사하며 그들을 위해 살아야 될 것이며, 그리고 그 영혼을 구하는 데 너희들의 모두를 바쳐야 될 것이니라.
18 내가 어렵고 힘들게 가는 나의 아들을 받들라 했으며, 나의 아들을 호의호식 시키라고 했으며, 나의 아들에게 좋은 옷을 입히며 좋은 것을 먹이라 너희들에게 그리 말하였느냐?
19 내가 모두를 너희들에게 주었음이니, 나도 다 주었으니, 너희들이 남을 위해 그 영혼을 위하여 그들을 구원하는 그와 같은 대명을 위해 살아가라 내가 명한 것이거늘,
20 너희들이 나로부터 모든 그 큰 은혜를 받은 자들이 어찌하여 그와 같은 마음 자세로, 너희들이 겸손하고 겸허한 자세로 살아가지 못한단 말이더냐?
21 나를 향하여 너희들이 어떠한 것을 하는가?
22 나에 대하여 행하는 그와 같은 너희들의 그 행위가 과연 어떠한 것인가?
23 너희들이 스스로 한번 깨우쳐 보고 생각해 봐야 될 것이니라.
24 지금 너희들이 나를 배신하고 나를 버리고 배은망덕한 행위를 하고 있는 것이 아닌가?
25 너희들이 그와 같은 행위를 자행하고 있는 것이 아닌가, 너희들 스스로 돌아다보고 깨닫는 그와 같은 결과를 얻어야 될 것이니라.
26 너희들이 심판의 결과가 무엇인 줄 알겠느냐?
27 너희들은 두렵고 무서움은 한 치의 오차도 없으며, 거기는 너희들이 덮어 주는 것도 없으며, 너희들이 말하는 세상처럼 너희들이 통하는 것도 없으며 아무것도 없음이니라.
28 그러니 너희들이 행한 대로, 역사한 대로, 배은망덕한 짓을 한 대로, 남에게 베풀고 사랑한 것대로 모두가 심판의 결과가 다 그리 나오는 것이니,
29 심판의 결과가 너희들이 무엇인 줄 알겠느냐?
30 거기엔 하나도 '사'가 없으며 너희들이 더하고 빼는 것이 없으며, 그대로 역사하는 것이요, 덮어 주는 것이 없으며 속일 수가 없다는 것을 알라.

31 지옥에 떨어지는 그들을 보기가 내가
너무나도 가슴이 아프고 마음이 저려
와 나의 아들을 통하여 지금 160권의
새로운 성경이요, 이 뜻을 세상에 내
려보내니,
32 이를 접한 백성 너희들이 내가 너희
들과 더불어 같이한다는 것을 어찌 모
르며, 너희들이 어렵고 힘들 때마다
너희들이 미약한 자요, 나약한 자요,
그리고 너희들은 무엇인가를 역사할
수 없는 자요, 선택된 것이 불안하며
'내가 선택된 자가 아니요, 나는 자격
이 없는 자 같다.'며 너희들이 그와 같
은 생각을 하는가?
33 그와 같은 생각을 지워 버리고 너희들
이 앞을 보고 달려가라.
34 너희들은 그들을 구원하는 데 최선을
다해야만 될 것이니라.
35 너희가 미약하다 하나 하늘을 향하여
한 점의 부끄러움이 없는 마음으로 살
아간다면, 나 여호와가 너희들과 항상
같이하고 있으며 내가 같이 거기 있음
이니, 너희들이 무엇이 두렵고 나약한
자란 말이더냐?
36 하늘을 향하여 한 점의 부끄럼 없이
그와 같은 삶을 사는 자, 나 여호와가
너희들과 항상 같이하고 있다는 것을
믿으라.
37 그러니 너희들이 나약하지 아니하며
미약한 백성들이 아니니라.
38 그러니 넓고 높은 하늘의 뜻을 알도록
그리하라.
39 인간 세상의 작은 것에 너희들이 어
울려 너희 자신을 버리는 일을 하지
말라.
40 너희들 인간 세상에서 수없이 전하는
말이 있지 않으냐?
41 손톱 밑에 낀 가시를 가지고 몸부림치
는 그와 같은 불쌍하고 어리석은 삶을
살지 말라.
42 그는 빼 버리면 되느니라.
43 심장이 썩어지며 네 속이 썩어 가는
그와 같은 중병을 바라보지 못하며 찾
지 못하는 어리석은 삶을 살지 말라
하는 것이 아니더냐?
44 너희들이 작은 인간 세상의 관계의 그
마음 때문에 하늘의 뜻을 저버리지 말
며, 하늘의 성령을 훼방하는 죄를 짓
지 말며, 나의 아들의 가는 길을 막지
말라.
45 그는 어떠한 이유든 너희들이 용서받
지 못하며, 나의 새로운 성경이 세상
에 내려가는 것을 잠시나마 중단하는
자, 그를 막는 자, 밀어붙이는 자, 결
국 너희들이 어떠한 죄를 짓는 것을
알겠느냐?
46 성령을 훼방하는 죄는 용서하지 아니
한다 했으니, 너희들이 1분을 게을리
삶으로써 1분의 나의 새로운 성경이
세상에 나오지 못했을 때, 너희들이
얼마나 많은 백성들을 죽이는 것인지
아느냐 내가 물었느니라.
47 그 죄를 어찌하여 너희들이 질 수 있
으며 감당할 수 있겠느냐?
48 그러니 성령을 훼방하는 자, 나의 새
로운 성경을 만드는 길을 막는 자, 그
를 흔들어 놓는 자, 그 손에 종이 한
장, 연필 한 자루를 쥐여 줘서도 아니
된다 하였거늘,
49 너희들이 과연 나를 두려워하며 내가

내린 새로운 성경이 성경이라 하면,
이를 듣고 정독하고 깨우친 너희들이
그를 생각하여 어찌 행동해야 하는지
를 지워 버리고 산다는 것은,
50 내 뜻이 아니며 나의 새로운 성경이
아니요, 너희들이 나를 믿지 아니하며
나의 두려움을 모르는 너희들의 마음
자세니,
51 그 불씨는 바로 악의 싹의 씨앗이요,
악의 싹의 그 씨앗이 너희들의 가슴속
에 서서히 자리 잡고 있다는 것을 너
희들은 알아야 될 것이니,
52 그를 뽑아내고 도려내지 아니하면 아
니 될 것이니라.

11,113 번째 하나님 말씀

2004년 5월 17일 12시 08분

1 사랑하는 나의 아들아!
2 "네, 아버님! 말씀하옵소서."
3 이 험악하고 험난한 세상 속에서 살아
가는 나의 피조물 만백성 너희들이 그
를 견디고 이기기가 얼마나 힘든가?
4 너희들은 불어오는 바람에도 흔들리
는 것이며, 닥쳐오는 어떠한 시련과
고통에도 너희들이 견디고 이겨야 되
는 것을 알면서도 육의 고통이요, 시
련 때문에 무너지고 포기하고 사는 것
이 나의 백성들이 아니더냐?
5 그러니 내가 너희들의 그 어린 마음이
요, 나약한 마음이요, 그리고 그 나약
하고 어린 마음으로써 이 험악하고 험
난한 세상을 이기고 견딜 수 없기에,
6 내가 지금 나의 아들을 내려보냈으며,
내가 나의 아들을 통하여 강론으로 지
금 너희들에게 깨우쳐 주는 것이 아니
더냐?
7 그것이 바로 너희들이 피난처를 만드
는 것이며 너희들을 보호하는 보호막
의 역사를 하고 있음이니라.
8 그러니 나약한 너희들을 지금 내가 보
호하고 있으며, 너희들이 나의 아들이
요, 나의 성전에 오는 것이 바로 세상
에서 물들고 썩어져 가는 그 속에서
너희들이 피난을 하는 것이며 피난처
를 내가 만들어 준 것이니라.
9 그리하여 새로운 성경이 세상을 덮어
세상에 나갈 수 있을 때, 그 모두가 성
장할 때까지 너희들이 나의 성전이요,
나의 아들을 따라 더불어 감이 모든
너희들의 피난처라는 것을 알라.
10 그러니 나의 성전에 와 나의 아들을
통하여 내리는 강론을 들으며 나의 아
들과 더불어 가는 너희들이 얼마나 위
대한 줄 알겠느냐?
11 너희들을 보호해 주는 것이 나의 성전
이요, 나의 아들과 더불어 가는 것이
요,
12 너희들이 세상에 무너지지 않도록 너
희들에게 피난처를 제공해 주는 것이
나의 아들을 통하여 내리는 강론이요,
그의 가슴임을 너희들이 알아야 될 것
이거늘,
13 너희들이 지금은 나약하기에 내가 피
난처에 너희들을 모아 놓고 보호하고
지켜 주고 있음이니라.
14 그러니 새로운 성경이 성장하여 세상
을 덮을 때, 너희들은 모두를 다 구원
할 것이며 그들을 위하여 역사할 것이
니,

15 지금은 너희들을 피난처에 보호해 주
고 있는 것이 너희들을 쓰기 위하여
나의 성전이요, 나의 아들의 가슴이
요, 나의 아들과 더불어 살아감이요,
16 나의 아들과 더불어 너희들이 공부하
고 깨우쳐 얽히고설켜 살아가는 것이
너희들 스스로 피난처에 들어와 있는
자들이라는 것, 그 은혜의 감사함을
너희들이 어찌하여 모른단 말이더냐?
17 진정한 마음으로 너희들이 참진리를
이제 지켜 간다면, 내가 너희들의 보
호막이 되어 너희들이 완벽하게 굳어
질 때까지 내가 보호하고 지켜 준다는
것을 알아야 될 것이니,
18 지금 나의 새로운 성경이요, 나의 새
로운 법전이요, '하늘에 오르는 길'이
요, '하나님! 말씀하옵소서.' 이 책이
좀 더 성장하고 클 때까지 너희들은
지금은 나의 성전의 보호를 받아야 될
것이며,
19 나의 아들과 더불어 성장하며 나의 아
들과 더불어 가는 것으로써 너희들이
피난처 생활에서 피난처의 안식을 얻
으며 보호를 받고 있는 것이니,
20 이와 같은 위대한 역사가 이루어지며
내가 다시 너희들을 완전히 보호하는
그 방대한 세상의 역사를 이룰 때까지
나의 성전이 피난처이며, 나의 아들과
더불어 가는 것이 너희들의 보호요,
너희들의 피난처인 임시 너희들이 기
거하는 곳이라는 것,
21 너희들이 무너지지 아니하며 쓰러지
지 아니하며, 험난한 세상에 너희들이
사탄의 유혹에 넘어가지 아니하도록
하는 것이 지금 바로 나의 성전에 오
는 자요, 나의 아들과 더불어 가는 너
희들이니,
22 이곳이 피난처라는 그 소중함을 알라
그리 전하라.

11,114 번째 하나님 말씀

2004년 5월 17일 12시 10분

1 사랑하는 나의 아들아!
2 "네, 아버님! 말씀하옵소서."
3 지금까지 너희들이 살아오면서 지은
죄, 너희들 몸속에 지금 있는 악취 나
는 그 썩은 것들, 그리고 너희들이 죄
속에서 살며 그 죄의 삶에서 헤어날
수 없었던 너희들의 삶이요, 수없이
나에게 지은 그 많은 죄들,
4 너희들은 잘못 살아온 과거를 뒤돌아
봐야 될 것이며, 너희들이 그와 같은
것을 깨닫는 거듭나는 삶을 살지 아니
하면 아니 될 것이니라.
5 너희들이 지금 두 번 다시 그러한 삶
을 살겠다는 생각을 가져서는 아니 될
것이니라.
6 울고불고 회개하며 고통 속에 살아온
너희들이 과거의 잘못된 그 삶을 모두
뒤돌아보며 그를 정리하고 다스려, 두
번 다시는 그와 같은 일을 저지르지
않는 삶으로써 너희들이 거듭나는 것
이 중요함이니라.
7 그 결심과 각오만이 너희들이 나를 볼
수 있음을 알라.
8 그러니 너희들이 어떠한 형국의 삶을
살아야 한다 하였느냐?
9 너희들이 베풀 수 있는 것, 남에게 나
눌 수 있는 그와 같은 가진 것이 많은

환경에서 베푸는 것은 진정한 베풂이
아니요, 진정한 사랑이 아니라 하지
아니하였더냐?
10 어렵고 힘든 가운데서 너희들이 남을
생각하며 그를 보호하고 나눠 주는
것, 그것이야말로 너희들이 진실한 베
풂이요, 진실한 기쁨이라 하지 아니하
였더냐?
11 그러니 너희들이 높은 자리에 앉아 있
을 때, 높은 데 있을 때, 너희들이 더
좋은 자리에 임할 수 있을 때, 그를 버
리고 너희들이 낮은 자리를 택하는
자, 낮은 자리를 찾아가는 것, 낮은 곳
으로 흘러가는 것,
12 그것이 너희들이 깨달음이요, 진정한
나의 뜻을 따르는 자요, 하늘로부터
선택된 백성 너희들의 자세라는 걸
잊지 말라 너의 제자들에게 다시 교
육을 임하도록 그리하라.

11,115 번째 하나님 말씀

2004년 5월 17일 22시 20분

1 사랑하는 나의 아들아!
2 "네, 아버님! 말씀하옵소서."
3 나의 아들 네가 나의 모두를 역사하며
새로운 성경을 또 받아 기록하며 만백
성을 구하는 그 길을 감에 있어서,
4 너의 제자들이 너에게 백지 한 장도,
연필이라는 것, 하나도 쥐여 주면 그
것이 얼마나 부담이 되며, 어려운 역
경이 되며 견디기 어려우며 고통스러
운 것인가, 내가 너희들에게 그리 말
하였으니,
5 나의 아들에게 너희들이 그와 같은 짐
을 작은 것이라 해도 쥐여 주는 일을
하지 말라 그리하였음이니라.
6 그렇지 아니하면 나의 아들이 바로 갈
수 없다 내가 그리하였으니, 너는 과
연 여기서 무엇을 깨달으며 너 자신이
어찌 가야 하는지를 알고 있는가?
7 "네, 아버님! 그렇사옵나이다.
8 아버님께서 저의 제자들이 제가 가는
길에 연필 한 자루요, 종이 한 장을 쥐
여 주는 것도 그것이 짐이 되고 어려
워 가기 힘들고 어려운 길이라 그리하
였사옵나이다.
9 그러니 저 자신이 마음이 흔들리며 제
가 실수를 하며, 제가 정도의 길이 아
니며, 제가 아버님의 뜻에 따라 역사
하는 것이 아닌 그 삶을 살 때는,
10 그 제자들이 종이 한 장이요, 연필 한
자루를 쥐여 줄 때 흔들리는 것보다
도 바윗돌을 제 몸에 매다는 것처럼
제가 오를 수 없으며 역사할 수 없는
것처럼,
11 제가 작은 생각이요, 작은 거짓이요,
작은 잘못된 것이 제 마음에서 제 행
동에서 이루어질 때, 그는 이리 감당
할 수 없는 무서운 그와 같은 형국이
된다는 것을 저는 깨달았사옵나이다.
12 제가 가는 길에 제자들이요, 저를 따
르는 백성들이 저에게 연필 한 자루
요, 종이 한 장을 쥐여 주는 그와 같은
짐을 지우는 어려운 일을 하지 말라,
그것이 너무나 힘들다 하여 그리 말씀
하셨으니, 저는 정녕 그러한 것으로만
생각하였사오나,
13 제 마음이 잘못되며 생각이 잘못되며
잠시라도 아버님 뜻이요, 정도의 길이

아닌 것이요, 참진리의 길이 아닌 것
을 제가 행하고 생각할 때,
14 저는 종이 한 장이요, 연필 한 자루를
저의 제자가 쥐여 주는 그것이 짐이
되는 것이 아니라,
15 바윗돌을 제가 짊어지고 올라가야 되
는 그와 같은 엄청난 차질이요, 엄청
난 문제가 거기 있음을 미처 깨닫지
못하였으며, 이제야 그를 깨달았사옵
나이다."
16 사랑하는 나의 아들아! 그러하니라.
17 너 자신이 마음이 흔들리며 네가 바로
서지 못하며 네가 바로 지키지 못하고
갈 때, 너는 바윗돌을 짊어지고 네가
바윗돌을 네 몸에 달고 하늘에 오른
다 하는 그와 같은 형국이니라.
18 너의 제자들이 작은 짐을 주는 것은
짐이 어렵고 무서운 것을 알면서, 너
자신이 잘못 생각하며 잘못 가며 네가
바로 하늘을 향하여 한 점의 부끄러움
이 없는 그와 같은 삶을 살지 못할 때,
19 그때마다 내가 너에게 얼마나 무서운
바윗돌을 네가 짊어져야 되는 것인가
를, 내가 내리는 벌을 네가 이제야 깨
달았는가?
20 그러니 네가 그와 같은 마음의 자세로
가도록 하지 아니하면 아니 될 것이니
라.
21 네 마음이 정도가 아니요, 네가 하늘
을 향하여 부끄럽지 않은 그와 같은
삶을 살지 아니하며, 네가 그와 같은
것을 행하며 네가 잘못된 것을 덮어
나가며 네가 바른길을 가지 아니할 때
야말로, 너는 짊어지고 일어설 수 없
으며, 네가 달고서 끌고 갈 수도 없으
며 네가 그를 이끌 수도 없는 그와 같
은 무서운 부담이 되는 큰 짐이 지워
지니,
22 그것을 이제 알았으면, 그를 깨달았으
며 그 이치를 알았다면 너는 그와 같
은 마음이요, 그와 같은 생각을 하고
살아서는 아니 될 것이니,
23 네가 오늘 이 순간부터라도 너 자신을
바로 다스리도록 그리하라.
24 또 너를 따르는 제자 그들도 그러하니
라.
25 그들이 아무리 어렵고 힘든 길이라 해
도 너희들의 마음이 정도가 아니요,
너희들이 참진리의 길이 아니요, 너희
들이 흔들리는 그와 같은 마음으로 가
는 것,
26 그것이 너희들이 하늘에 오를 수 없
는, 무겁고 큰 바윗돌을 너희들에게
다는 것이니,
27 그리하여 그 무게를 네가 감당치 못하
는 그와 같은 형국이 되었을 때, 너희
들이 나에게 오를 수 없는 것은 당연
한 것이라는 것을 잊지 말라 그리 전
하라.
28 그러니 너희들이 오늘의 마음 자세요,
오늘의 생각하고 사는 행위가 얼마나
귀하고 소중한 것이며,
29 그것으로써 모두가 너희들이 심판을
받으며 결과가 이루어진다는 것, 그를
잊지 말라 그리 전하라.

11,116 번째 하나님 말씀

2004년 5월 17일 22시 26분

1 사랑하는 나의 아들아!

2 "네, 아버님! 말씀하옵소서."
3 너희들이 살아가면서 수없는 죄를 지
으며 그와 같은 죄 속에서 허덕이는
백성이 되느니라.
4 그러면서 너희들은 알면서 스스로 짓
는 죄가 있음이니라.
5 그러니 너희들이 알면서 죄를 짓는 것
도 나에게 울고불고 통곡하면 모두가
지워지며 너희들이 감면받는 것이라
그리 생각하나,
6 그것은 아니라는 것을 내가 나의 성경
에 수없이 기록하여 전했으니, 너희들
은 그 뜻을 알 것이니라.
7 너희들이 알면서 짓는 죄, 그 죄가 너
희들에게서 떨어지지 아니하며 너희
들이 그를 지울 수 없다는 것,
8 그러니 너희들이 알면서 짓는 죄와 너
희가 또한 서툴러서 짓는 죄와 너희들
이 죄의 행동이라는 것, 죄가 되는 것
인지도 모르며 너희들 자신도 모르면
서 짓는 죄, 너희들은 그와 같은 여러
가지 방법으로써 수많은 죄를 짓고 감
이니라.
9 그러니 너희들은 그와 같은 죄 속에서
살면서 내가 너희들에게 어찌 죄를 지
었는가 그것을 물으며, 내가 너희들을
심판하여 죄에 대하여 그 대가를 치르
도록 하는 것이 아님을 너희들은 알라.
10 너희들이 알고 짓는 죄는 내가 용서치
아니하며, 너희들이 서툴러서 지은 죄
요, 너희들이 또한 모르고 지은 죄, 그
모두를 내가 다 앎이니,
11 너희들이 심판을 받을 때 하나도 빠짐
없이 그와 같은 것이 모두가 반영되며
그와 같은 것이 거기서 너희들의 심판
의 기준이 된다는 것을 잊지 말라.
12 그러니 너희들이 지금의 삶에서 어떠
한 삶을 사는 것인가?
13 너희들이 서툴러서 지은 죄, 또한 몰
라서 짓는 죄, 그와 같은 죄를 지은
것, 그것도 너희들이 모두가 다 똑같
이 나로부터 심판받으며, 그 심판에
따라서 똑같은 죄의 대가를 치른다 그
와 같은 마음으로 너희들이 생각하지
말며 그와 같은 마음을 갖지 말라 그
리 전하라.
14 내 모두를 다 알고 있음이니라.
15 서툴러서 너희들이 저지르는 죄, 실수
하여 저지르는 죄, 그리고 너희들이
몰라서 행하는 죄, 그 모두는 나 여호
와가 알고 있음이니,
16 그 모두가 심판에 그대로 반영되어 너
희들이 잘잘못을 거기서 깨닫고 잘잘
못을 다스리며 거기에 따라서 너희들
이 그 대가를 치른다는 것을 절대 잊
지 말라.
17 너희들이 잘못했을 때 회개하여 용서
의 기도를 두 번 다시 하지 않는, 그리
고 두 번 반복하지 아니하는 그와 같
은 행위를 하는 자, 그와 같은 백성이
나에게 오를 수 있는 것이니라.
18 너희들이 잘못하는 것을 알든 모르든,
너희들이 깨달았든 깨닫지 못하였든
간에 그와 같은 행위를 반복하는 것은
너희들이 나로부터 용서를 받을 수 없
는 것이니라.
19 오늘의 믿음의 길을 가는 모든 백성들
이 어찌하는가?
20 저희들이 지은 죄에 대하여 인정하지
아니하려 하며 그를 저희들이 책임을

지려 하는 자들이 없음이니라.
21 오로지 그저 저희 자신이 어떠한 죄를
지었든, 모르며 지었든, 알며 지었든,
서툴러서 지었든, 그렇지 않으면 알면
서 완벽하게 범죄 행위를 했든,
22 너희들은 그와 같은 것을 가지고 모르
는 체하며 그리고 너희들이 서툴러서
한 것처럼 그와 같은 생각으로써 판단
하며 너희들이 그리 기억하려 해도 결
코 그와 같이 기억되지 아니함이니라.
23 나 여호와가 모두를 알고 있으며 모두
를 읽고 있으니, 너희들이 행한 그 진
의요, 그 깊었던 것까지도, 너희가 모
르는 것까지 나 여호와는 알고 있음이
니라.
24 그러니 너희들이 죄를 알면서 지은 자
가 서툴러서 지었다, 몰라서 지었다
그리 변명하지 말며, 변명하는 그와
같은 행위를 하지 말라.
25 너희들이 짜깁기를 잘하며 중언부언
하여 울리는 기도의 대표라 했듯이,
너희들은 변명이 대표요, 그리고 발뺌
하는 데 대표요, 이유를 갖다 끌어대
는 것이 대표이니라.
26 그러니 그것이 회개의 기도가 아니라
너희들이 나에게 경배하는 것이 아님
이니, 너희들이 회개와 눈물의 기도를
울고불고 그리하지 말라.
27 그것은 나와 관계없다 하지 않느냐?
28 너희들이 정녕 참회를 하는 것이 어떠
한 길인 것이며 어찌 살아가야 되는
것인가를 알아야 될 것이니라.
29 정녕 참회의 길이요, 진정한 길을 가
는 것, 그리고 참진리의 길을 가는 것,
그 백성들이 살아가는 것이 어떠하며
그들이 그 길을 가기에 어떠한 노력이
필요하며 어떠한 것이 필요한 것인가,
30 너희들은 아직 그것도 깨닫지 못하고
분별을 못 하고 있는 백성이니라.
31 그저 변명하기만 하고 발뺌하기만 하
고 이유만 대는 것을 나에게 기도한다
면 짜깁기하여 중언부언하니, 너희들
이 그와 같은 이유로써 모두를 다 덮
으려고 하며 발뺌하고 변명으로써 네
죄를 여기서 덮으려 하나,
32 인간 세상에서 나의 백성들이 그를 모
르고 속아 간다 해도, 너희들이 나에
게 왔을 때는 결국 그 모두가 그대로
대가를 치른다 내가 기록한 그 무서운
내용을 읽었으면,
33 너희들이 그와 같은 자세를 그와 같은
행동을 두 번 다시 하지 않는 그와 같
은 삶으로 살아가도록 최선의 노력을
다하라 그리 전하라.

11,117 번째 하나님 말씀

2004년 5월 17일 22시 31분

1 사랑하는 나의 아들아!
2 "네, 아버님! 말씀하옵소서."
3 너를 따르는 제자들이요, 그리고 나의
새로운 성경을 읽고 깨우친 백성, 너
희들이 인간의 삶의 도리가 무엇이며,
하늘에 오르는 길이 무엇이며, 어찌
살아야 되는 것인가를 이제는 거의 알
고 있음이니라.
4 그러니 너희들이 큰 악습은 버렸으며
큰 잘못은 두 번 다시 하지 아니하려
는 그와 같은 마음의 결심을 가지고
너희들이 지금 나의 아들을 통하여 내

리는 강론을 들으며 나의 법전을 가슴
에 안고 정독하여 변하고자 그와 같은
노력을 하지 않는가?
5 그러니 이제 나의 아들을 따르는 제자
너희들은 내가 나의 새로운 성경에 기
록하여 전했듯이, 작은 거짓말을 하는
것, 그리고 가장 작은 잘못을 저지르
는 것, 가장 작은 것을 실수하는 것,
그와 같은 행위를 했을 때,
6 이제는 너희들이 그 작은 것에 저질러
진 잘못에 회개하는 마음에 가슴 아파
그 고통을 견딜 수 없으며, 너희들이
그 후회함이 정녕 견딜 수 없는 그와
같은 아픔으로써 반성하고 회개하는
마음 자세로 살아가야 될 것이며,
7 너희들의 삶이 그와 같은 삶으로써 되
어야 한다는 것을 절대 잊지 말라, 사
랑하는 나의 아들딸들아!
8 작은 잘못을 했을 때, 가장 작은 거짓
말을 했을 때, 작은 실수를 저질렀을
때, 너희들이 회개하는 마음이요, 반
성하는 마음이 너무나 고통스러워 너
희 자신이 견딜 수 없는 그와 같은 형
국에 너희들이 그 깊은 회개요, 반성
의 행동을 갖지 아니하면 아니 된다는
것,
9 가장 작은 것으로써 너희들이 견딜 수
없는 그 고통을 겪도록 그 마음 자세
를 다스리며 그와 같은 생활의 방법이
요, 너희들이 변화된 삶으로 살지 아
니하면 절대 아니 됨이니라, 사랑하는
나의 아들딸들아!
10 너희들이 선하고 선한 것을 행하며 정
도를 행하며, 참진리를 따르고 또 따
르다 보면, 너희들이 그와 같은 모두
를 깨우치고 알 수 있으며,
11 작은 것에 대한 고통이 얼마나 두렵고
무서운 것인가를 알게 될 것이니라.
12 그러니 이제 사랑하는 나의 아들딸 너
희들은 그와 같이 고통의 마음이요,
괴로운 마음이요, 반성의 마음이요,
그 간절한 마음으로써 너희 자신을 바
꾸고자 노력하며 너 자신을 다스리며,
너희 자신을 채찍질하는 데 인색한 그
와 같은 삶을 살아서는 아니 될 것이
니라.
13 그리했을 때 너희들이 모두를 다 얻을
수 있으며, 나를 볼 수 있으며, 너희들
이 그리 갈구하는 하늘나라에 오는 빛
을 볼 수 있으며, 그 길을 따라올 수
있다는 것, 이를 명심하고 또 명심하
도록 그들에게 그리 전하라.
14 작은 거짓말, 작은 실수로 하여금 너
희들이 그를 회개하고 바로잡는 데 고
통과 어려운 그 모두를 다 얼마나 무
섭고 두려운 것인가를 겁을 먹어,
15 너희들이 숨을 쉬지 못할 정도의 그와
같은 반성이요, 회개하는 마음 자세로
써 이 세상에 살아감을 보며, 너희들
이 잘못된 것을 볼 때, 그와 같이 다스
리는 마음을 갖고 살지 아니하면 아니
될 것이라 그리 전하라.

11,118 번째 하나님 말씀

2004년 5월 17일 22시 37분

1 사랑하는 나의 아들아!
2 **"네, 아버님! 말씀하옵소서."**
3 이 작은 나라에 태어난 백성, 너희들
이 얼마나 축복되고 영광된 백성이라

생각하느냐?
4 지금 마지막 시대에 내가 너희들의
모두를 심판하는 기본이요, 근본인 새
로운 성경을 작은 동양의 나라 너희
들에게 내림이니,
5 너희들이 이를 깨우쳐 깨달음을 얻는
것, 그리고 구원의 길을 볼 수 있는
것, 그것이 얼마나 축복된 것이며 영
광인가 하는 것을 너희들은 나에게 감
사하는 기도의 마음을 정녕 드릴 수
없단 말이더냐?
6 피보다 진한 기도로써 나에게 감사하
다 너희들이 나에게 그와 같은 깊고
애절한 기도를 과연 드릴 수는 없겠느
냐?
7 지금의 동양의 작은 나라 너희들이
얼마나 축복이요, 영광을 받은 백성인
지 그걸 모름이니,
8 하늘의 뜻을 아는 사람 너희들이 하
나가 되어, 오늘의 이와 같이 나의 아
들이 동양의 작은 나라에서 나의 새로
운 성경을 너희들에게 전하는 것, 이
와 같은 역사가 이루어지는 것을 너희
들은 감사함이요, 정녕 축복이라 하여,
9 너희들이 축복된 마음으로 서로서로
하나로 손을 잡고 하나가 되어 나의
법전을 세상에 전하는 그와 같이 역
사하는 마음으로 과연 살아갈 수는
없겠는가?
10 그와 같은 마음 자세로 너희들이 변화
될 수는 없는가?
11 모든 나의 백성들이 그리하지 않느냐?
12 동양의 작은 나라의 백성 너희들이
'하느님이 보우하사 우리나라 만세'라
외치는 것처럼 그를 모르는 자가 없듯
이,
13 지금 참진리요, 그리고 축복이요, 새
로운 성경을 너희들이 받아들이고 직
접 듣고 깨우치는 그 영광에 대하여
감사를 드리며, 너희들이 그 감사의
기도를 드리되, 너희들이 한목소리로
써 우렁차고 힘차게 나에게 기도하면
서 그 길을 올 수 없는가?
14 정녕 너희들은 나의 기쁨에 대하여 나
에게 너희들이 가장 큰 기쁨을 선사할
수는 없단 말이더냐?
15 내가 원하는 길을 따라 너희들은 정녕
살 수 없는 백성들이더냐?
16 그러니 이 세상에 모두를 내려 준 것,
이 동양의 작은 나라의 언어요, 습관
이요, 모두로써 세상을 덮는다는 것,
그것이 얼마나 위대하고 축복된 영광
인가!
17 너희들이 똑같이 마음이 하나가 되어
나에게 기도하는 기쁨이요, 그리고 나
의 은혜에 보답하는 그와 같은 찬양
하는 마음으로써 행동으로써 과연 살
아갈 수는 없단 말이더냐?
18 정녕 너희들이 축복과 영광을 알고 나
에게 눈물의 감사의 기도를 드리는 백
성이 세상에 없음이니, 그러니 너희들
이 얼마나 믿음의 길을 잘못 간 자요,
오늘의 신앙의 길을 잘못 간 자들이냐?
19 다만, 너희들이 계산 속에 깔린 것이
며 너희들이 무엇을 얻고 이루고자 하
는 그 마음을 바탕에 한자리 깔아 놓
고 아무리 울고불고 나에게 충성을 다
한다 해도 그를 내가 듣지 않는다 하
지 아니하였더냐?
20 그러니 이제 내가 사랑하는 동양의

작은 나라의 언어요, 습관으로써 이
세상의 모두를 다 다스려 나간다는
그 영광이요, 축복의 너희들이 그 기
쁨 속에 하나가 되어 너희들이 기쁜
마음으로 내 뜻을 따라 역사하는 그와
같은 대전환의 변화를 이룰 수는 정
녕 없단 말이더냐?
21 이제 지금 내가 다시 한 번 말함이니,
너희들이 오늘의 믿음이요, 오늘의 신
앙의 길을 가는 그와 같은 것으로써
는 절대 너희들이 축복이요 영광을 얻
을 수 없다는 것을 알라.
22 나 여호와가 동양의 작은 나라의 언어
요, 습관으로 내려 준 것을 동양의 모
든 백성들이 하나가 되어 나에게 영
광 돌리며 기쁨을 돌리는 그와 같은
눈물이요, 감사한 눈물을 너희들이 진
정한 마음으로 나에게 드릴 수 있는
그와 같은 백성이 정녕 세상에 한 사
람도 없단 말이더냐?
23 너희들의 깊은 마음을 한번 들여다보
라.
24 이해관계가 달려 있으며 무엇을 얻고
자, 무엇을 이루고자 그와 같은 소망
에서 너희들이 믿음의 길을 지금 가
고 있으나,
25 너희들이 지금 모두가 다 나에게 축복
과 영광에 감사를 드리며, 내가 너희
들이 드리는 그 기도 소리를 기쁨으로
받아들일 수 있는 그와 같은 길은 정
녕 너희들은 갈 수 없단 말이더냐?
26 그러니 이 동양의 작은 나라에 사는
백성 너희들은 들으라.
27 모두가 너희들이 읽고 깨우쳐 행할
수 있도록 먼저 접한 자, 너희들에게
먼저 내린 상이니,
28 이 상 하나를 가지고도 너희들이 나
에게 기도하고 경배하여 너희들이 울
때 다 같이 울며, 웃을 때 다 같이 웃
는, 너희들이 하나가 되는 그와 같은
백성으로서 나에게 감사 기도요, 은혜
에 감사를 드리는 백성으로서 거듭날
수는 정녕 없단 말이더냐, 어리석은
백성들아!

11,119 번째 하나님 말씀

2004년 5월 18일 06시 54분

1 사랑하는 나의 아들아!
2 "네, 아버님! 말씀하옵소서."
3 인간 세상에 살아가면서 너희들의 삶
이 어떠하더냐?
4 너희들이 나귀를 타는 그와 같은 너
희들의 삶으로 변화되면, 너희들은 곧
고 곧은 그와 같이 나귀를 타고 다닐
수 있는 그와 같은 윤택한 삶이 된다
하면,
5 너희들은 그것으로써 걸어 다닐 때의
어렵고 힘들 때를 생각해서 나에게 감
사하는 마음으로 사는 것이 아니라,
6 너희들이 그 나귀를 부리는 길잡이요,
종을 두고자 하는 것이 너희들이며 너
희들의 마음이라 하였느니라.
7 인간의 욕심이 그러하며 인간의 생각
이 그와 같이 끝이 없는 것이 너희들
이라 하였음이니, 또한 너희들이 살아
가는 형태가 어떠하더냐?
8 너희들이 열심히 일한 자가 가난한 자
를 돕기 위하여 작은 것을 주었을 때
너희들은 그 은혜에 감사하는 것이

아니라, 너희들은 더 큰 것을 원하며,
더 큰 것을 주지 않나 하여 불평불만
하며,
9 너희들이 작은 것을 준 사람에게 감사
하는 마음을 갖지 아니하고 더 누리
고 더 얻고자 하는 그와 같은 마음으
로 살아가는 것이 나의 피조물 만백성
너희들이 지금의 살아가는 형국이요,
너희들의 마음이니,
10 이것이 정녕 사랑을 베풀며 사랑을
행하여 살아가는 백성들이 가질 수 있
는 마음이더냐?
11 어려운 자가 도와준 자에게 감사함을
아는 것이 아니요, 더 큰 것을 주지 아
니하고 도와주지 아니한다 하여, 그리
고 저희들에게 수시로 도와주지 아니
한다 하여, 저희들이 불편하고 어려울
때 그와 같은 것을 들어주지 아니한다
하여 불평불만 하는 마음을 가지고 사
는 것이 나의 백성 너희들이니, 과연
너희들의 그와 같은 심성이 어떠한 세
상을 만들었느냐?
12 부패할 대로 부패했으며 썩을 대로 썩
어졌으며, 서로가 시기 질투하며 불신
의 세상을 만든 것이 너희들의 오늘이
니,
13 이것은 모든 종교 집단의 지도자 저희
들이 바로 가르치지 못하며 바로 인도
하지 못한 것이니라.
14 그러나 너희들은 그렇지 않다 하며 너
희 책임이 아니라 하나, 너희들이 가
장 긴 역사의 흐름이요, 맥을 가지고
나의 피조물 만백성을 천사로 만든다
하며 너희들이 사랑을 실천하여 하늘
에 오르는 길로 인도한다고 교육을 시
켰으며, 강론하였으며,
15 거기에 투자되는 것은 어떠한 것이며
너희들이 얼마나 그들로 하여금 많은
것을 거둬들이며 착취했는가?
16 그러니 그와 같은 것을 만든 것이 오
늘의 너희들이 잘못된 자들이니라.
17 그러니 너희들이 돌이켜 생각해 보라.
18 너희들이 조금 편하면 더 편하고자 하
는 그 욕심에만 달려가는 백성으로 만
들었으니, 그게 이기주의요,
19 그리고 너희들에게 남이 베풀어 줌이
니, 그것을 더 받고 더 원하고, 제가
필요로 할 때 무상으로 주지 아니한다
원망하니, 그게 도둑의 마음을 갖고
사는 것이 아니더냐?
20 이러니 이 세상이 얼마나 부패했으며
얼마나 썩었으며 잘못되었는가?
21 그러니 그와 같은 백성들이 주옥같은
내가 하늘에서 직접 써 내린 십계명이
요, 그를 지키고 행하라는 것을 지키
고 살아갈 수 있는가?
22 절대 그러지 못함이니라.
23 그러니 그와 같은 백성들이 나와 인연
이 끊어지며, 저희들이 심판을 받을
때 그 모두를 치름이니,
24 그것이 불쌍하고 가련하여 내가 나의
아들을 통하여 오늘의 이 역사를 이룬
다 하였거늘,
25 저희들이 또한 이와 같은 것, 참진리
요, 아름다움의 깨달음의 길이 되는
것은 듣지 아니하며 보지 아니하려 하
며 귀를 막고,
26 저희들을 무너뜨리고 사악한 욕심만
을 배양하는 그곳에만 저희들이 귀를
기울여 그를 따라가니,

27 이 부패하고 썩고 썩은 세상에서 과연
어찌하여 새로운 싹을 키울 수가 있겠
느냐?
28 사랑하는 나의 아들아!
29 너의 제자들과 모든 나의 법전이요,
나의 새로운 성경을 읽고 깨우친 백성
들은 오늘의 백성들의 마음이요, 인간
의 상태요, 인간의 세상에 생각하며
살아가는 그들의 마음이요, 심리를 먼
저 알지 아니하면 아니 됨이니라.
30 그러니 너희들이 이 세상에 태어나
나의 성령을 접하며 만백성을 구하는
선생으로서 나에게 지금 명을 받아 가
는 자들, 너희들은 그 불쌍하고 가련
한 백성들을 위하여 너희들의 모두를
불사르는 것, 너를 태워 버리는 그와
같은 마음으로 살아가라 하는 것이요,
31 어떠한 어렵고 힘든 길이 있다 해도
너희들이 새로운 성경으로써 세상을
덮는 그 역사를 이루라 하는 것이 나
여호와가 간곡히 바라고 소원하는 것
이라는 걸 절대 잊지 말라, 사랑하는
나의 아들딸들아!
32 이 썩고 부패한 세상을 도려내고 새살
이 나올 수 있도록 하는 것은 나의 새
로운 성경이요, 이를 가지고 믿고 따
르는, 너를 따르는 제자들이요, 이를
읽고 깨우친 백성, 너희들만이 이룰
수 있는 길이라는 걸 잊지 말도록 그
리하라.

11,120 번째 하나님 말씀

2004년 5월 18일 07시 00분

1 사랑하는 나의 아들아!
2 "네, 아버님! 말씀하옵소서."
3 새로운 한 생명이 태어나는 그와 같은
역사의 그 기쁨이, 인간 세상에서 그
보다 또한 더 기쁨이요, 사랑이 어디
있겠느냐?
4 그러니 한 생명이 태어나는 데는 너희
들이 산고의 고통 뒤에 새 생명을 얻
는 기쁨을 느끼고 알듯이, 그리고 그
행복함과 소중함을 알게 되듯이,
5 너희가 거듭나며 나에게 오는 길이 정
녕 편안하며 순탄한 길이 아님을 알라.
6 산고의 고통보다도 더 어렵고 힘든 그
고비를 너희들이 넘고 또 넘어 그를
참고 인내하는 그와 같은 너희들의 삶
의 노력이 필요하니라.
7 그리하지 아니하면 너희들이 얻을 수
없으며 이룰 수 없는 것이니라.
8 사랑하는 나의 아들딸들아!
9 그러나 너희들이 산고의 고통보다도
더 어렵고 힘든 길을 견디고 난 다음
에 너희들은 나로부터 받는 은혜요,
축복이요, 그 영광된 것은 생각하지
못할 것이니라.
10 그러나 그 상상할 수도 없는 나로부터
받는 은혜요, 거듭나는 생명의 은혜를
받는 너희들은 그를 생각하면서 오늘
의 이 고통을 이겨 나가,
11 만백성을 구하는 선생이요, 지도자로
서 지켜 나갈 수 있는 인격을 갖추며,
자세를 갖추며, 너희들이 힘들고 어려
운 그 훈련의 과정을 거쳐 바로 나지
아니하면 아니 됨이니라.
12 너희들은 그와 같이 갈 수 있으며 그
와 같이 역사할 수 있는 백성이기에
나로부터 선택된 백성이니라.

13 지금의 너희들이 작은 것에 의하여 흔
들리며, 때로는 너희들이 좌절하고 싶
으며, 나의 아들이 너희들에게 혹독한
말을 하며 혹독하게 훈련을 시킨다 해
도, 너희들은 그 모두를 견디고 이길
수 있음이니라.
14 하나의 생명을 얻는 것이 산고의 고통
이요, 아픔이 있은 뒤에 너희들에게
그 기쁨이 있는 것이니,
15 너희들이 만백성을 구함에 그보다 천
배 만배 더한 그 기쁨이요, 영광이 너
희들에게 있음이니,
16 너희들이 나로부터 받는 그 은혜를 너
희들이 조금이라도 알고 그 위대함을
생각한다면, 너희들이 오늘의 고통은
견딜 수 있을 것이니,
17 모두를 인내하고 견뎌 나가 만백성을
구하는 선생으로서 자리를 고치며 자
세가 흐트러지지 아니한 그와 같은 백
성으로 거듭나라.
18 이제 나의 아들을 따르는 제자들이요,
그리고 나의 새로운 성경을 읽고 깨우
친 너희들만큼 마음이 다스려진 자가
없으며 바로 가고자 하는 자가 없음이
니,
19 '나는 미약한 자요, 능력 없는 자요,
부질없는 자라' 하여 너희들이 나의
새로운 성경을 손에서 놓으며 이곳을
떠나며 나의 아들에게 등지며 나로부
터 등지고 지옥 불로 가는 그와 같은
생각을 지우라.
20 그것이 너희들이 잘못된 생각이요, 너
희들이 무너짐이니라.
21 산고를 아는 너희들이 어찌하여 그보
다 열배 백배 더한, 천배 만배 더한 것
이 너희들이 오늘의 이 길을 가는 것
이요, 그 대신 그보다 더한 너희들이
영광과 은혜를 얻는 것이 이 길이라
하였음이니,
22 너희들은 그 고통도 없이 무엇인가를
역사하고자 하지 말라, 사랑하는 나의
아들딸들아!
23 너희들이 노력이요, 고통의 대가요,
그 모두를 인내하고 일어섰을 때 그
기쁨은 배가 되는 것이니라.
24 지금의 모든 백성 너희들이 선생이요,
지도자로서 오늘의 훈련 과정이니라.
25 오늘의 어렵고 힘든 이 과정을 너희들
이 넘지 못하면 만백성을 구하는 선생
이요, 지도자로서 거듭날 수 없음이니
라.
26 지금 나의 백성 너희가 얼마나 불안
하고 초조함에 떨고 있는지 알겠느냐?
27 그러니 수천 년 동안 믿음의 길을 왔
으며 저희들이 구원을 받았다 울고불
고 '아멘, 할렐루야!' 콧물 눈물 흘리
면서 광란의 짓을 하는 그 백성들,
28 저희들이 조용히 생각하며 저 자신을
들여다볼 때, 그들은 불안과 초조함에
떨고 있으며 그 공포 속에서 살고 있
느니라.
29 과연 그들이 왜 그와 같은 마음을 가
지고 살아야 되느냐?
30 저희들은 구원을 받았다 하며 하늘에
와 상을 받을 것만 남았다 하며, 사탄
에게 수많은 재물을 바치고 살아가는
자들,
31 그들이 초조하고 불안과 공포에 떠는
것은 저희들이 구원에 대한 소망이요,
열망을 확신하지 못하며 확신이 없기

때문이니라.
32 그리고 진정한 나 여호와의 뜻에 의해서 저희들이 삶을 살지 못하며, 내 뜻을 거역하며 살아가는 것을 저희들이 너무나도 잘 알고 있음이니라.
33 그러니 저희들이 그 습관이요, 악습을 버리지 못하고 있기 때문에 저희들 스스로 심사를 해 보고 저희 스스로 심판을 해 봐도 저 자신이 불안하고 초조한 것이니,
34 그 마음의 불안과 초조로 하여 그들이 더욱 흔들리며, 그들은 그저 새로운 길이요, 새로운 성경이 내려옴을 받아들이며 읽으려 하지 아니하기 때문에,
35 오늘의 잘못 가는 그 믿음에 맹종하고 거기에 맹신하여, 나의 아들을 세상에 존재하지 못하도록 그 가슴에 비수를 꽂으며, 나의 새로운 성경을 태워 버리고 찢어 버리는 것이니,
36 저희들이 나에게 와 축복받으며 영광을 받는다는 그 광분된 마음에서 그와 같은 행위를 저지를 수 있는 자들의 마음이 오늘의 그 믿음이요, 그러니 그들이 얼마나 불안과 초조함에 있느냐?
37 그 불안과 초조요, 공포에 떠는 그 백성들을 너희들은 버려서는 아니 됨이니라.
38 그리고 그들을 인도하고 구원하는 것이 너희들의 대명이니, 그리 알고 최선의 노력을 다하도록 하라, 사랑하는 나의 아들딸들아!

11,121 번째 하나님 말씀

2004년 5월 18일 07시 07분

1 사랑하는 나의 아들아!
2 "네, 아버님! 말씀하옵소서."
3 지금의 나의 아들을 따르는 선택된 제자들이요, 그리고 나의 새로운 성경을 읽고 깨우친 백성, 너희들은 선택된 자라 그리 아니 하였더냐?
4 그러니 선택되어 너희들이 나의 역사를 이루는 백성들은 너희들 자신의 삶의 생활의 그 모든 기쁨을 남들에게, 그리고 너희들 이웃에게 나눠 줄 수 있는, 아쉬움 없이 너희들이 같이 더불어 살아갈 수 있는 그와 같은 삶을 살아야 하며,
5 너희들이 이웃의 기쁨을 위하여, 너희들이 형제의 주변의 기쁨을 위하여 노력하는 그와 같은 삶의 설계도를 세우고 살아가는 것이 나에게 오를 수 있는 백성이요, 선택된 백성들이 가야 할 길이니라.
6 그러니 이것은 스스로 너희들이 남을 위하는 것이요, 남에게 기쁨을 나눠 주는 것은 너희들이 곧 기쁨을 너희 스스로 얻는 것이요,
7 그리고 너희들이 나를 볼 수 있으며 만백성을 구하는 그와 같은 역사의 길에 들어서는 백성이 된다는 것을 잊지 말라.
8 그보다 더 위대한 축복이요, 그보다 더한 영광이 어디 있겠느냐?
9 너희들이 작게는 이 세상에 태어난 것을 나에게 감사하며, 이 세상의 모든 동식물을 관리하며 너희들이 지배하

고 취하고 얻어 살아갈 수 있는 모든
자유로운 권한을 준 것, 그것 하나 또
한 너희들이 나에게 감사하는 마음도
다하지 못할 것이니라.
10 더욱이 너희들이 이 세상에 살아가 이
죄악의 세상에서 너희들이 거듭나는
세상으로 오르지 못하며 지옥의 벼랑
으로 떨어지는 그 백성들에게, 나의
아들을 통하여 내리는 새로운 성경을
너희들이 접하여 이를 읽고 깨우치는
그 은혜가 또한 어디 있겠는가?
11 더욱이 스스로 그 죄악의 속에서 저
자신을 구하며 만백성을 구하는 그 상
을 쌓음이니, 과연 너희들이 얼마나
위대한 백성이요, 얼마나 귀한 백성으
로 세상에 태어난 자들인가?
12 그러니 너희들이 나약하다 실망하지
말며 주저하지 말며 포기하는 마음을
갖지 말라.
13 그보다 더 어리석고 불쌍한 백성이 없
음이니라.
14 그러니 너희들은 나의 새로운 성경을
전하고 전파하는 데, 너희가 지키고
살아가야 할 그 덕목이 무엇인 줄 알
겠느냐?
15 기쁨도 같이 나누어 주며 사랑의 베풂
이 너희가 손실을 보며 제 손에 손해
를 보는 그와 같은 사랑을 실천하고
행하는 삶을 너희들이 살아가도록 그
리하라.
16 그것이 가장 귀하고 소중한 것이니라.
17 미래에 대한 것을 너희들이 알지 못하
면서 미래에 살아가는 것 모두를 다
갖추겠다 하는 그와 같은 욕심을 버리
지 못하고, 너희들이 사랑을 나눌 수
있는 것, 그리고 기쁨을 나눌 수 있는
것, 그와 같은 것을 행하지 못하고 살
아가는 그 백성이 얼마나 가련하고 불
쌍한 백성들이더냐?
18 너희들은 미래에 살고 죽는 것, 심판
을 받는 것, 그 시기와 때를 아무것도
모르느니라.
19 그러면서 너희들 자신에게 너희들의
모두를 갖추고 준비하는 삶이요, 그리
고 부귀와 영화라는 것, 육의 향락을
위하여 그 욕심을 버리지 못하며 그와
같은 것에 얽매어 살아가는 삶을 사는
백성, 그들이 과연 자신의 기쁨을 남
에게 나눠 줄 수 있으며 저희들이 재
물을 손해 보는 베푸는 사랑을 할 수
있겠느냐?
20 나눠 줄 수도 없으며 그와 같은 것을
베풀 수 없는 그 어리석은 백성이요,
그들의 삶을, 지금 나의 아들을 따르
는 제자들이요, 나의 새로운 성경을
읽고 깨우친 백성들이 그 전철을 밟아
서는 아니 되며 그 길을 가서는 아니
됨이니,
21 명심하고 또 명심하도록 그리하라, 사
랑하는 나의 아들딸들아!

11,122 번째 하나님 말씀

2004년 5월 18일 07시 15분

1 사랑하는 나의 아들아!
2 "네, 아버님! 말씀하옵소서."
3 울고불고 광란의 짓을 하며 구원을 받
았다는 백성이요, 종교 집단이요, 그
교파들, 그리고 그 지도자라는 자, 그
백성, 너희들이 정녕 내 뜻에 의하여

살아가고 역사한다 생각하느냐?
4 너희들은 그렇지 못함이니라.
5 너희들은 지금 나의 뜻에 접근하지도
못했으며 내 뜻이 무엇인가도 제대로
파악하지 못하고 곁에서만 맴돌고 있
으면서 너희들이 그곳에서 한계에서
벗어나지 못하는 그와 같은 어리석은
오늘의 믿음이요, 신앙의 생활이라는
것을 알아야 될 것이니라.
6 그러면서 너희들은 무어라 말하느냐?
7 너희들만이 선택된 백성이요, 위대한
백성이요, 특수한 백성이라는 그 착각
속에서, 너희들이 행하고 역사하는 것
은 오로지 나 여호와의 뜻에 의하여
하늘의 뜻을 거역하지 아니하며, 나에
게 기쁨이요, 영광의 축복을 드린다,
그리고 바치는 순수한 아들딸이라 너
희들이 그리 생각하고 살아감이니,
8 모두가 나의 뜻에 의해 이루어지며 역
사한다는 그와 같은 너희들이 믿고 알
고 있는 것, 그 모두가 다 부질없는 것
이요, 나와는 관계없는, 너희들이 내
뜻을 거역하는 짓을 하고 있다 함을
알라.
9 그러니 너희들이 그와 같이 나의 뜻을
거역하면서 내 뜻에 의하여 순종하며
따르는 가장 선량하고 선택받은 아름
다운 백성이요, 그리고 죽어 너희들은
거듭나는 영광이요, 나에게 올 수 있
으며 너희들이 모든 은혜를 받을 수
있는 믿음이라 하여 그리 가고 있음이
니,
10 너희들이 지금 그와 같은 믿음에서 벗
어나지 아니하면 아니 되느니라.
11 그와 같은 믿는 마음을 가지고 있기에
너희들이 지금 돌이킬 수가 없으며 새
로운 성경의 참진리요, 아름다운 뜻을
전한다 해도 너희들이 알아듣지 못하
느니라.
12 그러니 나의 아들 예수가 세상에 나와
'진실로 진실로' 너희들에게 전함이
니, 이것이 하늘의 뜻이요, 이와 같이
살아가는 것이 하늘의 역사하는 것이
요, 나에게 오를 수 있다 해도,
13 너희들이 그를 듣지 아니하며 행하지
아니하는 그와 같은 어리석은 삶을 살
아 오늘의 이와 같은 험악한 세상이
되었음이니라.
14 나의 아들 예수가 죽음으로써 전하고
자 했던 그 베푸는 사랑이요, 나눔은
너희들이 찾아볼 수도 없으며,
15 그리고 성령으로 임하는 천사와 같은
백성의 삶을 사는 것이 아니라, 너희
들이 육의 욕심에 거래하는 욕심의 그
한계를 벗어나지 못하고 가면서 그것
이 하늘에 오르는 길이라 굳게 굳어져
있으니, 그 마음을 돌릴 수 없는 것이
너희들이니라.
16 그러니 그들을 다스리고 구하는 것은,
내가 새로운 성경에 수없이 기록하여
전했듯이, 새로운 성경으로써 너희들
이 이를 만들어 이 세상을 다 덮어 버
리는 것,
17 그와 같은 역사가 이루어지는 것으로
써 그들이 숨을 쉴 틈이 없으며, 그를
보지 아니하면 저희들이 태양의 빛을
볼 수 없듯이 세상을 덮는 그 위대한
역사가 이루어져야만 그들이 그래도
깨우치는 자를 얻을 수 있을 것이니라.
18 진정한 참진리요, 진정한 믿음이란 너

희들이 있는 그대로 그냥 어린아이처
럼 믿는 것, 그것이 너희들이 하늘에
오르는 길이요, 진정한 믿음이라는 것
을 어찌하여 모른단 말이더냐?
19 어린아이같이 순수한 마음을 가지고
가는 그 믿음이면, 이 믿음이 곧 진정
한 믿음이요, 나에게 올 수 있는 믿음
이라는 것을, 너희들은 어찌하여 그
이치 하나를 깨닫지 못하느냐?
20 나는 성서에 너희들에게 그리 미리 전
하여 가르쳤거늘, 너희들이 정녕 내
뜻대로 행하지 않는 자요, 내 뜻을 거
역하는 자라는 말을 알겠느냐?
21 이제 사랑하는 나의 아들딸들아! 너
희들은 들으라.
22 너희들이 어떠한 변명을 갖다 붙이든,
종교 지도자의 설교를 듣고 '아멘, 할
렐루야!' 아무리 울고불고해도, 그것
은 인간의 생각이요, 인간의 뜻이 거
기에 첨부되어 있음이니라.
23 다만, 어린아이들처럼 순수한 믿음이
요, 순수한 마음으로 너희들이 돌이키
는 것이 하늘에 오르는 길이니라.
24 순수한 마음은 무엇이더냐?
25 어린아이들의 마음은 너희들이 본 대
로 말하며, 들은 대로 말하느니라.
26 저희들이 보태고 저희들의 상상을 거
기다 접목하여 그와 같은 것을 거짓
하는 행위를 하지 아니하고 본 대로
들은 대로 말하는 순수한 어린아이들
의 마음 자세로 너희들이 돌아가라.
27 순수한 아이처럼 너희들이 그와 같은
심성을 갖도록 먼저 노력하고 행하라.
28 그것이 너희들이 진정한 믿음이요, 나
에게 오를 수 있는 길이니라.
29 인간 상식이요, 인간의 설교요, 지금
의 너희들이 울고불고하는 그와 같은
가르침의 믿음으로써는 너희들이 어
린아이로 이미 돌아가기에는 너무나
멀리 굳어져 있으며 썩어져 있으니,
돌아올 수가 없음이니라.
30 그러니 너희들이 어린아이 마음으로
돌아올 수 있는 것부터 먼저 깨우치라.
31 그 교본이 나의 160권의 새로운 성경
이요, 그 속에 모두가 있으니, 거기서
답을 찾으라.
32 내가 너희들이 어린아이처럼 순수하
지 못하다는 것이 무엇인 줄 알겠느냐?
33 사랑을 하며 실천하는 자들이 너희들
이 종교 집단 교회라는 곳에 패거리
를 지어 패싸움을 하는 자들이요, 남
을 시기하고 질투하는 자요,
34 너희들이 존경한다는 종교 지도자들
이 말하기를, 너희들은 나 여호와의
뜻을 보고 나의 성경이요, 나의 가르
침을 보는 것이지, 종교 지도자를 보
고 가는 것이 아니요, 종교 지도자를
보고 믿는 것이 아니라 그리 말하며,
35 그리하여 종교 지도자요, 너희들을 가
르치는 자가 잘못했을 때, 그를 보고
가는 것이 아니요, 너희들은 말씀을
보고 가는 것이요, 인간이기 때문에
그도 실수할 수 있다 하며,
36 너희들이 뜻이 맞지 아니하여 내칠 때
는 종교 지도자를 단상에서 멱살을 잡
아 끌어내며 그를 팽개치며 몰아내고
쫓아내며, 그를 갈 곳 없이 몰아내는
사악한 자들이 아니더냐?
37 그러니 너희들이 믿음으로 인하여 믿
음을 보고 성경을 보고 가는 것이요,

종교 지도자를 보고 가는 것이 아니라
는 것도 거짓말이요, 이리해도 거짓말
이요, 저리해도 거짓말을 너희들이 하
느니라.
38 모든 종교 집단들이 앞으로 가도 재물
을 바치며, 뒤로 가도 재물을 바치며,
좌우를 움직여도 재물을 바치도록, 너
희들이 그와 같이 움직일 때마다 재물
을 바치는 방법으로 나의 사랑하는 백
성들을 쇠사슬에 얽어매는 그 사악한
자들이니,
39 그러니 너희들이 그와 같이 한 입 가
지고 두말하는 것이 보통이며, 그것이
진리이며 그것이 너희들이 하늘에 오
르는 길이라 착각하는 자들,
40 쉽고 쉬운 대로 변명하며 쉽게 이유를
댈 수 있는 그와 같은 삶에서 숙달되
었으며 훈련되었으며, 거기서 먹이를
먹고 컸기 때문에 거기서 벗어나지 못
하는 어리석은 백성들이니라.
41 그러니 너희들이 나에게 오르며 구원
을 받는다면 순수한 아이의 마음으로
먼저 돌아가라.
42 그런 심성을 갖도록 먼저 노력하라.
43 그것만이 너희들이 나에게 오르는 길
이요, 그렇지 않은 자는 올 수 없음이
니라.
44 패거리 지어 패싸움하고 너희 지도자
를 메어치고 밀어내며 길거리에 쫓아
내며, 제 뜻과 안 맞아 내치는 자, 과
연 너희들은 성서를 보고 교회를 가
며, 너희들의 목자를 보고 교회를 가
는 것이 아니라 말하면서, 너희들의
말과 행동이 과연 일치하더냐?
45 그러니 추하고 더러운 너희들 속에는
내가 같이하지 아니하며 구원의 뜻이
거기 있지 아니하니,
46 어린아이의 마음으로 돌아가라 내가
총체적으로 너희들에게 깨우쳐 주니,
47 오늘의 이 깨우침을 듣고 너희들이 거
듭나는 자는 구원을 받을 것이요, 그
렇지 못한 자는 나로부터 버림을 받는
것은 당연함이니 그리 알라.

11,123 번째 하나님 말씀

2004년 5월 18일 07시 21분

1 사랑하는 나의 아들아!
2 "네, 아버님! 말씀하옵소서."
3 순수한 마음이요, 순수한 아이의 마음
과 순수하지 못한 마음의 차이가 무엇
이더냐?
4 너희들은 이 세상에 태어났음이니라.
5 태어나서 너희들이 지금 살아가면서
어린아이가 성장하여 나이가 먹으면
죽음이라는 것을 거부하지 못하며, 그
를 부정하는 사람이 정녕 없는 것이니
라.
6 그러니 아이들의 순수한 마음은 그 모
두를 인정하며, 그 속에서 너희들이
부드러운 삶을 살고자 하는 것이니라.
7 그러니 너희들이 어린아이 같은 마음
을 갖지 않은 자, 그곳에서 너희들이
무엇을 이루고 역사하고자 하는 것,
그리고 그를 지워 버리고 잊어버리며,
오늘의 육의 삶의 향락을 위해 모두를
쫓아가는 그와 같은 너희들의 삶이니,
8 미래의 너희들이 어찌 되는지도 보지
못하는 자요, 있는 그대로 듣고 보며
그대로 행하지 아니하는 것이 너희들

이라 내가 말하였으며,
9 있는 그대로 행하는 것, 듣는 그대로
느끼고 본 대로 말하는 것이 순수한
마음이라 하지 아니하였더냐?
10 그러니 너희들의 그 순수한 마음이 얼
마나 아름답고 귀한 것인 줄 알겠느냐?
11 나의 피조물 만백성, 이 지상에 살아
가는 백성, 너희들이 언어가 다르든
피부색이 다르든 어느 곳에서 살든,
태양이 떠서 이 세상에 밝은 빛을 비
췄을 때 낮이 되며, 태양이 지면 밤이
되느니라.
12 그러니 너희들이 밤과 낮이 이루어지
는 그 역사를 거부하는 자가 없으며,
그것을 인정하지 아니하는 자가 없으
며, 그걸 믿지 않는 자가 없느니라.
13 그러니 태양이 지면 밤이 오며, 밤이
되면 달과 별이 뜬다는 것, 이를 부정
하며 이를 인정하지 아니하는 자가 없
음이니라.
14 너희들이 이를 인정하며 이를 따르는
그와 같은 순수한 마음, 거기에 어떠
한 이유도 붙이지 아니하며 그것을 부
인하는 마음을 갖지 않는 것, 그것이
바로 순수한 마음이니라, 사랑하는 나
의 아들딸들아!
15 동양의 이 작은 나라요, 축복받은 이
나라에는 봄이 있고 여름이 있고 가을
이 있고 겨울이 있느니라.
16 그러니 이 동양의 작은 나라에 사는
백성 너희들이 봄이 오며 또 봄이 지
나고 여름이 오며, 여름의 무성한 시
기가 지나면 낙엽이 노랗게 붉게 물드
는 가을이 오며, 그 가을이 되면 또 낙
엽이 떨어지는 겨울이 온다는 것을 믿
고 살지 않느냐?
17 그리고 그걸 부정하지 아니하느니라.
18 그저 순수한 있는 대로 받아들이며
그리 믿는 것, 그것이 순수한 마음이
라는 것을 너희들은 알아야 될 것이니
라.
19 그러니 그와 같이 순수한 마음이요,
그와 같은 곧은 믿음이요, 그와 같이
곧은 마음, 변하지 않고 인정하는 것,
그러면서도 너희들이 거기에 거부하
지 아니하고 가장 너그럽고 부드러운
마음을 가지고 사는 것, 이것이 바로
순수한 아기들의 마음이니라.
20 사랑하는 나의 아들딸들아!
21 봄이 되어 그 긴 겨울을 지나 굳게 다
져진 그 땅을 헤치고 아름다운 새싹이
세상에 나옴이니, 그를 보고 기뻐하지
아니하는 자 없으며, 그를 보고 행복
하지 아니한 자 없으며, 그를 보고 나
여호와의 은혜요, 내가 역사하는 걸
감사하다 느끼지 아니하는 백성이 없
지 않더냐?
22 그러니 그것이 바로 너희들이 순수한
마음이요, 순수한 어린아이들의 마음
이라는 것을 알라.
23 그를 기다리고 믿는 것이니라.
24 그러니 누구에게 너희들의 지식이요,
상식이라는 것을 배움이요, 오늘의 종
교 집단 지도자들에게 설교요, 강론을
듣는 것, 그것으로써 너희들이 이루어
지는 것이 아니니라.
25 어린아이와 같은 순수한 마음이 나에
게 오르는 길이요, 그 마음이면 모두
가 다 이루어지느니라.
26 더욱이 지금처럼 요란한 성전이요, 교

회를 지어 너희들이 재물을 거둬들이
기 위하여 끝없는 사악한 짓을 하는
것, 그리고 그 요란을 떠는 것, 그리고
너희들이 남에게 보여 주기 위하여 호
화찬란한 행사를 하는 것, 형식적인
행동을 하는 것,
27 그 모두가 다 불필요한 짓이며, 그와
같은 짓을 할 필요가 없는 것이니라.
28 하늘의 진리요, 나에게 오르는 것은
순수한 아이들 마음처럼, 너희들이 뜨
는 태양이 있을 때는 밝은 낮이요, 지
면 밤이 온다는 그를 믿는 것처럼
29 봄이 오면 여름이 온다는 동양의 작은
나라의 혜택 속에 사는 백성 너희들이
순순히 그를 믿고 거부하지 아니하며
그대로 순리대로 따라가는 것, 그와
같은 마음을 갖고 살도록 그리하라.
30 그것이 어린아이요, 순수한 아이들의
마음이니, 그 마음을 갖고 인정하고
살아가며, 그와 같이 너희들이 세상사
의 순리에 따라 거부하지 아니하며,
이유 대지 아니하며 변명하지 아니하
고 순리대로 살아가는 마음, 그것이
하늘에 오르는 축복된 마음이라는 걸
잊지 말라.

11,124 번째 하나님 말씀

2004년 5월 18일 07시 25분

1 사랑하는 나의 아들아!
2 "네, 아버님! 말씀하옵소서."
3 너희들이 성경에 기록되어 있는 대로
그대로 믿는 마음, 그리고 그대로 행
하는 마음, 그 순수한 마음이 없기 때
문에 오늘에 이와 같은 험악한 세상
이 되었음을 알겠느냐?
4 그러니 나 여호와의 가슴이 얼마나 아
프며 저리겠는가?
5 너희들이 순수한 믿음이 없느니라.
6 그러니 너희들이 순수한 믿음으로 돌
아간다는 것은, 너희들이 인간의 아이
들과 같이 착한 마음으로 돌아가는 것
이 급선무라 내가 하지 아니하였느냐?
7 내가 나의 성경에 기록하여 너희들에
게 무어라 전하였느냐?
8 나의 아들 예수를 통하여 가르쳐 전하
기를, 나의 아들 예수가 지금 나에게
부름을 받아 감이니, 너희들은 그를
슬퍼하지 말라.
9 나의 아들이 가지 아니하면 새로운 보
혜사가 내려올 수 없으며, 예수가 감
으로 인하여 새로운 보혜사가 세상에
내려와 만백성을 구하는 새로운 역사
가 이루어진다 그리하였거늘,
10 너희들은 그것을 있는 그대로 순수하
게 믿고 그대로 따르며 그를 기다리면
될 것이니라.
11 그러니 지금 내가 대장정의 160권의
새로운 보혜사요, 새로운 성경을 너희
들에게 보내거늘, 어찌하여 너희들이
이를 믿지 않는가?
12 그러니 너희들이 순수한 마음이 결여
되어 있느니라.
13 계산된 마음이요, 이해관계를 따지는
마음이요, 너희들이 잃고 얻는 것을
먼저 따지는 그와 같은 백성이 되었으
니, 순수성이 하나도 없는 백성들이기
에 성서에 기록된 그 내용을 믿지 않
느니라.
14 새로운 보혜사가 세상에 내려와 너희

들에게 깨우침을 준다 하지 않았느냐?

15 그는 제가 제 뜻대로 말하지 아니하며
보내신 분의 말을 들어, 듣는 대로 전
하고 또 행하라는 대로 행하는 자가
세상에 올 것이라 그리 말하였거늘,
어찌하여 너희들이 그를 믿지 아니하
고 거부하는가?

16 그러니 너희들이 순수성이 없는 백성
들이니라.

17 지금의 너희들이 새로운 성경을 그대
로 믿고 따르는 것, 그 순수한 믿음만
갖는다면 너희들이 구원을 받을 수 있
으며 나에게 오를 수 있는 것을,

18 아이와 같은 순수한 마음이 없기 때문
에 지금 너희들이 시시비비를 하며 이
를 가지고 옳고 그르다 함이니라.

19 그러니 너희들이 한 획도 고쳐서는 안
되며 더해서도 안 된다는 그 신약의
성경이요, 구약의 성경 그 모두를 내
가 풀어, 너희들의 마음이 과연 어떠
하며 너희들이 그와 같이 따라갈 수
있으며 그들이 역사한 순수한 마음을
너희들이 간직하고 있는가,

20 하나하나 내가 너희들에게 짚어 보고
자 하는 것이 나 여호와의 뜻이니 그
리 알라.

21 그리고 그와 같은 역사는 이루어질 것
이며, 내가 그와 같은 것으로써 분석
하여 너희들을 깨우쳐 주고자 지금 마
지막 역사할 것이니 그리 전하라.

11,125 번째 하나님 말씀

2004년 5월 18일 07시 33분

1 사랑하는 나의 아들아!

2 "네, 아버님! 말씀하옵소서."

3 지금의 백성 너희들이 신약의 시대요,
구약의 시대요, 그와 같은 것을 시시
비비하며 지금까지 흘러온 그 역사는
무엇이더냐?

4 너희들이 재물을 바치고 그를 거둬들
여, 그리고 거둬들이는 자의 마음을
충족시키며 흡족하게 하는 자,

5 그것이 진정한 믿음이요, 하늘의 축복
이요, 하늘의 영광을 쌓아 놓는 것처
럼 그와 같이 지금 믿음의 길을 오지
아니하였더냐?

6 그러니 과연 너희들이 성경에 기록된
대로 믿고 행하는 그 믿음으로 왔다
생각하느냐?

7 나는 너희들에게 한 획도 고쳐서는 아
니 되며 한 줄을 빼고 넣어도 안 된다
는 것, 절대적으로 너희들이 지켜야
된다는 그 성경을, 과연 너희들은 하
나하나 그 뜻을 알며 어찌 그를 지키
고 살아왔는가 내가 너희들에게 물어
보고자 함이니라.

8 이제 내가 뭐라 하였느냐?

9 태양이 뜨면 낮이 오며, 태양이 지면
밤이 오는 것, 그를 믿는 순수한 그와
같은 마음이 어린아이와 같은 마음이
라 하였으며,

10 그 이유가 없으며 변명이 없는 그와
같은 마음을 가지고 살아가는 것이 너
희들의 진정한 믿음이라 하였으니,

11 성서에 기록되어 있는, 너희들이 한
획도 빼지 못하며 더하지도 못하며 완
벽하게 믿고 간다는 성경이요, 너희들
이 신약의 시대에 믿었던 그 내용 하
나하나를 내가 이제 나의 아들과 더불

어 짚어 너희들에게 그 지혜를 주며
그 뜻을 가르쳐 주며 그 의미를 가르
쳐 주고자 함이니,
12 너희들이 스스로 오늘의 믿음이요, 너
희들이 하는 것과 견주어 봐 반성하고
깨우치고 깨닫는 지혜를 얻도록 그리
하라.
13 내가 이제 너희들에게 하나하나 물어
보고자 하니, 너희들이 거기에 스스로
답하도록 그리하라.

11,126 번째 하나님 말씀

2004년 5월 18일 07시 36분

1 사랑하는 나의 아들아!
2 나의 아들 예수가 세상에 태어났으니,
그 태어난 과정이요, 그 부모의 마음
자세요, 그것을 한번 내가 너희들에게
비춰 물어보고자 하노라.
3 예수의 탄생은 그 모친 마리아라는 여
인이 남편 되는 요셉과 정혼을 하여,
그가 동거한 사실이 없으며 동거한 일
이 없으나, 정혼하여 동거하기 전에
성령으로 아이를 잉태했다 하지 않았
느냐?
4 그러니 정혼하여 동거하기 전에 나의
아들 예수가 성령으로 잉태되었다 그
리하였음이니라.
5 그러니 그와 같은 것을 지금의 믿음의
길을 가는 백성 너희들은 과연 얼마나
받아들이며, 그를 정녕 그리 행할 수
있으며 얼마나 믿는 순수한 마음을 가
지고 있느냐?
6 지금의 믿음의 길을 가는 신도요, 종
파의 지도자, 너희들이 그 가정에 아
들딸이 남의 식구를 들여오는 그와 같
은 일에 있어서, 정녕 이와 같은 일이
이루어졌다 하면,
7 너희들은 과연 믿고 요셉과 같이 그와
같은 행위로써 받아들이고 역사할 수
있는가?
8 말로 나를 믿으며 나를 따른다 말하는
자들, 마리아가 성령으로 잉태한 것을
요셉이 믿듯이, 과연 너희들이 그를
믿을 수 있는 순수한 마음을 갖고 있
는가?
9 너희들은 말로는 믿는다 하나 절대 믿
지 아니할 것이니라.
10 그리고 그 정혼은 파혼될 것이며, 그
것은 이루어지지도 아니할 것이며, 너
희들은 그것을 다스려 나가지도 못할
것이 아니더냐?
11 그러니 너희들 자신이 순수한 믿음이
요, 순수한 믿음의 길을 간다 말하지
말라.
12 오늘의 믿음의 길을 가는 백성이요,
나를 경배한다는 백성, 너희들이 과연
그와 같은 일을 역사할 수 있으며 그
와 같이 묵인하며 그와 같이 인정하며
그를 덮어 갈 수 있는 백성이 있느냐?
13 내가 보는 너희들은 절대 그러한 자들
이 없음이니라.
14 너희들이 평생을 바쳤으며, 모태 신앙
이라 하며, 그리고 종교 지도자요, 만
백성을 구한다는 너희들도 너희 가정
사에 그와 같은 일이 생겼을 때, 과연
그를 믿고 받아들이겠느냐?
15 절대 너희들은 받아들이지 아니하며
역사하지 못할 것이니라.
16 그러니 너희들이 과연 순수한 마음이

어느 정도며, 너희들의 믿음이 어느
정도며, 믿음의 길을 가고 있는 상태
가 어떠한 것인가, 이를 읽고 너희들
이 한번 너 자신을 비춰 보도록 그리
하라.
17 이것이 내가 첫 번째 너희들에게 묻고
자 함이니라.

11,127 번째 하나님 말씀

2004년 5월 18일 07시 41분

1 사랑하는 나의 아들아!
2 "네, 아버님! 말씀하옵소서."
3 예수가 2천 년 전에 태어날 때, 그 헤
롯 왕 때에 예수가 유대 베들레헴에서
태어남이 아니더냐?
4 그러니 예수가 태어날 때 너희들이 그
비추는 빛이요, 그 별을 따라 멀고도
먼 길을 향유를 안고 찾아온 동방 박
사들이 있지 않더냐?
5 그러니 그 동방 박사들이 그 별을 보
고 찾아와 예루살렘에 와 그들이 누구
를 찾아다니더냐?
6 유태인의 새로 태어난 왕을 찾았으며
나의 아들 예수를 찾았으며, 그를 찾
고자 그들이 멀고도 먼 길을 마다하지
아니하고 왔느니라.
7 그러니 지금 너희들의 믿음이 과연
동방 박사들이 행할 수 있는 그와 같
은 마음의 믿음의 길을 가지고 있는가?
8 너희들이 나로부터 예언이요, 나의 뜻
을 따랐다 하여, 내가 너희들에게 보
여 줬다 하여,
9 너희들이 모두를 접어 두며 그와 같
은 멀고도 먼 길을 향유를 끌어안고
그 별빛을 따라 나의 아들 예수가 태
어남을 축하하는 그와 같은 길을 가기
위하여 순수한 믿음이요, 순수한 마음
으로써 그리 행할 수 있는가?
10 그들보다 너희들이 더 순수한 마음으
로써 지금 살아가는가?
11 한번 내가 너희들에게 다시 묻느니,
12 너희들은 이와 같은 기록의 역사를 보
기 전에 그 이루어졌던 과정을, 그들
의 마음을 너희들에 비추어 봐 깨우
치며, 너희들이 그만 못하다면 결국
나를 잘못 믿는 것이며 나를 찾는 자
들이 아니니,
13 너희들이 울고불고 구원을 받았다, 은
혜에 보답하겠다는 광란의 짓을 하는
것을 보면, 그들보다 열배 백배 너희
들이 더 순수하고 아름다워야 될 것이
니, 과연 그들처럼 너희들이 그리할
수 있는 순수한 마음이 있는가?
14 너 자신을 들여다보고 한번 깨우쳐 보
도록 하라.
15 그것이 내가 너희들에게 묻는 질문이
니라. 스스로 답을 얻도록 그리하라.

11,128 번째 하나님 말씀

2004년 5월 18일 07시 46분

1 사랑하는 나의 아들아!
2 "네, 아버님! 말씀하옵소서."
3 2천 년 전 예수가 태어남이니, 유대
땅 베들레헴에서 한 다스리는 왕이 나
올 것이며 그가 태어남이라 하여, 너
희들이 그 이스라엘 백성을 다스리는
왕이 된다는 그 말이 전해졌으며,
4 그 말을 듣고 과연 나의 아들 예수가

태어날 때 그 헤롯왕은 어찌하였는가?
5 그는 그를 살해하며 그를 없애고자 하
였느니라.
6 그러나 그 헤롯왕은 그 마음을 속에
감추고, 그가 동방 박사들에게 무어라
말하였느냐?
7 동방 박사에게 은밀히 말하기를, 그
별이 있는 곳, 그 별이 멈추는 곳이 있
으며, 그 태어난 아기를 너희들이 알
면 곧 나에게 찾아와 알려 달라 그리
헤롯왕은 이야기했느니라.
8 그리고 헤롯왕은 그 동방 박사들에게
그리 말하였느니라.
9 그 아기가 태어난 곳을 알려 준다면,
크나큰 보상으로써 그 보답을 할 것이
라 그는 그리 말했음이니라.
10 그 뜻인즉, 그들은 무어라 말하였느냐?
11 헤롯왕이 가서 경배하며 저도 축하하
는 마음으로써 그를 찾으려 함이니,
의심치 말며 그를 알려 달라, 그러면
큰 보상으로써 그 보답을 내릴 것이라
그와 같이 그들을 유인했을 것이니라.
12 그러나 그 동방 박사들은 어찌하였는
가?
13 꿈에 보여 준 그 뜻에 따라, 헤롯왕이
저를 만나고 가라 한 그것을 저버리
며, 그들이 다른 길로 가지 않았더냐?
14 하늘의 뜻을 따라, 헤롯왕, 그 권력자
를 만나지 아니하였으니, 그들은 모든
보상이요, 상을 다 포기한 자들이 아
니더냐?
15 그러니 지금의 종교 집단의 지도자요,
구원을 받았다는 백성 너희들에게 내
가 물어보고자 하느니라.
16 너희들이 과연 그와 같은 행위를 할
수 있는가?
17 지금의 종교 집단이요, 믿음의 길을
가는 자, 구원을 받았다 하는 자, 나의
뜻에 의하여 사랑을 베풀며 살아간다
는 종교 집단의 지도자요, 우두머리
요, 그리고 신도들,
18 너희들은 아마 서로 앞을 다투어 헤롯
왕에게 달려가 그 상을 받기 위하여,
그 아기 예수의 태어난 곳을 알려 주
기 위하여,
19 남들이 알려 주어 그 상을 뺏길까 봐
장거리 선수가 먼 길을 목숨을 다하여
달려오듯이, 그보다도 더 빨리 더 급
히 헤롯왕에게 달려가 나의 아들 예수
가 태어난 곳을 알려 주고 전했을 것
이니라.
20 그러니 그것이 너희들의 모습이며 오
늘의 너희들의 형태라는 것을 알겠느
냐?
21 과연 그렇다면 동방 박사들이 꿈에
보이는 그 뜻을 따라 하늘의 뜻을 거
역하지 아니하고,
22 헤롯왕을 만나 저희들이 지치고 피로
한 그 마음에 왕으로부터 보상을 받으
며 그 피로를 풀 수 있으며 대우를 받
을 수 있는 것, 그 모두를 저버리고 그
들이 만나지 아니하고 갔으니,
23 그와 같은 순수한 마음으로 지금의 종
교 집단 지도자 너희들이 가고 있는가?
24 너희들은 여기서 이루어진 역사의 한
장면을 보지 말며 이루어진 과정을 보
지 말며,
25 그 동방 박사들이 처신한 것과 그들의
마음이요, 그들의 믿음이요, 그 순수
한 마음이요,

26 재물이요, 보화와 부귀영화를 버리고
그를 알려 주지 아니하고 하늘의 뜻
에 따라가는 그 동방 박사들의 순수한
마음을 너희들이 능가해야 될 것이니,
27 과연 그 마음을 너희들이 넘어섰으며
그를 능가했는가, 너희 자신을 한번
들여다보는 그와 같은 백성으로서 거
듭나야 되는 것이며,
28 여기에 너희들을 가르치는 의미가 있
으며 너희들에게 기록한 의미가 있음
을 알라.
29 나의 아들 예수는 그와 같은 것을 너
희들이 깨우쳐, 그와 같이 순수하고
아름다운 마음으로써, 어떠한 권력이
요, 재물이요, 부귀영화에도 배신하지
아니하고 등을 돌리지 않는 것이 믿음
의 길을 가는 길이요, 하늘의 뜻을 따
라 행하는 백성이라는 것을 깨우쳐 주
고자 한 뜻이 여기 있음이니,
30 과연 너희들의 마음은 어떠하며 너희
들의 상태는 어떠하며 너희들은 어떠
한 길을 가고 있는가 한번 보라.
31 너희들이 큰 교회를 지어 준다 하면,
세상에 무엇보다 더 큰 교회를 지어
줄 것이니, 나의 아들 예수가 태어난
곳을 알려 달라고 했을 때,
32 과연 지금의 종교 집단의 지도자들이
알려 주지 아니하고 도망갈 자가 얼
마나 있는가?
33 남이 알려 주기 전에 제가 먼저 알려
줘 그 상을 받고자 가는 자를 넘어뜨
리고 달려갈 수 있는 것이 오늘의 종
교 집단 너희들이니,
34 그 순수한 마음이 없는 자들이요, 믿
음이 없는 자요, 나의 뜻을 거역하고
사는 자들이니,
35 스스로 너희들이 너희 자신을 비춰
보도록 하라 내가 여기에 또 기록하
여 너희들에게 묻느니라.

11,129 번째 하나님 말씀

2004년 5월 18일 07시 52분

1 사랑하는 나의 아들아!
2 "네, 아버님! 말씀하옵소서."
3 동방박사가 떠난 후에 하늘의 사자로
부터 요셉에게 무어라 현몽하여 전했
느냐?
4 지금 헤롯이 아기를 찾아 죽이려 하
니, 너희들은 아기와 그 모친을 데리
고 애굽으로 지금 당장 피하여 떠나
라.
5 그리고 내가 너에게 이르기까지 너는
거기에 있으라 그리 명하였느니라.
6 그 천사가 현몽하여 전하는 것을 보고
요셉은 어찌하였는가?
7 그를 믿고 그는 그 모친과 그 아이 예
수를 데리고 그를 피하여 떠나지 아니
하였던가?
8 요셉이 일어나서 밤에 아기와 그 모친
을 데리고 애굽으로 떠나가니, 이것이
바로 내 뜻을 거역하지 아니하고 행하
는 것이 아니더냐?
9 그러니 지금의 믿음의 길을 가는 백성
너희들이 그와 같이 거역하지 아니하
고, 믿음이요, 참진리의 길을 위하여
행할 수 있는 믿음이요, 순수한 믿음
이더냐?
10 너희들은 지금의 믿음을 한번 돌이켜
보라.

11 너희가 지금까지 쌓고 쌓아 온 인간의
권세와 부귀영화를 가지고 있는 자,
또한 그 부귀와 영화가 없는 자, 가난
하고 어렵고 힘든 자, 또 요셉과 같이
방랑의 길이요, 과연 그보다 더한 가
난하고 어렵게 사는 자,
12 사자로서 현몽하여 그 명령을 내렸을
때, 너희들은 당장 모두를 버리고 떠
나갈 수 있는 그와 같은 순수한 믿음
이요, 그와 같은 진정한 진실된 믿음
의 길을 가고 있는가?
13 너희들이 가슴에 손을 얹고 오늘의
믿음을 진단해 보며, 네 마음의 상태
요, 네 마음의 형태를 한번 들여다보
도록 그리하라.
14 그러면서 너희들이 울고불고하는 그
믿음으로써 모두를 버리고 떠나라 할
때 과연 떠날 수 있는가?
15 그러니 그것이 바로 너희들이 순수한
믿음이요, 나를 향한 믿음이라는 것을
여기에서 읽고 깨우쳐, 너희 자신이
자각하는 기회를 만들어 주고자 하여
내가 기록하여 전함이니라.
16 너희가 요셉처럼 순수한 믿음이요, 그
길을 간다 하며 그리 행할 수 있는가?
17 그렇지 못하면 너희들이 나를 볼 수
없음이니라.
18 그러니 너희 자신을 한번 심판해 보도
록 그리하라.
19 내가 너희들이 가지고 있는 모두를 다
남을 위하여 나눠 주고 베풀라 현몽하
여 보여 준다면, 과연 너희들은 그와
같은 행위를 할 수 있는 순수한 마음
이요, 순수한 믿음인가?
20 내가 너희들에게 성경을 태우라, 그러
면 새로운 성경이 내려갈 것이라 말
하고 현몽하여 보인다면,
21 너희들은 그를 행할 수 있는 믿음이
요, 그대로 지키고 갈 수 있는 믿음의
길을 가는 백성들인가?
22 그러니 그 요셉이 명에 따라서, 현몽
에 따라서, 사자들이 전하는 것에 따
라서 행하는 것을 너희들과 비춰 보
라.
23 그리하여 그보다 뒤진다면, 정녕 너희
들은 오늘의 믿음이요, 모두가 다 거
짓된 것이라는 것을, 여기를 보고 또
깨우쳐야 될 것이니 그리 알라.
24 그리고 스스로 너희들을 다시 한 번
들여다보고 다스리리라.

11,130 번째 하나님 말씀

2004년 5월 18일 07시 58분

1 사랑하는 나의 아들아!
2 "네, 아버님! 말씀하옵소서."
3 그 헤롯왕이 죽음이니, 내가 또한 요
셉에게 무어라 말하여 가르쳤느냐?
4 헤롯이 죽은 후에, 주의 사자를 통하
여 내가 그들에게 전하여 가르쳤느니
라.
5 내가 직접 너희들에게 전할 수 없으며
역사할 수 없기에, 꿈으로 현몽하며,
그리고 하늘의 사자로서 너희들에게
보내는 것이 아니더냐?
6 그러니 너희들이 얼마나 그를 믿고 따
르며 행하는 백성들이요, 순수한 믿음
으로 가는 백성들인가, 너희들이 이
대목에서 또한 짚어 봐야 될 것이니라.
7 헤롯이 죽었으니, 일어나 너희들이 아

기와 그 모친을 데리고 이스라엘 땅으
로 가라, 그 아기의 목숨을 찾던 자들
이 죽었느니라 하니,
8 요셉이 일어나 두말할 것 없이 모두를
챙겨 이스라엘 땅으로 들어감이니,
9 과연 너희들이 그와 같은 믿음이요,
그와 같은 순수한 행함을 할 수 있는
것인가?
10 여기서 너희들은 뼈를 깎는 각오요,
냉정한 마음으로써 얼마나 순수하게
따라가는가를 봐야 될 것이니라.
11 그저 나 여호와의 뜻에 따라 요셉이
그 모친과 아이를 데리고 이스라엘 땅
으로 갔다는 것이 위대한 것이 아니요,
12 그와 같은 것을 읽고 깨우쳐 너희들이
그와 같은 위대한 역사요, 그리하여
나의 아들 예수가 존재하였으며, 예수
가 신약 성경을 만들어 만백성을 구하
는 역사를 이루는 기초가 되었다 그리
생각하지 말라.
13 너희들이 그것을 보기 전에, 요셉이
명에 따라서 움직이고 행한 것, 그 믿
음이요, 그 신뢰요, 그 순수성에 너희
자신을 비춰 보며 너 자신을 거기에
점검하여, 스스로 답을 찾아 깨우치는
백성이요, 네 것으로 만들어 가는 백
성이 되어야 한다는 것을 잊지 말라.
14 그것만이 여기서 필요한 대목임을 알
라.
15 그와 같이 움직여 예수가 성장하였으
며 예수가 역사하며 예수가 성령으로
태어나 위대한 것이며 나 여호와가 위
대하다 너희들은 그리 찾지 말며 그를
보고 그를 가지고 흥분하지 말라.
16 요셉이 명에 따라 움직이는 그 순수함
이요, 그 순수한 믿음이요, 그 아름다
움이요, 그 진실된 믿음을, 너희들이
그를 능가하는 마음으로 살아가겠다
는 각오를 다지는 것이 중요한 것이지,
17 그 역사의 흐름에 따라서 너희들이 그
를 읽고 깨우쳐 그리 역사했다는 것,
그리고 위대하다는 것, 나 여호와가
미리 예견하여 그 모두를 역사했으니,
창조주 아버지가 위대하다는 것,
18 그와 같은 너희들과 관계없는 것, 너
희들이 이룰 수 없는 것, 너희들이 행
할 수 없는 하늘의 법도를 따르지 말
고,
19 내가 꿈으로써 현몽하여 보여 주고 나
의 사자로서 전하는 그것을 따르고 믿
는 그의 믿음만을 보고, 너희가 그보
다 더 순수하고 진정한 믿음의 길을
가는 데만 최선을 다하라.
20 그리하여 요셉이 즉시 일어나 그 모친
과 예수를 데리고 이스라엘 땅으로 들
어가지 아니하였느냐?
21 너희들이 이와 같은 순수한 믿음의 길
을 갈 수 있느냐 없느냐, 그것이 너희
들이 오늘에 가지고 있는 관건이니라.
22 지금의 종교 지도자요, 그리고 구원을
받았다 말하는 신도, 너희들이 방언을
하는 은사를 받았다 하며 병을 고치는
은혜를 받았다 하며, 너희들이 온갖
혜택과 은혜를 받았다 하며 무엇을 하
느냐?
23 너희들이 간증을 하며 사람들 앞에 설
교하며 사람들의 눈물을 짜고 흥분을
시키느니라.
24 그게 무엇이 필요하더냐?
25 그와 같은 것이 필요한 것이 아니요,

다 부질없는 짓 하지 말라.
26 너희들이 나의 명에 따라, 꿈에 보이
는 명에 따라 움직인 요셉이요, 그리
고 동방 박사들이 별을 따라서 움직인
마음이요, 그 순수한 믿음이요, 행할
수 있는 것이 중요함을 너희들은 알라.
27 너희들이 이렇게 명에 따라 그와 같은
삶을 사는 그 순수한 삶의 길을 따라
가라.
28 그 길을 가지 아니하며 그 길을 행하
지 아니하면 절대 나에게 오를 수 없
으며, 은혜를 받으며 거듭나는 영광이
요, 축복받을 수 없다는 것,
29 다만 명에 의하여 따르며 명에 의하여
움직이는 것, 그리고 부귀영화요, 권
세를 다 버리고 그저 명하는 대로 순
순히 따라가는 그와 같은 백성,
30 그리하여 그 순수한 믿음이요, 그 아
름다운 믿음이요, 그 마음을 너희 것
으로 만들며, 너희들이 그보다 더한
자로서 거듭나는 것, 그 영광이요, 은
혜된 것을 너희들이 받고자 한다면 그
와 같은 길을 가야 할 것이니라.
31 그것 외에 너희들과는 아무런 관계도
없는 것, 나 여호와가 역사하며 내가
이루는 것, 그걸 가지고 너희들 것인
것처럼 너희들이 광분하며, '위대하
다, 창조주는 정녕 전지전능한 아버지
다.' 하며 거기에 매달리고 그리 보지
말라.
32 그러니 너희들이 내 진정한 마음이요,
내가 원하는 것은 모르고 겉만 보고
겉만 흘러가는 자들이라 하였음이니,
33 요셉이 나의 명에 따라서 움직인 것,
동방 박사들이 행한 것, 그와 같은 것
을 보아, 너희들이 순수한 마음이요,
순수한 믿음으로써 거듭나는 그것만
을 너희 것으로 만들라 전함이니 그리
알라.

11,131 번째 하나님 말씀

2004년 5월 18일 14시 42분

1 사랑하는 나의 아들아!
2 "네, 아버님! 말씀하옵소서."
3 나의 피조물 만백성 너희들이 살아가
는 마음이 어떠한 마음이더냐?
4 너희들이 선하고 착한 일은 스스로 찾
아야 할 것이며, 맹수가 먹이를 노리
듯이 선하고 착한 일을 그리 찾아서
해도 나의 은혜에 보답할 길이 없으
며, 너희들이 나에게 와 바로 살았다
고 칭찬받을까 말까 하거늘, 지금 나
의 피조물 만백성 너희들이 살아가는
형태가 어떠하더냐?
5 육의 이익이 따르는 곳에서는 너희가
그저 목숨을 걸고 모두를 던지느니라.
6 그리고 너희들은 정녕 그 이익을 위해
서는 물불을 가리지 아니하고 맹수가
먹이를 채듯이 그와 같은 형국으로 대
드니, 이것이 과연 나의 백성이요, 가
장 지혜 있는 동물이라 하는 너희들이
요, 많은 동물을 다스리고 관리한다는
동물의 왕이라는 너희들이 과연 그리
할 수 있고 그리 행동할 수 있겠느냐?
7 동물의 왕이라 하여 가장 지혜 높은
자, 지배하는 자, 너희들이 과연 그와
같은 행위를 하는 것이 부끄럽고 추한
모습이 아니더냐?
8 너희들이 이 세상에 살아가면서 선하

고 아름다운 것은 목숨을 걸고 먼저
하며 그것을 찾아서 행하고, 그것을
우선순위로 제가 먼저 하겠다는 그와
같은 마음으로 살아도 너희들이 나의
은혜에 그 보답을 다하지 못하며 너희
들이 하늘에 오르는 영광을 얻고 못
얻는 것, 그것 또한 장담 못 하는 것이
거늘,
9 너희들이 그저 이해관계가 달린 일은
목숨을 바쳐 대드나 그렇지 않은 일은
피함이니, 지금 너희들이 바로 인생의
삶을 거꾸로 살며 반대로 사는 것이라
함이니라.
10 모든 백성들이 믿음의 길을 온다는 수
백 년 수천 년 동안 흘러온 종교 집단
의 지도자 너희들이 이익의 관계에 대
해서는 모두를 던지면서, 너희들이 선
하고 아름답고 착한 일에는 등을 돌림
이니,
11 가야 할 길은 가지 아니하고 가지 아
니할 길은 가며, 행해야 할 행동은 하
지 아니하고 해서는 안 될 행동만 골
라서 함이니,
12 그게 어찌하여 나에게 오를 수 있으며
나의 백성이라 한다더냐?
13 그러니 너희들이 세상을 거꾸로 보고
살아야 하며 거꾸로 서서 봐야 되며,
너희들이 지금의 사는 삶을 반대로 보
지 아니하면 아니 된다 함이 거기 있
느니라.
14 이제 나의 아들을 따르는 제자 너희들
은 들으라.
15 너희들의 이해관계요, 이익에 관계되
는 것에 모두를 다 던지고 바치는 그
와 같은 행동을 하지 말며,
16 선하고 아름답고 착한 일을 행하는 데
너희들이 모두를 다 돌진하는 그와 같
은 마음 자세로 살도록 그리하라.
17 나의 새로운 성경을 접한 백성들이요,
나의 강론을 들은 나의 아들을 따르는
제자, 너희들은 그와 같이 가지 아니
하면 아니 됨이니라.
18 모든 백성 너희들은 들으라.
19 새로운 성경이요, 하늘에 오르는 길이
요, 너희들이 이를 접하는 순간에 구
원이요, 하늘의 모든 영광이요, 병 고
치는 은사요, 고통과 시련 모두를 다
벗어난다는 그와 같은 생각으로써 나
의 새로운 성경을 접한다면, 너희들은
아무것도 알지 못하며 그 뜻도 알 수
없음이니 그리 알라.
20 그러니 그것이 잘못되었다 내가 직접
나의 아들을 통하여 너희들에게 가르
침이니, 지금의 믿음의 길을 가는 백
성 너희들이 과연 어떠하더냐?
21 너희들이 성경책을 들고 교회라는 곳,
그리고 너희들의 종교 집단이 이끄는
곳에 찾아갈 때, 너희들은 제일 먼저
무엇을 생각하는가?
22 '내가 무엇을 얻을까, 무엇을 이룰 수
있을까, 내가 어떠한 혜택을 입을까,
내가 무엇의 기적을 얻지 않을까?' 이
와 같은 생각으로써 믿음의 길을 감이
니, 그게 잘못되었다 함이니라.
23 그러니 그와 같은 생각으로써 믿음의
길을 가는 자, 너희들은 진정한 믿음
이 아니요, 아무것도 볼 수 없으며 거
둘 수 없다 하였음이니라.
24 나의 아들을 따르는 제자들이요, 그리
고 나의 새로운 성경을 접하는 순간에

너희들은 고통과 시련의 좁은 길을 간
다는 것을, 협착하고 어려운 길이요,
외나무다리와 같은 삶을 시작하는 것
이라는 것을 알라.
25 그러니 너희들이 무엇을 얻고 구하고
기적을 얻으며 부귀영화를 얻으며, 너
희 자식의 명예를 위하여 출세를 위해
기도하고 경배하며, 그것을 얻기 위하
여 나의 성전을 찾으며 나의 새로운
성경의 뚜껑을 연다면, 이것은 너희들
이 아무것도 아니며 아무것도 알 수
없는 것이니라.
26 너희 마음만 산란해지며 너희 자신만
흔들림이니라.
27 그러니 너희는 나의 새로운 성경을 접
하는 순간에, 그리고 이를 읽고 깨우
쳐 이 길을 가고자 한다면, 너희들의
허리띠를 졸라매는 각오 없이는 갈 수
없음이니, 나의 아들 너는 모두에게
전하라.
28 나의 새로운 성경을 접하며 나의 성전
을 찾으며 너의 강론을 듣고자 오는
자, '너는 얼마나 고통스럽고 힘든 길
을 갈 각오가 되어 있느냐?, 지금서부
터 네가 네 인생의 시련을 겪는 것이
며 고통을 겪으며, 진정한 하늘에 오
르는 길이 무엇이요, 참진리의 길이
가는 것이 무엇인가, 가시밭길 험한
길을 가기 시작한다.' 하는 것을 먼저
심어 주라.
29 그리하여 그 길을 간다 하는 자, 네가
거둬들일 것이며, 그와 같은 길을 갈
수 없으며 더 편하고자 무얼 얻고자
하는 자는 그가 떠나가든 말든 그의
의사에 맡기라.
30 너희가 맨발로 가시밭길을 걸어오며
끓는 기름 가마 속에 들어가며 유황불
속에 들어가는 그곳에 가서 영원히 고
통 속에 사는 그 삶을 살 것인가,
31 그렇지 않으면 너희가 육에서 견딜 수
있는 고통과 시련을 견디고 이겨 거듭
나는 백성으로서 나에게 구원을 받는
그 영광을 얻을 것인가 물어보도록 그
리하라.
32 너희들이 지금 인간 세상에서 자유가
있으며 자유 의지대로 행동을 할 수
있음이니라.
33 더운 것은 피할 수 있으며 찬 것도 피
할 수 있으며 위험도 피하며, 너희들
이 모두를 편리한 대로 피해 가며 너
희 자신을 다스려 가면 그 불행한 사
고는 막으며 고통을 막을 수 있지 않
더냐?
34 노력하는 자는 또한 그만큼 살 수 있
으며, 아름답게 사는 자 너희들이 그
와 같이 아름답게 살 수 있고 얻고 취
할 수 있는 것이 이 육의 세상의 삶이
니,
35 여기에서 얻고 버리고 할 수 있을 때
너희들이 모두를 취하도록 그리하며
바로 가도록 하며,
36 너희들이 여기서 모두를 얻고 버리고
갔을 때, 가장 협착하고 어렵고 고통
스러운 길을 여기서는 인간이 참을 수
있으며 행할 수 있으며 갈 수 있는 길
이니라.
37 가다가 힘들면 쉬었다 가며, 너희들이
벗어 버리기가 너무 어려운 그 악습이
면 조금씩 조금씩 깎아 내듯이 버려
버리면 되는 것이요,

38 이와 같은 여유가 있으며 너희들이 가
장 큰 은혜요, 영광 속에서 지금 존재
함이니,
39 이 육의 세상에서 고통스럽고 어려운
길이요, 너희 자신의 악습을 버리는
데 네 목숨을 던질 만큼 그와 같이 노
력하면 모두 얻을 수 있고 변화될 수
있는 이 세상의 삶이 얼마나 귀하고
소중한가?
40 여기에서 모두를 잃고 얻는 그와 같은
결과를 얻어야 됨이니, 너희들이 참고
인내할 수 있는 육의 세상에서, 지금
의 세속의 세상에서 모두를 다 벗어던
지고 거듭나는 영광을 얻으라.
41 그 현명함을 얻지 못하면 너희들이 나
에게 왔을 때 영원히 그를 감당키 어
려울 것이니라.

11,132 번째 하나님 말씀

2004년 5월 18일 14시 51분

1 사랑하는 나의 아들아!
2 "네, 아버님! 말씀하옵소서."
3 이제 나 여호와가 성서의 구절구절의
그 의미를 너를 통하여 전하며 풀어
줌이니, 그리고 그 뜻을 전하며, 그와
같은 내용이 어찌 기록되었으며 무엇
때문에 기록되어 있는가를 내가 전함
이니,
4 너희들이 이제 그 의미요, 그 뜻을 알
아야 될 것이니라.
5 세례 요한이 광야에서 무어라 전파하
였으며 무어라 일렀느냐?
6 광야에서 그는 그리하였느니라. '회개
하라, 천국이 가까웠느니라.' 하였느
니라.
7 저는 선지자 이사야로 말씀하신 자라
일렀으되 광야에 외치는 자의 소리가
있어 가로되' 그가 말하기를, '너희는
주의 길을 예비하라 그의 첩경을 평탄
케 하라 하였느니라.'
8 그러니 머지않아 너희들이 모두가 이
루어질 날이 있으며 다가오고 있음을
알려 주지 아니했던가?
9 그와 같은 예언자요, 선지자로서 그가
전하며 그가 역사한 삶을 너희들은 한
번 들여다보도록 그리하라.
10 오늘의 종교 집단의 지도자 너희들은
나로부터 기름 부음을 받은 자요, 나
의 뜻을 대명받은 자요, 너희들이 그
리 선지자요, 나의 명을 대행하는 자
들이라 하지 않느냐?
11 그러니 그 요한이 어떠한 모습으로써
살아가면서 복음을 전했는가?
12 그와 같이 너희들이 '첩경을 평탄케
하라, 곧 모두가 다 이르렀음이니라.
이제 머지않아 너희들이 그와 같은 모
두의 역사함을 볼 것이니라.'
13 그와 같이 부르짖은 그 요한은 약대의
털옷을 입고 허리에는 가죽 띠를 띠고
음식은 메뚜기와 석청 엿 같은 것을
먹고 그가 나의 복음을 전하지 아니하
였더냐?
14 그러니 그 자세가 얼마나 순수하며 그
가 얼마나 낮은 자리에서 그 모두를
전했느냐?
15 들에 나는 메뚜기를 먹으며 바위의 틈
에 나무 틈에 나는 그와 같은 것을 식
량으로 하여 그가 그 순수한 마음이
요, 그 순수한 행복으로써 복음을 전

파했으니,
16 그와 같이 나의 뜻을 따라 역사하는
종교 집단 지도자 너희들이 그리 간다
하지 못해도 너희들이 얼마나 겸손한
자세로써 과연 그와 같은 마음으로써
나의 복음을 전하는 데 모든 역사를
다할 수 있는 것이냐?
17 그와 같은 순수한 마음으로 너희들이
복음을 전하지 아니하면 진정한 종교
지도자라 말할 수 없음이니라.
18 지금 너희들이 예수를 믿으면 천국이
요, 예수를 믿지 않으면 지옥으로 간
다 전하는 자, 그리고 그들을 뒤에서
조종하는 종교 집단의 지도자들이 과
연 요한처럼 그와 같은 마음이요, 그
와 같은 행동으로써 순수한 아이와 같
은 마음으로 나의 복음을 전하는 역사
를 하는가?
19 심방이라는 방법으로써 복음을 전하
며 기타 등등 방법으로써 나의 복음을
전파하는 그와 같은 종교 집단의 지도
자 너희들이 세례 요한같이 순수한 삶
이요, 그와 같은 마음 자세로써 나의
복음을 전파하라.
20 그렇지 아니하면 아니 될 것이니, 내
가 이와 같은 내용을 기록하여 너희들
에게 전한 것이며,
21 요한이 메뚜기요, 석청을 먹고 살며
가죽띠 하나 두르며, 그저 낙타의 가
죽 같은 털가죽으로 만든 옷 한 벌을
걸치고 모두를 살아가되,
22 그 입에서 나오는 것은 나 여호와의
진리요, 그리고 복음을 그와 같은 형
국으로 전하고 다녔으니,
23 정녕 나의 피조물 만백성을 구한다는
너희들이 궁궐 같은 집을 지으며 제왕
과 같은 자세로써 지금 나의 피조물
만백성들의 고혈을 빨면서 나의 복음
을 전한다면 그게 사탄이요, 이단이
요, 마귀의 자식이라 함을 너희들은
알라.
24 요한이 과연 돈을 거둬들였으며 재물
을 긁어모았더냐?
25 그러니 그와 같은 재물을 긁어모으는
자, 그리하여 성전을 왕궁과 같이 짓
는 것, 그리고 호화로운 것, 더 찬란한
것을 찾는 그와 같은 자는 사탄의 자
식이요, 나와 관계없다는 것을 너희들
은 알라.
26 지금의 나의 참진리요, 교리를 전파한
다는 종교 집단의 지도자, 너희들이
세례 요한처럼 그와 같은 모든 마음을
가지고 가는가?
27 지금 너희들은 탐욕스러운 자요, 그리
고 탐욕에 찌든 자요,
28 순수한 믿음이 없으며 아이들과 같은
순수한 마음을 너희들에게서 찾아볼
수 없다면 나의 백성이 아니요, 너희
들이 잘못 간 것이니,
29 여기서 너희들은 요한을 위대한 자요,
예언자요, 그리고 예수가 온다는 것을
미리 전한 자요, 예수에게 세례를 준
자요,
30 그와 같은 예수의 오는 것을 예언한
것을 위대하게 보지 말며,
31 예수가 온다는 것을 예언하고 다닌 요
한의 그 말이 예언자로서 위대한 것이
요, 당당한 것이라 너희들이 그리 생
각하지 말며, 마음을 거기에 맞추지
말라.

32 다만, 세례요한이 어떠한 형국으로써
복음을 전했으며, 무엇을 어찌 먹고
어찌 생활하면서 그가 그리 전하는 역
사를 했는가, 그 행동을 너희들이 보
라.
33 너희들이 예수가 아니니, 예수가 오는
것과 너희들이 관계가 없음이니라.
34 그리고 예수가 와서 역사하는 것도
너희들이 관계없음이니라.
35 다만, 나의 성령이요, 내 뜻을 가지고
요한처럼 너희들이 만백성에게 전하
고 전하는 대명을 받았다면, 너희들의
한계는 요한과 같은 그 한계를 넘을
수 없음이니,
36 너희들 또한 요한과 똑같은 행동이요,
그와 같은 믿음의 길을 가는 것이 너
희들의 오늘의 권한이요, 할 수 있는
능력이요, 그 이상 것은 없음이니,
37 과연 요한이 어찌하면서 나의 복음을
전했는가 그것을 깨우쳐 너희 것으로
만들어 그를 본보기로 하도록 하라.
38 이제 나의 아들을 따르는 제자들이요,
나의 새로운 성경을 읽고 깨우친 백
성, 너희들은 요한의 복장이요, 그가
무엇을 먹었으며 어찌 의식주를 해결
해 가면서 불평 없이 나의 복음을 전
했는가, 그걸 닮으며, 그와 같이 행동
하는 그것만이 너희들 것이요, 위대한
것이요,
39 그가 미리 예언한 것은 너희들과 관계
없는 것이니 그리 알라.

11,133 번째 하나님 말씀

2004년 5월 18일 14시 58분

1 사랑하는 나의 아들아!
2 "네, 아버님! 말씀하옵소서."
3 성경에 기록하여 내가 전하기를, '이
미 도끼가 나무뿌리에 놓였으니, 좋은
열매를 맺지 아니하는 나무는 찍어 유
황불에 던지며 불에 던져 태우리라.'
4 그와 같이 요한은 너희들에게 그 시대
의 뜻을 전했음이니라.
5 그러면서 요한은 무어라 하였느냐?
요한은 그리 말하였느니라.
6 '나는 너희들을 회개케 하기 위하여
물로써 세례를 주거니와, 내 뒤에 오
시는 이는 이보다 더 능력이 많으시
니, 나는 그의 신발을 들기도 감당치
못하는 그와 같은 자라' 하였음이니라.
7 그러니 그는 성령으로써 너희들에게
세례를 주실 것이라 그리 전하지 않았
느냐?
8 그러니 요한은 나의 아들을 무어라 말
했느냐?
9 요한이 예언자로서 나로부터 명을 받
아 세상에 나의 아들 예수가 올 것을
그리 알려 주었으며, 예수에게 세례까
지 준 그가, 과연 그 자세가 어떠하며
얼마나 낮은 자세로써 그 자신을 지켰
느냐?
10 감히 나의 아들 예수의 신발도 들기를
감당치 못하는 자라 그리 말하고 그리
전해 주지 않았느냐?
11 그러니 세례를 준 요한도 그와 같이
낮은 자로서 그리 전했느니라.
12 그러니 지금 믿음의 길을 가는 종교

집단 지도자 너희들이 과연 어떠한 형
태로 가는가?
13 너희들이 나의 아들을 보는 마음이요,
자세는 무엇이더냐?
14 너희들이 나의 아들 예수가 살아간 그
삶을 보고 경건하게 따르는 그와 같은
삶을 사는가?
15 지금의 모든 종교 집단 지도자 너희들
이 나의 아들 예수의 보혈이요, 죽음
으로써 장사꾼으로 전락하여 장사를
하고 있는 그와 같은 험악한 자들이
되었으니,
16 세례를 주는 그 요한이 무어라 말했느
냐?
17 예수의 신을 들기도 감당키 어렵다 하
였음이니, 그 말의 의미를 한번 너희
들이 돌이켜 보라.
18 그러니 감히 요한도 나의 아들 예수를
그리 평했으며 그리 전했으며 그리 알
렸거늘,
19 지금의 너희들이 나의 아들 예수의 이
름을 부르며 나의 아들 예수의 고통스
러운 십자가를 높이 들어 나를 고문하
고 그를 울리는 그와 같은 행위를 하
고 있는 것,
20 과연 너희들이 요한이 예수의 신발도
들지 못할 만큼 자기는 물로 세례를
주며 만백성에게 회개를 하게 하며 길
을 가르쳐 주며 하늘에 오르는 역사를
가르쳐 주면서도 그와 같이 비유한 뜻
이요, 그 마음이 얼마나 경건한 자세
인가?
21 그러니 요한은 나의 아들 예수를 빙자
하여 자신의 이익을 위하여 재물을 거
뒀던가, 또한 지금 너희들처럼 장사를
했더냐?
22 절대 요한은 그와 같은 행위를 하지
아니하였음이니라.
23 그러니 지금 너희들 행동을 한번 보
라, 너희들은 어찌하는가?
24 너희들은 그저 나의 아들 예수를 팔아
서 장사하고 재물을 거둬들이기에 바
쁜 자요,
25 요한과 같이 나의 아들 예수의 신발도
감당하지 못하는 그와 같은 낮은 자
라 하여 겸손한 마음으로 과연 너희들
이 오늘의 믿음의 길을 가는가?
26 궁궐 같은 집을 지으며 너희들이 그
단상에 서서 궁궐처럼 호화롭게 해 놓
으며, 나의 피조물 만백성들에게 더
좋게 더 호화롭게 하여야 나 여호와가
즐기고 기뻐한다 그리하지 않느냐?
27 그러면서 너희들이 나의 피조물 만백
성들의 고혈을 빠니, 구약과 신약을
통틀어서 그와 같은 삶을 산 자 있느
냐?
28 너희들은 지금 알라. 나의 아들 예수
는 어찌 살았느냐?
29 예수의 그 고통스러운 삶을 너희들이
봐야 될 것이며, 요한은 과연 무엇을
먹고 어찌 걸치고 다니면서 복음을 전
했는가?
30 몇 벌의 옷을 짊어지고 나의 아들 예
수를 빙자하여 재물을 거둬들였는가?
31 그가 가지고 있는 지혜를 가지고 재물
을 거둬들였던가?
32 오로지 복음을 전하는 데만 모두를 다
바쳤으니, 오늘의 종교 집단의 지도자
너희들 자신을 돌아다보라.
33 너희들이 모두를 어찌 다 놓아야 되겠

는가?
34 나의 피조물 만백성에게 고혈을 빨아
모은 그 모두를 되돌려 주지 아니하면
아니 되는 것이니,
35 너희들이 이와 같은 역사를 알면서,
지나온 그 과거사를 알면서 그를 행하
지 아니하고 그대로 본받지 않은 그
죄의 대가가 얼마나 무서운 것인가를,
36 내가 너희들에게 그를 피할 수 있도록
하고자 하는 것이 나 여호와의 뜻이기
에,
37 너희들이 내가 내리는 나의 새로운 성
경을 높이 들어 이를 읽고 깨우쳐 변
화되는 삶을 살라 하는 것이 나 여호
와의 뜻임을 알라.
38 얼마나 고통스러우며 견디기 어려우
며 너희들이 지탱할 수 없는 그 길을
가지 않도록 나 여호와가 이와 같이
너희들에게 전하고 또 전하는 그 의미
를 알아보도록 그리하라.

부 록

【하나님께서 가르쳐 주신 운동】

천재지변이 일어날 때, 동물이나 미물들은 미리 알고 대피하지만, 인간은 알지 못하고 큰 화를 당합니다. 하나님께서 인간에게 가장 높은 지혜를 주시고 완벽하게 창조해 주셨기에 동물들보다 더 잘 알 수 있지만, 욕심으로 마음이 혼탁해져서 한 치 앞을 보지 못하는 것입니다.

마찬가지로, 인간은 누구나 스스로 필요한 운동을 해서 건강을 지킬 수 있도록 하나님께서 만들어 주셨습니다. 우리의 머리에서 우리 몸에 필요한 동작을 해 달라고 끊임없이 신호를 보내지만, 인간이 혼탁하게 살아서 그 신호를 알아채지 못합니다. 그러니 자연스럽게 자기 몸이 원하는 그 신호를 따라서 운동하는 것이 하나님께서 가르쳐 주신 운동 방법입니다. 바로, 우리의 영이 육을 이끄는 운동입니다.

▶ 하나님 운동법

1. 눈을 감고, 발을 어깨너비로 벌리고 바르게 선다.
2. 몸에 힘을 풀고, 허리를 숙이면서 손과 머리를 아래로 내린다.
3. 허리를 펴고 싶을 때, 천천히 펴면서 하고 싶은 동작을 하면 운동이 시작된다. (사람마다 다르다.)
4. 멈추지 말고, 어떤 동작이든지 자기 몸의 느낌대로 계속 이어서 한다.

▶ 참고 사항

① 눈을 감은 상태로 아무 생각 하지 않고, 자기 몸의 느낌대로 움직입니다.
② 마음을 비우고, 욕심을 버리고, 지난날의 잘못을 반성하면서 몇 차례 시도하다 보면, 자기도 모르게 하고 싶은 동작이 끊임없이 생깁니다.
③ 운동 장소는 방 안이든 운동장이든 관계없으며, 걷거나 달리고 싶을 때는 눈을 떠도 됩니다.
④ 매일 40분 이상, 주 4회 이상, 3개월 이상 하면 음식 조절에 들어갑니다.
- 음식으로 생긴 병은 음식으로 치료하게 되며, 어떤 음식을 먹어야 하는지 스스로 알게 됩니다.
(자기 몸에 필요한 음식만 먹고 싶어집니다.)
⑤ 사랑하는 사람과 함께 운동하면 서로 치료해 주기도 합니다.
⑥ 운동을 하다가 몸의 어느 한 부분을 계속 손으로 자극한다면 그쪽에 이상이 있는 것이니, 의사에게 상담을 받고 적절한 치료를 받으면 됩니다.
⑦ 다이어트 및 기타 건강관리에 효과적입니다.
⑧ 꾸준히 운동하여 영이 맑아지면, 자신의 과거와 미래를 스스로 보게 됩니다.

누구나 스스로 하실 수 있습니다.

간 행 사

《새로운 성경》은:

· 새로운 성경은, 하나님께서 선량하고 선한 자를 선택하여 십계명을 암송하도록 하시고, 십계명을 암송한 다음에 음성으로써 들려주시는 말씀을 듣고 그대로 카세트테이프에 녹음해서 받아쓴 책입니다.

· 90분짜리 녹음테이프 700여 개에 달하는 말씀으로, 1999년 8월부터 2004년 7월까지 총 160권(권당 288쪽)을 완성하였으며, 그 이후에도 현재까지 계속 말씀을 내려 주고 계십니다.

· 새로운 성경은 "하늘을 두루마리 삼고 바닷물을 먹물 삼아 쓰고 써도 다 못 쓴다"는, 끝없이 방대한 하나님의 말씀이 두루마리로 직접 내려오는 것입니다. 이러한 새로운 성경은 구약과 신약을 폐하려는 것이 아니라 "인봉된 성서의 비유의 뜻"을 상세히 설명하여 완성하고자 하나님께서 직접 내려 주신 말씀입니다.

《새로운 성경》의 구성:

· 제 목: 2013년, 160권 모음집을 발간하면서, 본 도서의 제목을 "하나님! 말씀하옵소서"에서 《새로운 성경》 으로 명해 주셨습니다.

· 단행본: 각 권당 288쪽(신국판) 책이 160권까지 시리즈로 출판됩니다.
(모음집은 단행본을 16권씩 묶어서, 총 10부로 구성됩니다.)

《새로운 성경》의 성경적 근거:

· 신약 성경 [요한복음] 16장 13절에 "진리의 성령이 오시면 그가 너희를 모든 진리 가운데로 인도하시리니 그가 자의로 말하지 않고, 오직 듣는 것만을 말하며" 하신 말씀처럼 하나님의 음성을 들은 것만 기록하였으며,

· "장래 일을 너희에게 알리시리라" 하신 말씀과 같이 개인, 나라, 인류의 "장래"일을 하나님께서 알려 주시는 것만 기록하여 책으로 만들었습니다.

《새로운 성경》의 기록 방법:

- 1999년 8월부터 하나님께서 저에게 들려주시는 음성을 기록하였습니다. 처음에는 제가 들은 말씀을 불러 주면 저의 아내가 기록하여, 2000년 1월 29일에 1권 초판이 세상에 나왔습니다. 2000년 4월부터는 주시는 말씀을 받아 녹음기에 기록하기 시작하였습니다.

- 녹음을 시작하면서 하나님의 말씀을 받는 데 가속도가 붙었고, 2001년 5월 3일에 1부(1~16권까지)를 인쇄하여 출판하였으며, 2004년 7월까지 총 160권 분량의 말씀을 받아 기록하였습니다.

하나님께서 저에게 주신 것은:

- 첫째, 만백성을 상대로 내려 주시는 "기도", 둘째, 수시로 내려 주시는 "묵상", 셋째, 개인의 과거, 현재, 미래를 알려 주시는 "개인 기도", 넷째, 개인의 건강을 위해서 내려 주시는 "음식 처방", 다섯째, 하나님께서 가르쳐 주신 "운동"등이 있습니다. 이 중에 첫 번째, "기도"를 책으로 편찬하였습니다. 사람의 생사, 개인의 미래에 관한 천기는 수록하지 말라 하셨습니다.

강론 안내:

- 하나님께서는 지금도 매일 저에게 새로운 하늘의 비밀의 말씀을 내려 주고 계십니다. 수시로 내려 주시는 말씀을 정리해서 제자를 육성하라는 말씀에 따라 매주 강론을 하고 있습니다. 누구나 무료로 들으실 수 있습니다. (book160.com)

《새로운 성경》을 읽는 분들에게 드리는 선물:

- 개인 기도: 개인의 과거, 현재, 미래에 관하여 말씀을 내려 주십니다.

- 음식 처방: 사람은 음식을 먹고살다가 건강을 잃으니, 음식과 운동으로 건강을 되찾는 방법을 알려 드립니다. 단, 하나님이 계심을 믿고, 십계명을 지키겠다고 진실로 서약하는 분들께 알려드립니다.

《새로운 성경》의 은혜와 기적:

- 새로운 성경 전160권은 16권씩 묶어서 총 10부의 모음집으로 구성됩니다. 모음집 한 부를 읽고 깨우치는 자에게 하나님께서 다음과 같은 기적이 있다고 하셨습니다.

· "첫째, 그가 죽어 하늘에 갔을 때 그의 죄를 묻지 아니하며, 구원을 받는 위대한 은혜가 있으며, 둘째, 그의 소원과 소망이 이루어지고, 셋째, 죽은 자(부모, 형제, 자식, 사랑하고 은혜 입은 분)의 이름으로 구입한 책을 읽고 누군가 한 사람이 깨우칠 때, 그 죽은 자가 지옥에서 천국으로 구원을 받게 되며, 넷째, 유산, 중절 수술 등으로 태어나지 못한 아이를 위하여 구입한 책을 보고 한 명이 깨우쳤을 때, 그 아이가 사람으로 다시 한 번 태어나는 은혜를 받는다."

· "새로운 성경"을 3회 이상 정성을 다해 정독하는 자, 성서의 비밀을 알게 되고, 세상의 이치를 알게 되며, 세상을 지배하고 통제할 수 있는 지혜를 다 얻게 된다고 하셨습니다. 이 책은 만백성이 정독하고 이웃에게 전하여, 평생 가슴에 묻은 슬픔과 고통의 짐을 벗고 미래를 위한 힘찬 삶을 살아가도록 하는 책입니다.

끝으로

· 하나님께서는 흰 눈이 세상을 덮듯이 새로운 성경을 온 세상에 전하라고 하셨습니다. 《새로운 성경》을 각국어로 번역해서 온 인류에게 구원의 길을 깨우쳐 주고, 그 수익으로 가난하고 어려운 백성을 구제하여, 만백성의 영과 육을 함께 구원하는 선지자의 임무를 수행하라고 저에게 명하셨습니다.

· 하늘에서 내려 주신 말씀의 보화를 만백성에게 나누어 주는 것이 선지자의 임무라고 하셨습니다. 새로운 성경을 통해서 얻는 재물을 사용할 곳도 하나님께서 일일이 명해 주십니다. 모든 재물은 저의 자의로 쓸 수 없고, 하나님께서 명하시는 대로만 쓰여집니다.

· 어떤 명분으로든 십일조나 각종 헌금을 거두어들이지 말라 하셨으며, 국내뿐 아니라 각국에 성전과 단독 서점을 운영하며, 한국의 많은 젊은이들을 전 세계에 지도자로 내보내라고 하셨습니다.

· 우리는 세계적으로 새로운 성경을 보급하며 어려운 이들을 돕는 역사를 해 나갈 것입니다. 지금까지 비록 몇 명 안 되는 제자들과 함께 이러한 일을 역사했지만, 앞으로도 계속 하나님께서 기뻐하시는 일들을 해 나갈 것입니다. 부족한 저희에게 여러분들의 지혜와 성원을 보내 주시기를 바랍니다. 많은 분들의 참여와 도움을 간절히 기다립니다. 감사합니다.

한국어로 내려온 《새로운 성경》 단행본을 출간하며
2016년 4월 10일

발행인 **김 용 철**

한국어로 내려온

새로운 **성 경** · 10부 · 제147권

지은이 하나님 말씀
대역자 김용철

초판인쇄 1쇄 2017년 2월 1일
2쇄 2017년 6월 21일

펴낸 곳 도서출판 하얀마음
등록번호 제 10-2107호 (2001년 2월 14일)
주소 서울시 노원구 덕릉로86길 5, 2층
전화번호 02) 313-1114
팩스 02) 393-5554
전자우편 book160@hanmail.net
편집위원 조나영 김미향 이석교
제작지원 김서영 이상빈

도서상담 1600-7527
ISBN 978-89-5875-247-9 (04230)
978-89-5875-100-7 (세 트)

값 10,000원
잘못된 책은 구입하신 곳에서 바꾸어 드립니다.

※이 책은 10부로 제작되며, 각 부 16권씩 총160권으로 구성됩니다.※

1부	2부	3부	4부	5부	6부	7부	8부	9부	10부
1권	17권	33권	49권	65권	81권	97권	113권	129권	145권
2권	18권	34권	50권	66권	82권	98권	114권	130권	146권
3권	19권	35권	51권	67권	83권	99권	115권	131권	147권
4권	20권	36권	52권	68권	84권	100권	116권	132권	148권
5권	21권	37권	53권	69권	85권	101권	117권	133권	149권
6권	22권	38권	54권	70권	86권	102권	118권	134권	150권
7권	23권	39권	55권	71권	87권	103권	119권	135권	151권
8권	24권	40권	56권	72권	88권	104권	120권	136권	152권
9권	25권	41권	57권	73권	89권	105권	121권	137권	153권
10권	26권	42권	58권	74권	90권	106권	122권	138권	154권
11권	27권	43권	59권	75권	91권	107권	123권	139권	155권
12권	28권	44권	60권	76권	92권	108권	124권	140권	156권
13권	29권	45권	61권	77권	93권	109권	125권	141권	157권
14권	30권	46권	62권	78권	94권	110권	126권	142권	158권
15권	31권	47권	63권	79권	95권	111권	127권	143권	159권
16권	32권	48권	64권	80권	96권	112권	128권	144권	160권